V&R

Birgit Möller / Marlies Gude / Jessy Herrmann /
Florian Schepper

Geschwister chronisch kranker und behinderter Kinder im Fokus

Ein familienorientiertes Beratungskonzept

Vandenhoeck & Ruprecht

Mit 7 Abbildungen und 5 Tabellen

Bibliografische Information der Deutschen Nationalbibliothek

Die Deutsche Nationalbibliothek verzeichnet diese Publikation in der
Deutschen Nationalbibliografie; detaillierte bibliografische Daten sind
im Internet über http://dnb.d-nb.de abrufbar.

ISBN 978-3-525-40199-6

Weitere Ausgaben und Online-Angebote sind erhältlich unter: www.v-r.de

Umschlagabbildung: © Isabel Blumenthal »Dreiköpfiges Seeungeheuer«;
isabelblumenthal@hotmail.de, www.instagram.com/isabel_blumenthal,
www.tumblr.com/blog/isabel-blumenthal

© 2016, Vandenhoeck & Ruprecht GmbH & Co. KG, Theaterstraße 13, D-37073 Göttingen /
Vandenhoeck & Ruprecht LLC, Bristol, CT, U.S.A.
www.v-r.de
Alle Rechte vorbehalten. Das Werk und seine Teile sind urheberrechtlich
geschützt. Jede Verwertung in anderen als den gesetzlich zugelassenen Fällen
bedarf der vorherigen schriftlichen Einwilligung des Verlages.
Printed in Germany.

Satz: SchwabScantechnik, Göttingen
Druck und Bindung: ⊕ Hubert & Co GmbH & Co. KG,
Robert-Bosch-Breite 6, D-37079 Göttingen

Gedruckt auf alterungsbeständigem Papier.

»Da ich aus einer Familie stamme, welche die Problematik des Geschwisterkindes gut kennt, habe ich mich dafür entschieden, nicht die tatsächliche Erkrankung in den Vordergrund zu stellen, sondern versucht, das Gefühl des ›gesunden‹ Kindes aufzuzeigen. Das vernachlässigte Kind fühlt sich nicht nur als außenstehend, es hat regelrecht das Gefühl, als sei der Rest der Familie zu einem großen, nicht zu bezwingenden Monster geworden. Durch auffälliges und nicht selten aggressives Verhalten versucht es nun, die Aufmerksamkeit auf sich zu ziehen.«

Der hier zitierte Text und das Titelbild stammen von Isabel Blumenthal, der Preisträgerin eines Wettbewerbs der Novartis Stiftung FamilienBande für Designstudenten der Hochschule für Gestaltung Offenbach im Fachbereich Visuelle Kommunikation (Leitung Prof. Klaus Hesse). Das ausgeschriebene Thema waren Geschwisterkinder: »Ich bin doch auch noch da! Geschwister von chronisch kranken oder behinderten Kindern brauchen mehr Aufmerksamkeit«.

Inhalt

Vorwort 9

Einführende Bemerkungen 11
Zum Aufbau des Buches 12
Danksagung 13

Die gesundheitliche Situation von Geschwistern
chronisch kranker Kinder 14

Chronische Erkrankungen im Kindes- und Jugendalter –
ein Überblick 16
Begriffsbestimmung von Behinderung und chronischer Erkrankung 16
Prävalenz von chronischen Erkrankungen im Kindes- und
Jugendalter in Deutschland 18
Krankheitsfaktoren und psychosoziale Anpassung 18

Entwicklungspsychologische Grundlagen 23
Das kindliche Krankheitsverständnis und der Umgang mit
einer Erkrankung 23
Verlusterfahrungen bei Kindern 26

Chronische Erkrankungen im familiären Kontext 35
Die Rolle der Familie 35
Die Rolle der Eltern 52
Die Rolle der Geschwister und ihre Beziehung 60

Das Beratungskonzept 71
Grundzüge des Beratungsansatzes 73
Ablauf der Beratung 82

Die diagnostischen Erstgespräche 86
Die fokussierte Interventionsphase 101
Abschluss der Gespräche und Ausblick 171

Fazit 177

Literatur 179

Anhang 190
Anhang 1: Falldokumentation 191
Anhang 2: Leitfaden für das Erstgespräch mit den Eltern 192
Anhang 3: Leitfaden für das Erstgespräch mit dem Geschwisterkind 196
Anhang 4: Zuordnung des Beratungsfokus für die Gespräche mit Eltern
  und Geschwisterkind(ern) 198
Anhang 5: Setting-Wahl 200
Anhang 6: Einschätzung der Familie nach Beratungsende 201

 Hinweis für das Download-Material 202

Vorwort

Krankheit ist eine Familienangelegenheit und *Kinder sind Angehörige*. Diese beiden Leitsätze mögen trivial klingen, sie sind es mitnichten. Sie bringen den Anspruch einer kindzentrierten Familienmedizin auf den Punkt, die in ihren psychosozialen Versorgungskonzepten die Erlebnis- und Verarbeitungsperspektive von Kindern als Angehörigen chronisch oder ernsthaft erkrankter Patienten integriert. Davon ist die flächendeckende Versorgungspraxis nach wie vor weit entfernt. Geleitet von diesem Anspruch hatte ich vor 17 Jahren begonnen, mich mit einem Schwerpunkt meiner klinischen und wissenschaftlichen Tätigkeit am Universitätsklinikum Hamburg-Eppendorf der seelischen Gesundheitsvorsorge für Kinder körperlich kranker Eltern zu widmen. Gemeinsam mit vielen engagierten Mitarbeitenden gelang es in den vergangenen zwei Jahrzehnten, mehrere Forschungsprojekte zur seelischen Belastung von Kindern körperlich kranker Eltern sowie zum Bedarf psychosozialer Hilfen und zur bestehenden Versorgungssituation betroffener Familien erfolgreich auf den Weg zu bringen. Mit dem Hamburger COSIP-Beratungskonzept wurde zudem eine wissenschaftlich fundierte und mittlerweile an mehreren Orten erprobte manualisierte Intervention für betroffener Familien entwickelt, die die Grundlage für das hier neu vorgelegte Manual bildet. Über den gesamten deutschsprachigen Raum hinweg sind mittlerweile vielerorts ähnlich konzipierte Initiativen und Angebote entstanden. Kinder kranker Eltern sind als Angehörige zunehmend wahrnehmbar im Versorgungssystem angekommen. In vielen psychoonkologischen Versorgungsangeboten und Krebsberatungsstellen gibt es integrierte Beratungsangebote für Familien unter Einbeziehung minderjähriger Kinder, was vor 15 Jahren noch die Ausnahme war.

Die seinerzeit innovativen Angebote für Kinder kranker Eltern entsprachen einem sich aus den vorangegangenen Entwicklungen innerhalb der psychosozialen Medizin logisch ergebenden Schritt, der vielen geradezu überfällig vorkam (»Wieso gab es das nicht schon früher?«). Mit den Fortschritten der modernen Medizin hatten sich über Jahrzehnte die Behandlungsmöglichkeiten und Überlebenschancen schwerer Erkrankungen stetig verbessert, mit der Folge einer entsprechenden Zunahme chronischer Krankheitsverläufe in allen Altersgruppen. Hieraus ergaben sich neue Herausforderungen für die psychosoziale Medizin, die daher zunächst Konzepte entwickeln musste, um chronisch erkrankte Patienten selbst in ihrer Krankheitsverarbeitung und Lebensbewältigung professionell zu unterstützen. Darauf folgte als nächster Schritt die Integration der Mitbetreuung erwachsener Angehöriger, beispielsweise von Lebenspartnern von Krebspatienten in der Psychoonkologie oder die psychologische Betreuung von Eltern krebskranker Kinder, die in der pädiatrischen Onkologie schon längst nicht mehr wegzudenken ist.

Das Beratungsmanual dieses Buches schließt mit dem Fokus auf die Geschwisterbeziehung eine konzeptuelle Lücke. Es ist damit ein wichtiger nächster Meilenstein in der Weiterentwicklung einer kindzentrierten Familienmedizin. Ausgehend von den genannten vorangegangenen Entwicklungen ist den Autorinnen und Autoren eine anspruchsvolle und klare Darstellung gelungen, wie eine professionelle Familienberatung für Geschwister kranker oder behinderter Kinder zu gestalten ist und auf welchem theoretischen Verständnis das praktische Vorgehen beruhen sollte. Dementsprechend ist die hier dargestellte Beratungsmethode eingebettet in ein fundiertes Verständnis, wie kindliche Entwicklung, Prozesshaftigkeit von Krankheitsverläufen, Krankheitsverarbeitung in Familien sowie die spezielle Psychodynamik der Geschwisterbeziehung komplex ineinander greifen. Die dargestellten Schritte in der Beratung sind durchdrungen von der klinischen Erfahrung des Autorenteams mit seelischen Verarbeitungsprozessen in Familien, die je nach Alter und Entwicklungsstand betroffener Geschwisterkinder vielfältig verlaufen und in eine gelingende oder misslingende seelische Bewältigung (Coping) münden können. Neben dem Risiko einer dauerhaften emotionalen Überforderung werden auch die Chancen von Geschwistern kranker oder behinderter Kinder betont, an einer solchen Situation seelisch zu wachsen und besondere Stärken zu entwickeln. Die einzellfallbezogene Differenziertheit der in vielen anschaulichen Fallbeispielen illustrierten praktischen Vorgehensweisen verbindet sich dabei mit einer eindrucksvollen Klarheit des vorgestellten Konzeptes. Dies gibt allen Anwendenden eine »klare Peilung« auch bei »unruhiger See« an die Hand.

Dieses Manual setzt damit Standards und wird die qualitätsgesicherte Beratungspraxis bereichern. Es leistet damit einen wertvollen Beitrag auf dem Weg zu einer nachhaltig verstetigten psychosozialen Versorgung von Kindern als Angehörige von kranken Menschen in der Medizin.

Prof. Dr. med. Georg Romer

Einführende Bemerkungen

»Ich wusste, dass mein Bruder krank war, sehr krank.
Ich wollte auch niemals selbst krank sein, was für eine absurde Idee.
Und dennoch wünschte ich mir manchmal, dass meine Eltern
genauso viel Zeit für mich hätten, wie für ihn«
(Zitat eines Geschwisterkindes).

Ein Kind, das an einer chronischen Erkrankung oder Behinderung[1] leidet, benötigt häufig intensive Pflege- und Betreuungsmaßnahmen und bindet damit elterliche Ressourcen wie Zeit oder Aufmerksamkeit. Geschwister von chronisch kranken oder behinderten Kindern erhalten dadurch unter Umständen weniger Beachtung und Zuwendung, übernehmen mehr Verantwortung und sind mit vielerlei Veränderungen konfrontiert. Sie sind durch die besondere Lebenssituation einer hohen Anzahl von Belastungen ausgesetzt, die mit einem erhöhten Risiko für die Ausbildung von psychischen Auffälligkeiten einhergehen (Vermaes, van Susante u. van Bakel, 2012). Es besteht ein Versorgungsbedarf, der je nach Belastungserleben von überwiegend präventiven bis zu vereinzelten psychotherapeutischen Angeboten reicht. Wenngleich es in den letzten Jahren zunehmend mehr Angebote für Geschwisterkinder gibt, ist die Versorgungsstruktur nach wie vor lückenhaft. Fokussierte präventive Beratungsansätze für Geschwisterkinder und ihre Eltern bzw. Familien fehlen.

Dieses Buch hat zum Ziel, diese Lücke zu schließen. Es legt tätigen Berufsgruppen (Ärzten, Psychologen, Psychotherapeuten, Sozialarbeitern etc.) ein theoretisch fundiertes, auf langjähriger Praxiserfahrung der Autoren[2] beruhendes Konzept zur gezielten Unterstützung der Geschwisterkinder vor, das an das Hamburger COSIP-Konzept für die Beratung von Kindern und ihren körperlich kranken Eltern anknüpft (Romer, Bergelt u. Möller, 2014). Zahlreiche Unter-

---

1 Für den vorliegenden Praxisleitfaden ist im Sinne der besseren Lesbarkeit unter dem Begriff *chronische Erkrankung* sowohl *Behinderung* als auch *chronische Erkrankung* zu verstehen.
2 Im Text wird der Einfachheit halber die männliche Form (Autoren etc.) verwendet. Wir beziehen dabei ausdrücklich die weibliche Form mit ein.

suchungen zu Kindern körperlich kranker Eltern sowie Geschwistern kranker Kinder haben gezeigt, dass ein wesentlicher Prädiktor für emotionale Probleme und Verhaltensprobleme der Kinder das familiäre Funktionsniveau ist (Romer et al., 2014). Im Rahmen unserer klinischen Tätigkeit in der Kinderonkologie, der Klinik für Kinder- und Jugendpsychiatrie, -psychotherapie und -psychosomatik sowie der Beratungsstelle für »Kinder körperlich kranker Eltern« haben wir Autoren langjährige Erfahrungen mit Familien mit einem chronisch oder akut kranken oder behinderten Kind und ihren Geschwistern gesammelt. Dabei lag der Schwerpunkt unserer Arbeit zumeist auf körperlichen Erkrankungen. Der hier genutzte Beratungsansatz greift auf all diese wichtigen Erkenntnisse zurück und setzt auf verschiedenen Ebenen (auf Kind-, Eltern- und Familienebene) an, um geschwisterzentriert und familienorientiert die Ressourcen der Familie zu stärken.

Das Buch bietet sowohl allen, die in diesem Bereich bereits tätig sind und sich Anregungen für ihre Arbeit wünschen, eine Grundlage als auch denjenigen, die ein kindzentriertes und familienorientiertes Beratungsangebot für Geschwisterkinder aufbauen wollen.

Zum Aufbau des Buches

Das Buch beginnt mit einer ausführlichen Einführung in das Thema. Nach der Darstellung der »gesundheitlichen Situation von Geschwisterkindern« wird auf chronische Erkrankungen im Kindes- und Jugendalter, krankheitsspezifische Faktoren und ihre psychosozialen Auswirkungen eingegangen. Das Kapitel »Entwicklungspsychologische Grundlagen« gibt eine fundierte Einführung in das kindliche Krankheitsverständnis, den Umgang mit Verlusterfahrungen sowie die kindliche Entwicklung des Todeskonzeptes. Im Anschluss werden »Chronische Erkrankungen im familiären Kontext« aus der Perspektive der Eltern, des Geschwisterkindes, der Geschwisterbeziehung sowie der gesamten familiären Situation mit besonderer Berücksichtigung psychosozialer Ressourcen und Stressoren und ihrer Wechselwirkung zueinander betrachtet.

Im letzten Kapitel vor dem Fazit des Buches wird von der Theorie zur Praxis übergegangen und das Beratungskonzept ausführlich vorgestellt. Nach einer Darstellung der Grundprinzipien und Herangehensweise wird der Ablauf der Beratung detailliert beschrieben, und zwar aufgeteilt in eine diagnostische Phase und eine daran anschließende Interventionsphase.

Der Praxiswert des Buchs erhöht sich dadurch, dass zum einen einige wichtige diagnostische Schritte und Arbeitsmaterialien im Anhang (S. 190 ff.) und als Download-Material publiziert werden und zum anderen das Vorgehen anhand von kurzen Fallbeispielen illustriert wird. Das Download-Material finden Sie im Internet in der »Mediathek« zu diesem Buch unter www.v-r.de.

Danksagung

Unser großer Dank gilt der Novartis Stiftung FamilienBande, die das Projekt finanziell und ideell gefördert hat. Irene von Drigalski hat als Geschäftsführerin die Entstehung des Buches stets mit großem Interesse und inspirierenden Rückmeldungen begleitet.

Das dem Beratungsansatz zugrunde liegende Konzept fußt auf dem Hamburger COSIP-Manual zur Beratung von Kindern körperlich kranker Eltern, das von Professor Georg Romer und Dr. Birgit Möller gemeinsam mit zahlreichen Kollegen eines von der Deutschen Krebshilfe geförderten Verbundprojektes[3] 2014 veröffentlicht wurde. Da die Arbeit mit Kindern körperlich kranker Eltern und die mit Geschwistern chronisch kranker und behinderter Kinder große inhaltliche Ähnlichkeiten im Vorgehen aufweisen, lag es nahe, den über 15 Jahre erprobten und wissenschaftlich evaluierten COSIP-Ansatz als Grundlage für das Beratungsangebot zu nehmen. Ein besonderer Dank gilt daher Herrn Professor Romer, der unsere Idee, ein Beratungskonzept für Geschwisterkinder zu erstellen, mit Begeisterung unterstützte und es uns ermöglichte, das hier dargestellte und angewendete Konzept auf Basis des COSIP-Manuals zu entwickeln. Er hat das Projekt durch wertvolle Kommentare und fachliche Anregungen bereichert.

Wir danken darüber hinaus der Elternhilfe für krebskranke Kinder Leipzig e. V. für die zur Verfügung gestellten Räumlichkeiten und Ressourcen.

---

3 Die beteiligten Zentren des Verbundprojekts »Psychosoziale Hilfen für Kinder krebskranker Eltern« waren: Klinik für Kinder- und Jugendpsychiatrie, -psychotherapie und -psychosomatik, Universitätsklinikum Hamburg-Eppendorf (Prof. Dr. med. G. Romer); Institut und Poliklinik für Medizinische Psychologie, Universitätsklinikum Hamburg-Eppendorf (PD Dr. phil. C. Bergelt); Klinik für Psychiatrie, Psychosomatik und Psychotherapie des Kindes und Jugendalters, Charité – Universitätsmedizin Berlin (Prof. Dr. med. U. Lehmkuhl); Abteilung für Medizinische Psychologie, Universität Leipzig (Prof. Dr. rer. biol. hum. Elmar Brähler); Klinik und Poliklinik für Psychiatrie, Psychotherapie und Psychosomatik des Kindes- und Jugendalters, Universitätsklinikum Leipzig (Prof. Dr. med. K. von Klitzing); Klinik für Psychosomatische und Allgemeine Klinische Medizin, Universitätsklinik Heidelberg (Prof. Dr. med. W. Herzog); Klinik für Kinder- und Jugendpsychiatrie, Universitätsklinik Heidelberg (Prof. Dr. med. F. Resch); Klinik für Psychiatrie und Psychotherapie des Kindes- und Jugendalters, Otto-von-Guericke Universität Magdeburg (Prof. Dr. med. H.-H. Flechtner).

Die gesundheitliche Situation von Geschwistern chronisch kranker Kinder

Nach den Ergebnissen des Kinder- und Jugendgesundheitssurveys (KiGGS) des Robert Koch Instituts leidet mindestens jedes achte Kind (12,5 %) an einer chronischen Gesundheitsstörung (Kamtsiuris, Atzpodien, Ellert, Schlack u. Schlaud, 2007). Ausgehend von circa 13 Millionen minderjährigen Kindern in Deutschland (Statistisches Bundesamt, 2011) sind demnach etwa 1,63 Millionen Kinder chronisch erkrankt. Etwa 75 % aller Kinder haben mindestens ein chronisch krankes Geschwister, so dass schätzungsweise 1,24 Millionen Kinder in Deutschland mit einem chronisch kranken Bruder oder einer chronisch kranken Schwester zusammenleben. Die psychosozialen Folgen der kindlichen Erkrankung für die gesamte Familie, einschließlich der gesunden Geschwisterkinder wurden bereits vielfach systematisch untersucht (Hölling, Schlack, Dippelhofer u. Kurth, 2008; Kamtsiuris et al., 2007).

Wissenschaftliche Arbeiten zu psychosozialen Auswirkungen einer Erkrankung auf die Geschwisterkinder nehmen häufig Bezug auf die Konzepte der externalisierenden und internalisierenden Probleme. Beide Begriffe benennen problematische Verhaltensweisen, die eine erhöhte kindliche Beanspruchung ausdrücken, wobei ersterer dissoziales und aggressives Verhalten, letzterer ängstliches und depressives Verhalten, sozialen Rückzug sowie körperliche Beschwerden umfasst (Döpfner et al., 1998). In den bislang veröffentlichten Übersichtsarbeiten zeigten sich diesbezüglich insgesamt kleine Unterschiede in den Verhaltensweisen zwischen Kindern mit chronisch kranken oder behinderten Geschwistern und Kindern mit gesunden Geschwistern (Rossiter u. Sharpe, 2001; Sharpe u. Rossiter, 2002; Vermaes et al., 2012). Auffallend ist, dass Geschwister chronisch kranker oder behinderter Kinder eher zu internalisierenden Problemen neigen als zu externalisierenden, was möglicherweise damit zusammenhängt, dass Geschwister kranker Kinder Emotionen und Gefühle zurückhalten sowie ihre Probleme und Nöte weniger offen zeigen, um ihre Eltern nicht zusätzlich zu belasten (Houtzager, Grootenhuis, Hoekstra-Weebers u. Last, 2005). Dabei geben Eltern in ihrem Fremdurteil eher höhere Belastungswerte als ihre Kinder in ihrer Selbstauskunft an (Vermaes et al., 2012).

Neben emotionalen Belastungen und Verhaltensauffälligkeiten zeigen Studien auch ein erhöhtes Risiko für somatische Probleme wie Schlafprobleme, Enuresis, Störungen des Appetits oder Kopfschmerzen (McKeever, 1983; Williams, 1997) sowie für soziale (z. B. Abnahme von Kontakten, Isolation; Williams, 1997) und schulische Probleme (z. B. Leistungsabfall; Barlow u. Ellard, 2006). Letztere sind kurz nach Diagnosestellung besonders stark ausgeprägt und nehmen mit der Zeit wieder ab – das verdeutlicht die Überblicksarbeit von Alderfer, Stanley und Noll (2010). Sie zeigt auch, dass viele Geschwisterkinder über chronische Sorgen und anhaltende Traurigkeit berichten und sich zudem Gefühlen wie Angst, Verlust, Trauer, Einsamkeit, Hilflosigkeit, Unsicherheit, Eifersucht, Ärger und Schuld ausgesetzt sehen.

Es gibt allerdings auch eine Vielzahl positiver Folgen, die mit der Erkrankung eines Geschwisters verbunden sein können. Aufgrund ihrer besonderen Rolle in der Familie und für das erkrankte Geschwister können sich bei den gesunden Kindern persönliche Ressourcen entwickeln und festigen. Beispielsweise wird ihr Selbstvertrauen erhöht, wenn sie für ihre Hilfe bei der Pflege ihrer erkrankten Geschwister Anerkennung und Wertschätzung erhalten (Schmid, Spießl u. Cording, 2005). Wissenschaftliche Studien zeigen, dass sie oftmals einen höheren Reifegrad, eine größere Unabhängigkeit, ein größeres Verantwortungsbewusstsein (Alderfer et al., 2010; Barlow u. Ellard, 2006) sowie eine höhere Sozialkompetenz im Vergleich zu Gleichaltrigen (Williams, 1997) aufweisen. Das nachfolgende Fallbeispiel des Geschwisters bzw. Bruders Tom veranschaulicht dies.

Tom[4] ist fast 18 Jahre alt. Er freut sich auf seinen Geburtstag und auf die Möglichkeit, dann endlich Auto fahren zu dürfen. Auf die Frage, wohin und mit wem er dann fahren werde, antwortet er: »Mit meinem Bruder«. Dieser hat das Down-Syndrom, aber das ist kein Problem für Tom. Sein Bruder ist bei seinen Freunden zu 100 % akzeptiert, keiner hänselt ihn oder findet es komisch, dass sich Tom manchmal um ihn kümmert. Tom bringt ihn mit zum Fußballtraining, auch auf Klassenpartys darf er nicht fehlen. War das immer so? »Nein«, antwortet Tom. Es habe Zeiten gegeben, da habe es ihn genervt, da sei es uncool gewesen, sich um seinen Bruder zu kümmern. Seine Freunde hätten auch keinen Nerv dafür gehabt. Aber heute sei das nicht mehr so. Er habe gelernt, geduldig zu sein und ganz offen mit der Behinderung seines Bruders umzugehen.

---

4   Die Namen der Fallbeispiele sind aus Gründen des Personenschutzes anonymisiert.

Chronische Erkrankungen im Kindes- und Jugendalter – ein Überblick

Bevor die Prävalenzen (Auftretenshäufigkeiten) und Krankheitsfaktoren chronischer Erkrankungen näher beleuchtet werden, erfolgt zunächst eine Begriffsbestimmung sowie eine Abgrenzung zwischen chronischen Erkrankungen und Behinderungen.

Begriffsbestimmung von Behinderung und chronischer Erkrankung

Personen, die in ihren körperlichen Funktionen, ihren geistigen Fähigkeiten bzw. ihrer seelischen Gesundheit in dem Maße eingeschränkt sind, dass die unmittelbare Lebensverrichtung bzw. die gesellschaftliche Teilhabe erschwert ist, *gelten als behindert* (Bleidick u. Hagemeister, 1998). Das Sozialgesetzbuch sieht dies als gegeben, wenn Personen »länger als sechs Monate von dem für das Lebensalter typischen Zustand abweichen« (§ 2 Abs. 1 SGB IX, Bundesministerium der Justiz und für Verbraucherschutz, 2015a). Behinderungen reichen dabei von milden Lernbehinderungen bis hin zu schweren geistigen und körperlichen Mehrfachbehinderungen. Behinderungen lassen sich unterscheiden in genetisch bedingte Syndrome (z. B. Trisomie 21 oder Rett-Syndrom), geistige Behinderungen (Intelligenzminderung und Störung der sozialen Anpassungsfähigkeit) und schwere seelische und körperliche Behinderungen (z. B. Persönlichkeitsstörungen, zerebrale Bewegungsstörungen).

Auch schwere chronische Krankheiten (z. B. Mukoviszidose, onkologische Erkrankungen) werden als Behinderung verstanden, wenn sie eine Person beträchtlich in ihrer Entwicklung hemmen.

Trotz dieses fließenden Übergangs werden *chronische Erkrankungen* eigens sozialrechtlich definiert als »regelwidriger körperlicher oder geistiger Zustand, der Behandlungsbedürftigkeit zur Folge hat, mindestens ein Jahr sowie mindestens einmal pro Quartal behandelt wird (Dauerbehandlung) und zusätzlich entweder eine Pflegebedürftigkeit der Stufe Zwei bis Drei oder ein Grad der Behinderung bzw. eine Minderung der Erwerbstätigkeit von 60 % oder eine kontinuierliche medizinische Versorgung zur Folge hat« (§ 62 Abs. 1 Satz 2, SGB V, Bundesministerium der Justiz und für Verbraucherfragen, Sozialgesetzbuch, 2015b).

Stufe Zwei der »Schwerpflegebedürftigkeit liegt vor, wenn mindestens dreimal täglich zu verschiedenen Tageszeiten ein Hilfebedarf bei der Grundpflege (Körperpflege, Ernährung oder Mobilität) erforderlich ist. Zusätzlich muss mehrfach in der Woche Hilfe bei der hauswirtschaftlichen Versorgung benötigt werden. Der wöchentliche Zeitaufwand muss im Tagesdurchschnitt mindestens drei Stunden betragen, wobei auf die Grundpflege mindestens zwei Stunden entfallen« (Bundesministerium für Gesundheit, 2015).

Stufe Drei der »Schwerstpflegebedürftigkeit liegt vor, wenn der Hilfebedarf bei der Grundpflege so groß ist, dass er jederzeit gegeben ist und Tag und Nacht (rund um die Uhr) anfällt. Zusätzlich muss die pflegebedürftige Person mehrfach in der Woche Hilfe bei der hauswirtschaftlichen Versorgung benötigen. Der wöchentliche Zeitaufwand muss im Tagesdurchschnitt mindestens fünf Stunden betragen, wobei auf die Grundpflege (Körperpflege, Ernährung oder Mobilität) mindestens vier Stunden entfallen müssen« (Bundesministerium für Gesundheit, 2015).

Medizinisch gesehen sind chronische Erkrankungen durch ihre Nichtheilbarkeit oder ihren langwierigen Verlauf, den Bedarf einer ärztlichen Behandlung und die tief greifenden Veränderungen des Lebens der Betroffenen definiert (Hölling et al., 2008). Der Schweregrad chronischer Erkrankung reicht dabei von leicht (z. B. mildes Asthma bronchiale) bis zu lebensbedrohlich oder gar tödlich (z. B. Mukoviszidose, Tumorerkrankungen; Kamtsiuris et al., 2007). Die Krankheitsbilder unterscheiden sich dabei zum Beispiel im Hinblick auf die Lebensbedrohlichkeit, die Sichtbarkeit, das Ausmaß an Vererbung, die damit verbundenen Schmerzen, die Auswirkungen auf die Kommunikationsfähigkeit oder den Verlauf (Warschburger, 2008). Erfreulicherweise erfahren heute viele schwerwiegende oder tödliche Krankheiten durch den medizinischen Fortschritt und durch optimierte Behandlungsmethoden eine deutlich günstigere Prognose (Wehmeier u. Barth, 2011). Gleichsam erfordern die zum Teil äußerst aufwendigen, schmerzhaften und langwierigen Therapieverfahren enorme Anpassungsleistungen des Patienten und seiner Familie, welche eine psychologische Betreuung »geradezu herausforder[n]« (Sesterhenn, 1991, S. 12).

Prävalenz von chronischen Erkrankungen im Kindes- und Jugendalter in Deutschland

Die am häufigsten auftretenden Arten chronischer somatischer Erkrankungen bei Kindern unter 15 Jahren sind Neurodermitis (13,1 %), Allergien (Heuschnupfen: 10,5 %), und Skoliose (5,2 %) (Kamtsiuris et al., 2007). Die obstruktive Bronchitis ist mit 13,3 % ebenfalls weit verbreitet. Seltener treten Asthma bronchiale (4,7 %), Herzkrankheiten (2,8 %), Anämie (2,4 %), Schilddrüsenkrankheiten (1,6 %), Epilepsie (0,9 %) sowie Diabetes mellitus (0,1 %) auf (Kamtsiuris et al., 2007). Bei immerhin 21,9 % der Kinder und Jugendlichen werden Hinweise für psychische Gesundheitsstörungen festgestellt, vor allem Ängste (10,0 %), Störungen des Sozialverhaltens (7,6 %) und Depressionen (5,4 %) (Ravens-Sieberer, Wille, Bettge u.Erhart, 2007). Gemäß Wehmeier und Barth (2011) treten Körperbehinderungen mit einer Häufigkeit von 1,7 bis 3,2 % im Kindes- und Jugendalter auf. Sehr viel seltener werden Taubheit (0,07–0,9 %), Blindheit (0,03–0,1 %), Hämophilie (0,08 %), Mukoviszidose (0,02–0,05 %) oder Leukämie (0,01 %) beobachtet.

Die medizinische Diagnose und die sozialrechtliche Einordnung von chronischen Erkrankungen geben jedoch wenig Auskunft über die Lebenswirklichkeit von Patient und Familie. Die empirische Erfassung des speziellen Versorgungsaufwandes bei chronischen Erkrankungen im Kinder- und Jugendgesundheitssurvey (KIGGS, o. J.) spiegelt die stärkere Beachtung der psychosozialen Perspektive auf chronische Erkrankungen wider. Damit sind die Konsequenzen körperlicher, seelischer und verhaltensbedingter Störungen unabhängig von der ihnen zugrunde liegenden medizinischen Diagnose in den Fokus gerückt (Scheidt-Nave, Ellert, Thyen u. Schlaud, 2007). Demnach besteht bei 14 % der Kinder und Jugendlichen in Deutschland ein besonderer Versorgungsaufwand, welcher sich aus regelmäßiger Inanspruchnahme medizinischer Leistungen, Funktionseinschränkungen im Alltag sowie Störungen der körperlichen und emotionalen Entwicklung und des Verhaltens ergibt (Scheidt-Nave et al., 2007).

Krankheitsfaktoren und psychosoziale Anpassung

Betrachtet man chronische Erkrankungen aus psychosozialer Perspektive, rückt die Lebenswirklichkeit der Patienten und ihrer Familien ins Zentrum. Rolland (2005) entwickelte eine Typisierung, welche chronische Krankheiten anhand von Charakteristika, die medizinische Diagnosen übergreifen, klassifiziert und somit deren psychosoziale Anforderungen systematisch darstellt. Er schlägt eine

Unterscheidung chronischer Krankheiten hinsichtlich ihres Beginns (akut oder graduell), ihres Verlaufs (progredient, konstant oder rezidivierend), ihres Ausgangs (Lebenserwartung) und dem Grad der Beeinträchtigung von physischen, kognitiven, psychischen oder emotionalen Funktionen vor. Im Folgenden werden diese vier Unterscheidungsmomente noch näher ausgeführt. Als weitere psychosoziale Krankheitsfaktoren gelten darüber hinaus die Kontrollierbarkeit der Erkrankung mittels Behandlungsmaßnahmen, zusätzliche Belastungen durch starke Schmerzempfindungen (Schmidt u. Thyen, 2008) sowie das Ausmaß der Vererbbarkeit (Warschburger, 2008).

Beginn einer chronischen Krankheit

Eine chronische Krankheit kann akut auftreten oder einen eher schleichenden Beginn haben (Hoß u. Maier, 2013). Bei einem akuten Krankheitsbeginn steht der Familie für die Anpassung familiärer Rollen und Routinen weniger Zeit zur Verfügung, was zumeist mit einer stärkeren Beanspruchung in der Phase der Diagnosestellung einhergeht (Alderfer et al., 2010; Williams, 1997). Vor allem die emotionale Bewältigung wird aufgrund organisatorischer Herausforderungen oft hinten angestellt (Altmeyer u. Kröger, 2003). Bei einem schleichenden Anfang haben Patient und Familie dagegen mehr Zeit, sich an krankheitsbedingte emotionale Anforderungen und organisatorische Veränderungen anzupassen (Rolland, 2005).

Ferner kann eine chronische Erkrankung von Geburt an bestehen oder sich erst im Laufe der Kindheit entwickeln. Für die Eltern treten in beiden Fällen große Belastungen auf. Familiäre Erwartungen oder Zukunftsentwürfe können erschüttert werden. Für das Geschwisterkind kann es sich protektiv auswirken, wenn es in die Familie mit einem bereits erkrankten Kind hineingeboren wird und die Eltern die oft stressreiche Adaption an die Erkrankung bereits geleistet haben.

Das Fallbeispiel von Jakob verdeutlicht das veränderte Familienleben bei einem akuten Krankheitsbeginn.

Vor zwei Wochen haben Jakob und seine Eltern von der Diagnose Akute Leukämie erfahren. Der achtjährige Jakob fühlte sich zuvor »ein bisschen schlapp«. Erst als viele blaue Flecken ohne erkennbare Ursache auftraten, fuhr Jakobs Mutter völlig ahnungslos mit ihm zum Arzt. Dieser verwies sie sogleich auf die onkologische Kinderstation, wo Jakob seitdem ist. Die Diagnose traf die Eltern wie ein Schlag! Vor allem Jakobs Mutter war dem Nervenzusammenbruch nahe, der Vater reagierte eher stoisch auf all die Entscheidungen, die sie jetzt in so kurzer Zeit bezüglich der medizinischen Behandlung zu fällen hatten. Auch jetzt zwei Wochen später herrscht in der Familie der Ausnahmezustand und die Erkrankung steht im Mittelpunkt des Familienlebens. Beide Elternteile gehen erst einmal nicht arbeiten, denn sie möchten Jakob in der anstehenden Behandlung so gut wie möglich unterstützen. Jakobs vierjährige Schwester Lea ist stark verunsichert durch die Reaktionen ihrer Eltern, es muss etwas wirklich Schlimmes passiert sein, jedoch traut sie sich nicht, näher nachzufragen.

Verlauf einer chronischen Krankheit

Eine chronische Erkrankung kann kontinuierlich in einem bestimmten Stadium verharren (konstanter Krankheitsverlauf), sich mit zunehmendem Lebensalter bessern (remittierender Verlauf), schubweise wiederkehren (rezidivierender Verlauf) oder einen progredienten, das heißt einen sich zunehmend verschlechternden Verlauf nehmen (Hoß u. Maier, 2013). Rezidivierende Krankheitsverläufe (z. B. Epilepsie, Asthma, Migräne, in Remission befindliche Krebserkrankungen) verlangen zwar im Vergleich zu konstanten oder progredienten Verläufen häufig keine ständige Betreuung, beanspruchen die Familie jedoch unter Umständen noch stärker durch eine latente Bereitschaftshaltung. Diese resultiert aus der ständigen Ungewissheit, wann die nächste krisenhafte Phase auftritt. Dies erfordert von den Familienmitgliedern eine hohe Flexibilität, da oftmals eine sofortige Umstrukturierung nötig ist. Der dauerhaft zunehmende Schweregrad eines progredienten Krankheitsverlaufs kann zu einer fortwährend hohen Beanspruchung und zu intensiven Ängsten vor dem Fortschreiten der Erkrankung (der sogenannten Progredienzangst[5]) führen, da Phasen der Erleichterung wahrscheinlich selten oder gar nicht auftreten und die Betreuung des kranken Familienmitgliedes stetig zunimmt. Remittierende oder konstante Krankheitsverläufe zeichnen sich durch ein relativ hohes Maß an Vorhersagbarkeit und Kontrolle aus, was sich schützend auswirken kann (Rolland, 2005).

Das Fallbeispiel von Alisha zeigt eine Phase in einem rezidivierenden Krankheitsverlauf.

Die zehnjährige Alisha hat ihr Asthmaspray nun seit mehr als vier Jahren immer dabei. Seit der Schulung im Krankenhaus weiß sie, wie sie sich verhalten soll, wenn sie Atemnot bekommt. Eigentlich war ihr Asthma auch schon viel besser geworden,

---

5   Die Progredienzangst nimmt dann eine pathologische Form an, wenn die Lebensqualität der Eltern erheblich beeinträchtigt ist und diese beispielsweise in ihrer Fürsorgefunktion eingeschränkt sind (Abel, 2014).

doch seit ihre Eltern mit ihr in eine größere Stadt gezogen sind und Alisha hier zur Schule geht, tritt es wieder häufiger auf. Die Hausärztin vermutet ungewohnte Umwelteinflüsse und Stress in der Schule als mögliche Ursachen. Die Familie ist besorgt und Alisha hat Angst. Ein spezielles Therapieprogramm ist angedacht, damit Alishas Alltag so anfallsfrei wie möglich ist.

Ausgang einer chronischen Krankheit

Die Wahrscheinlichkeit, dass eine Erkrankung letal oder lebensverkürzend verläuft, ist kritisch für die Entwicklung der psychosozialen Gesundheit der Familienmitglieder. Rolland (2005) merkt an, dass bei vielen Krankheiten das Risiko einer tödlichen Folge relativ unsicher ist, was zu sehr individuellen Interpretationen der Familienmitglieder führen und Angst hervorrufen kann. Auch wenn ein unsicherer Verlauf im Vergleich zu einer infausten Prognose zunächst erleichternd wirkt, ist er doch mit Ungewissheit und Unkontrollierbarkeit verbunden.

Das Fallbeispiel von Markus stellt die Prognose einer lebensverkürzenden, chronischen Erkrankung vor.

Markus ist ein lebhafter sechsjähriger Junge, der plötzlich nicht mehr gut sieht, der Augenarzt kann nur das baldige Erblinden diagnostizieren. Nähere Untersuchungen ergeben, dass Markus unter der äußerst seltenen Stoffwechselerkrankung NCL (Neuronale Ceroid Lipofuszinose) leidet. Diese geht mit Entwicklungsrückschritten sowie schweren körperlichen Einschränkungen einher und verläuft meist tödlich. Zwei Jahre später ist Markus erblindet und seine Gedächtnisleistung beginnt abzunehmen, bald fällt ihm das Laufen schwer, auch die Sprache ist beeinträchtigt. Der schleichende Abbau der körperlichen und geistigen Funktionen ist nicht aufzuhalten und wird schließlich im frühen bis mittleren Erwachsenenalter zum Tod führen.

Grad der Beeinträchtigung durch eine chronische Krankheit

Das Ausmaß, in dem eine erkrankte Person in ihrer Lebensführung beeinträchtigt ist, hängt vom Grad ab, in dem die kognitiven, emotionalen, körperlichen oder psychischen Funktionen durch die Krankheit geschädigt wurden und werden. Bezüglich der Aufrechterhaltung sozialer Interaktionen spielen ebenfalls die Sichtbarkeit der Beeinträchtigungen und soziale Stigmata eine Rolle. Eine starke Beeinträchtigung der Lebensführung des Erkrankten wirkt sich als zusätzlicher Stressor auf die Familie aus (Rolland, 2005). Es kann davon ausgegangen werden, dass das Ausmaß an Belastung für die Familie zunimmt, je höher der

Beeinträchtigungsgrad ist, da sich Betreuungs- und Pflegezeiten intensivieren und verlängern – wie im Fallbeispiel von Leonie.

Leonies Eltern bemerkten bereits in ihrem siebten Lebensmonat erste Entwicklungsauffälligkeiten. Der Kopf war sehr klein und sie zeigte Bewegungsunruhe. Altersentsprechende Entwicklungsschritte wie Krabbeln oder Sitzen fehlten. Nach anfänglich verordneter Krankengymnastik erhielt Leonie im 14. Lebensmonat nach einem genetischen Test die Diagnose Angelmann-Syndrom. Betroffene dieser geistigen und körperlichen Behinderung sind stark entwicklungsgestört, können ihr Leben lang nicht sprechen und auch das Laufen fällt ihnen schwer. Leonie wird also permanent auf Unterstützung und Betreuung angewiesen sein.

Studien zeigen, dass vor allem nach Diagnosestellung und in akuten Krankheitsphasen die Belastungen der Patienten und der Familienmitglieder am höchsten sind (Alderfer et al., 2010; Williams, 1997). Daher sollten Familienberatungen möglichst frühzeitig beginnen und die familialen Veränderungsprozesse begleiten. In der chronischen Phase haben sich Patient und Familie mit der Krankheit auseinandergesetzt und sich ihren Anforderungen angepasst. Die Belastung sinkt. Abermals belastend sind eine eventuelle terminale Phase sowie der Trauerprozess, da eine erneute Auseinandersetzung und Anpassung erforderlich ist.

Die vorgestellt Taxonomie nach Rolland (Rolland, 2005) differenziert die Anforderungen einer chronischen Erkrankung nach psychosozialen Gesichtspunkten, was für eine Einschätzung der psychosozialen Belastung im individuellen Krankheitsfall äußerst hilfreich erscheint.

Entwicklungspsychologische Grundlagen

Um den Umgang der Geschwisterkinder mit der Krankheit und die Bewältigung der veränderten familiären Situation zu verstehen, ist es wichtig, die jeweiligen entwicklungspsychologischen Phasen genauer zu betrachten. Hierbei sind besonders kindliche Krankheits- und Todeskonzepte von Bedeutung, welche sich mit fortschreitender Entwicklung des Kindes ebenfalls wandeln. In diesem Abschnitt werden diese Entwicklungsstufen näher beleuchtet, um einen Einblick in die Erlebniswelt eines Kindes zu geben sowie eine altersgemäße Krankheitsaufklärung zu ermöglichen.

Das kindliche Krankheitsverständnis und der Umgang mit einer Erkrankung

In Anlehnung an Romer und Haagen (2007) werden nachfolgend die Entwicklung eines Krankheitskonzeptes bei Kindern und Jugendlichen sowie ihr Umgang mit Erkrankung entwicklungspsychologischen Phasen entsprechend dargestellt.

Säuglingszeit (0–12 Monate):
Säuglinge sind entwicklungsbedingt noch nicht in der Lage, Krankheit zu verstehen. Sie reagieren jedoch auf ihre Zeichen und Folgen, wie zum Beispiel auf die Abwesenheit eines Elternteils wegen eines Krankenhausaufenthaltes. Laut Piaget (1969) entwickeln die Säuglinge zwischen dem vierten und dem zwölften Monat langsam das Schema der »Objektpermanenz«: Am Anfang der sogenannten sensumotorischen Phase ist ein Objekt nicht mehr existent, sobald es aus dem Gesichtsfeld des Säuglings verschwunden ist. Somit lernt der Säugling erst im Laufe der Zeit, das Wiederkehren der Eltern vorwegzunehmen. Ist das Geschwister eines Säuglings chronisch krank, kann das zur häufigen emotionalen oder physischen Abwesenheit der Eltern oder eines Elternteils führen,

beispielsweise aufgrund von Krankenhausbesuchen. Die Trennung von seinen vertrauten Bezugspersonen sowie ihre unzureichende emotionale Verfügbarkeit kann im Säuglingsalter zu Trennungsängsten führen, da das Zurückkehren der Eltern noch nicht vorweggenommen werden kann. Der Aufbau einer sicheren Bindung kann in dieser Phase durch die Belastung der Eltern erschwert werden. Da die Mutter häufig aktiver in das Krankheitsmanagement involviert ist und das erkrankte Kind begleitet, kann es sein, dass dem Vater oder einer anderen vertrauten Person eine wichtigere Rolle als konstante (Ersatz-)Bezugsperson des gesunden Säuglings zufällt. Die emotionale Abwesenheit oder hohe Belastung eines oder beider Elternteile kann ebenfalls vielfältige Folgen haben, wenn zum Beispiel der Säugling nicht mehr ausreichend in seinen Bedürfnissen wahrgenommen und emotional aufgenommen wird (Haagen u. Möller, 2013).

Kleinkindalter (1–3 Jahre):
Im Kleinkindalter wird die Trennung von den Eltern weniger als Bedrohung denn als »subjektive Bestrafung durch Verlassenwerden« (Romer u. Haagen, 2007, S. 27) wahrgenommen. Die Unterbrechung von Ritualen oder die Veränderung gewohnter Tagesabläufe kann Kinder in diesem Alter stark verunsichern. Zeitweilige Entwicklungsrückschritte können die Folge sein. Krankheit wird von Kindern in diesem Alter als konkret beobachtbares Merkmal wahrgenommen. Aufgrund der »Zentrierung auf einzelne Aspekte« (Piaget, 1969) können die Kinder keine Zusammenhänge zwischen den verschiedenen Symptomen und ihrer Entstehung oder ihren Folgen ziehen (Lohaus, 2013).

Zudem neigen Kinder zu generalisierten Erklärungskonzepten. So kommt es zum Beispiel vor, dass das Ansteckungskonzept generalisiert und auf andere Erkrankungen angewandt wird (Solomon u. Cassimatis, 1999). Ebenso können Kinder, die bei einem kranken Geschwister körperliche Veränderungen aufgrund von Krankheiten oder Behandlungsmaßnahmen (z. B. Haarausfall bei einer Chemotherapie) wahrnehmen und nicht darauf vorbereitet wurden, Ängste entwickeln, dass ihnen Ähnliches widerfährt.

Vorschulalter (4–5 Jahre):
Kinder im Kindergarten- und Vorschulalter sind häufig noch dem »magischen Denken verhaftet« (Romer u. Haagen, 2007, S. 28) und stellen ihre Phantasien oftmals über die Realität (Haagen u. Möller, 2013). Dies kann dazu führen, dass sie den Ausbruch der Krankheit ihres Geschwisters mit ihren vergangenen negativen Gedanken (Wut, Rivalität, Eifersucht) assoziieren. Lohaus (2013) erklärt dies mit der »Neigung, vorausgegangene Ereignisse als potenzielle Ursachen zu vermuten, da Ursache-Wirkungs-Relationen typischerweise eine zeitliche Abfolge

aufweisen« (S. 24), und ein Mangel an realistischen Erklärungen bestehe. Auch bei der Erkrankung eines Geschwisterkindes kann es in diesem Alter bei Kindern zu Schuldgefühlen kommen. Schuldgefühle bestehen neben der affektiven auch aus einer kognitiven Komponente. Moralische Verfehlungen werden wahrgenommen (real oder eingebildet), wenn beispielsweise negative Gefühle gegenüber dem kranken Geschwister aufkommen (Jimenez, 2014). So können sich die Kinder sogar ursächlich verantwortlich für die Krankheit des Geschwisters fühlen, wenn sie frühere Rivalitäten oder negative Gefühle gegenüber dem Geschwister als Auslöser der Krankheit interpretieren. Angst oder Schamgefühle verbunden mit der Vorstellung, für die Erkrankung verantwortlich zu sein, sind die Folge (Tilghman-Osborne, Cole u. Felton, 2010). Schuldgefühle basieren auf der Scham, etwas Schlimmes getan zu haben, müssen aber von der kategorischen Scham (»Ich bin ein schlechter Mensch«) abgegrenzt werden (Tangney u. Dearing, 2002).

Kinder dieser Altersstufe sind zudem sensibel für den emotionalen Inhalt der elterlichen Mitteilungen. Nach Piaget (1969) verfügen Kinder in diesem Alter über einen »Egozentrismus des Denkens«, welcher sich durch die fehlende Fähigkeit der Perspektivübernahme auszeichnet. Ernsthafte Gesichtsausdrücke der Eltern, beispielsweise aufgrund von Sorgen um die Erkrankung des Geschwisterkindes, können als Missbilligung des eigenen Verhaltens interpretiert werden, was bei fehlender, altersgerechter Aufklärung zu starker kognitivemotionaler Belastung führen kann.

Schulkindalter (6–11 Jahre):
Die Reflektion über die Folgen der Erkrankung des Geschwisterkindes und insbesondere die Frage, ob die Krankheit einen tödlichen Verlauf nehmen wird, stellt eine große Belastung für Kinder im Schulalter dar. Die Krankheit wird jetzt nicht mehr als ausschließlich konkret beobachtbares Merkmal wahrgenommen, sondern auch hinsichtlich ihrer Ätiologie und Prognose beurteilt (Romer u. Haagen, 2007). Das Kind besitzt in diesem Alter eine »Perspektivübernahmefähigkeit« (Piaget, 1969) und ist so weit sozial gereift, dass es besorgt um das Geschwisterkind und eventuell auch um die Eltern ist und eigene Forderungen und Bedürfnisse zurückhält, um nicht noch eine zusätzliche Belastung darzustellen. Die seelische Überforderung der Kinder ist meist nicht unmittelbar erkennbar und zeigt sich in diesem Alter typischerweise über somatische Symptome wie Bauch- oder Kopfschmerzen, Verdauungs- oder Schlafprobleme (Haagen u. Möller, 2013).

Pubertät und Jugend (12–17 Jahre):
Oftmals möchten Jugendliche für das erkrankte Geschwisterkind, die Eltern und die Familie Verantwortung übernehmen und sind nun auch in der Lage dazu.

Es kann jedoch ein Konflikt zwischen dem Wunsch, Verantwortung zu übernehmen, und altersentsprechenden Wünschen, sich von der Familie zu lösen und die größere Autonomie zu nutzen, bestehen. Hierbei kann es zu Schuldgefühlen bei den Jugendlichen kommen, beispielsweise, wenn Unternehmungen mit anderen Jugendlichen als Vernachlässigung der Familie angesehen werden können oder auch aufgrund des Widerstreits zwischen dem eigenen Wunsch nach jugendgerechten Vergnügungen und dem schlechten Gewissen, weil das erkrankte Geschwisterkind in Folge der Krankheit bestimmten Aktivitäten möglicherweise nicht nachgehen kann.

Auch reflektieren die Jugendlichen vermehrt über die Ätiologie der Krankheit, wobei Ängste, aber auch Schuldgefühle auftreten können: Bei genetisch vererbbaren Krankheiten können sich bei den Jugendlichen Ängste aufdrängen, dass sie aufgrund von genetischen Dispositionen ebenfalls erkranken könnten. Bei Krankheiten, welche mitunter durch seelische Stressbelastungen begünstigt werden können, kann die Schuldfrage, ob die pubertären Streitereien der Geschwister das erkrankte Kind zu sehr belastet und damit die Entstehung der Krankheit als seelische Belastung begünstigt hätten, auftauchen.

Verlusterfahrungen bei Kindern

Der Umgang mit Verlust und Trauer unterscheidet sich im Kindesalter stark von dem im Jugend- und Erwachsenenalter. Sollte im Verlauf der Erkrankung das Geschwisterkind versterben, ist es wichtig, die altersspezifischen Todeskonzepte sowie den kindlichen Umgang mit Verlust und Trauer berücksichtigen zu können. In Anlehnung an Haagen und Möller (2013) wird nachfolgend eine Übersicht über den Umgang mit Verlusterfahrungen und die Entwicklung von Todeskonzepten bei Kindern und Jugendlichen gegeben. Anschließend werden Trauerprozesse bei Kindern und Jugendlichen dargestellt.

Entwicklung der kindlichen Todeskonzepte

Kinder wissen nicht von Geburt an, dass Menschen sterben. Ihr Verständnis des Todes ist eng mit ihrem kognitiv-emotionalen Entwicklungsstand verbunden. So antworten etwa 50 % der Fünfjährigen und etwa 80 % der Siebenjährigen auf die Frage, ob sie glauben, einmal sterben zu müssen, mit Ja (Reilly, Hasazi u. Bond, 1983). Doch die Entwicklung der Todeskonzepte verläuft nicht, wie nach diesem Forschungsergebnis anzunehmen wäre, linear an den Lebensjahren entlang. Persönliche Erfahrungen wie das eigene Miterleben von Tod und

Sterben, das soziale Umfeld und nicht zuletzt der kulturelle Kontext prägen das individuelle Konzept von Tod und Sterben maßgeblich mit (Di Gallo u. Bürgin, 2006). Trotz dieser Einwände wird im Folgenden die modellhafte Entwicklung des Todeskonzeptes ebenso wie zuvor das Krankheitskonzept und der Umgang mit Erkrankungen anhand grob abgesteckter Entwicklungsphasen vom Säuglings- bis ins Jugendalter dargestellt. Dies kann im psychosozialen Bereich Tätigen eine erste Orientierung für Gespräche mit Kindern und Eltern geben.

Die Reifung des Todeskonzeptes wird zumeist über das Begreifen der durch Speece und Brent (1992) beschriebenen vier Teilkonzepte untersucht:
- Irreversibilität (Nicht-Umkehrbarkeit des eingetretenen Todes),
- Aufhören der Lebensfunktionen mit dem Tod (Stillstand biologischer und psychischer Lebenszeichen),
- Universalität (der Tod betrifft jedes Lebewesen) und
- Kausalität (Verständnis biologischer Todesursachen).

Säuglingszeit und Kleinkindalter (0–3 Jahre):
In diesem Alter haben Säuglinge und Kinder noch kein Konzept vom Tod und können zwischen Tod und Trennung nicht unterscheiden (Haagen u. Möller, 2013). Wenn ein Geschwisterkind stirbt, kann die Trauer der Eltern die emotionale Sicherheit der Kinder stören: Die Säuglinge und Kinder nehmen wahr, dass es den Eltern nicht gut geht und dass diese emotional nicht ausreichend zur Verfügung stehen, da sie mit ihrer Trauer beschäftigt sind. Auch verändern sich Tagesabläufe und Rituale in der Trauerphase der Eltern oft, da zum Beispiel Beerdigungen organisiert oder rechtliche Schritte eingeleitet werden müssen. Dies kann zu Irritationen und existenziellen Ängsten führen. Da Kleinkinder den Verlust ihres Bruders oder ihrer Schwester noch nicht als endgültigen verstehen, fragen sie ihre Eltern häufig nach dem Verbleib ihres früheren Geschwisters oder fordern ein Ersatzgeschwister. Dies kann für die trauernden Eltern besonders belastend sein.

Vorschulalter (4–5 Jahre):
Der Tod wird von Kindern in dieser Altersstufe als »zeitweilig und reversibel« (Haagen u. Möller, 2013, S. 27) verstanden. Die Irreversibilität des Todes wird noch nicht erfasst, sondern eher als eine Art Schlaf begriffen. Auch besteht die Vorstellung eines graduellen Todes und des Tötens als Ursache des Todes, also die Vorstellung, dass der Tod aktiv herbeigeführt wird (Haagen u. Möller, 2013). Kinder brauchen sehr lange, um zu verstehen, dass eine Person (z. B. das Geschwisterkind) nicht mehr zurückkehrt und fragen häufig nach der Rückkehr dieser Person. Ein wichtiger Faktor für den Umgang mit dem Verlust ist

die Reaktionsweise der unmittelbaren Umgebung, also die der Eltern. Trauer kann durch Schuldgefühle erschwert werden. Kindern sollte daher deutlich gemacht werden, dass sie keine Schuld an dem Tod oder der Krankheit ihres Geschwisters haben. In dieser Entwicklungsphase können Trennungsängste vermehrt auftreten. Viele Kinder suchen wieder verstärkt die Nähe der Eltern, um den Verlust zu bewältigen.

Grundschulalter (6–11 Jahre):
In diesem Alter verfügen Kinder über ein Todeskonzept, welches die Irreversibilität des Todes einschließt. Dies führt auch zu Angst vor dem eigenen Tod und dem Tod weiterer naher Angehöriger. Im Todesfall reagieren Kinder oft sehr emotional, sind tief traurig, haben große Angst oder fühlen sich schuldig. Auch Ärger kann eine Rolle spielen. Dieser kann sich sowohl auf das verstorbene Geschwisterkind als auch auf die Eltern beziehen, welche den Tod nicht verhindert haben. Ab circa neun Jahren entwickeln Kinder Emotionsregulationsstrategien, die es ermöglichen, unangenehme Gefühle abzuwehren und sich von diesen abzulenken. Bis dahin können sich Kinder von ihren starken Gefühlen leicht »überwältigt« (Haagen u. Möller, 2013, S. 30) fühlen. Auch ersetzen nun Ursache-Wirkungs-Zusammenhänge das magische Denken. Kinder ab circa neun Jahren fangen an, biologische Aspekte von Krankheit und Tod zu verstehen, was die eigenen Schuldzuweisungen abmildern kann. Ab circa zehn Jahren kann man von einem vollständigen Todeskonzept der Kinder ausgehen (Slaughter, Jaakkola u. Carey, 2005).

Pubertät und Jugend (12–17 Jahre):
Jugendliche verfügen über ein vollständiges Todeskonzept und sind in der Lage, Informationen über Krankheit und Tod schnell zu verstehen. Die Auseinandersetzung mit Leben und Tod wird »abstrakter« und auch die Universalität des Todes wird verstanden (Haagen u. Möller, 2013, S. 36). Sie trauern oft alleine oder suchen sich Unterstützung bei Gleichaltrigen, da sie sich manchmal von Erwachsenen nicht verstanden fühlen oder sich altersbedingt versuchen abzugrenzen. Der Wunsch nach Ablenkung und Vergnügen steht im Konflikt zur Trauer und zu der Verantwortung gegenüber den trauernden Eltern, wobei Schuldgefühle hervorgerufen werden können. Eine Gefahr ist, dass Jugendliche versuchen, schwierige Gefühle durch dysfunktionale Emotionsregulationsstrategien, wie zum Beispiel Alkoholkonsum oder externalisierende Verhaltensweisen, zu regulieren.

Kindliche Trauerreaktionen auf den Tod eines Geschwisters

»Man sagt, der Tod beende zwar ein Leben, aber nicht eine Beziehung. Dies gilt ganz besonders für den vorzeitigen Tod eines Bruders oder einer Schwester« (Bank u. Kahn, 1989, S. 237).

In der heute verbreiteten Zwei-Kind-Familie wird durch den Tod eines Geschwisters das überlebende zum Einzelkind. Die Identität, die mit dem Bruder oder der Schwester verbunden war, wird dadurch ins Wanken gebracht. Ganz entscheidend ist bei der Verarbeitung des Todes eines Geschwisters unter anderem die Frage nach der Art der Identifikation zwischen den Geschwistern und ihren Gefühlen zueinander. Auch wenn es keine sehr liebevolle oder enge Beziehung zwischen den Geschwistern gegeben hat, das »unsichtbare Band« (Frick, 2014, S. 24), das Geschwister durch die gemeinsame Vergangenheit verbindet, wird sowohl positive als auch negative Gefühle im Rahmen der Trauer hervorrufen. Dies ist besonders relevant, wenn das Geschwister zu Lebzeiten durch eine schwere chronische Erkrankung über längere Zeit eine besondere Aufmerksamkeit und Zuwendung der Eltern bekam und dadurch möglicherweise Neid und Eifersucht bei dem gesunden Kind hervorgerufen hat.

Stehen bzw. standen sich die Geschwister sehr nahe und teilten viele gemeinsame Interessen, bedeutet der Verlust eines Bruders oder einer Schwester auch den Verlust eines Stücks seiner selbst.

War die Geschwisterbeziehung dagegen bestimmt durch starke Rivalitäten, kann die Trauer des überlebenden Kindes mit Schuldgefühlen durchsetzt sein. Diese können, wie bereits erwähnt, auch auftreten, wenn dem Tod eine lange intensive Krankheitsgeschichte vorausging und Gefühle der Wut oder des Neides auf die enorme elterliche Zuwendung beim gesunden Geschwister auslösten. Um diese Schuldgefühle zu verringern, greifen Kinder unter Umständen auch zu Selbstbestrafungsmitteln: Bei manchen Kindern tritt plötzlich eine erhöhte Unfallneigung auf, sie verhalten sich unvorsichtig, verletzen sich häufiger, fallen beispielsweise vom Fahrrad (Bank u. Kahn, 1989). Dieses Verhalten kann unter anderem als Selbstbestrafung für die vorausgehenden kindlichen Todeswünsche interpretiert werden.

Kinder sollten ermutigt werden, über ihre ambivalenten Gefühle zu sprechen und sie zu zeigen. Außerdem sollte ihnen versichert werden, dass Streitigkeiten zwischen Geschwistern normal sind und keinesfalls den Tod des Geschwisters verursachen können. In gemeinsamen Gesprächen oder Spielen können positive Erfahrungen und Erinnerungen an das verlorene Geschwisterkind gepflegt und aufrechterhalten werden. Dazu ist es auch wichtig, Kleidungsstücke, Spielsachen oder andere Erinnerungsstücke nicht zu »verbannen«, das heißt, in den Keller oder den Dachboden zu räumen, sondern dem überlebenden Kind die Möglichkeit zu geben, über die verbleibenden Erinnerungsstücke langsam Abschied nehmen zu können, wenn es das möchte.

Reaktionen auf den Verlust durch Tod im Säuglings- und frühen Kindesalter sind anders als bei älteren Kindern und Erwachsenen. Sie können noch nicht als Trauerreaktionen im eigentlichen Sinne verstanden werden, da noch keine ausgeprägte Ich-Reife (Mahler, Pine u. Bergman, 1980) entwickelt wurde. So sind im frühen Kindesalter noch keine Objektkonstanz, Trennung von Selbst und Objekt, Realitätstestung sowie kein Todeskonzept vorhanden (Furman, 1974). Trotzdem können Verlustreaktionen schon ab dem Säuglingsalter festgestellt werden, wobei sich diese erst im zunehmenden Alter den Trauerreaktionen von Erwachsenen angleichen. Dieser Entwicklungsprozess hängt von verschiedenen Faktoren und den jeweiligen Entwicklungsstufen ab (Webb, 2002, siehe Tabelle 1).

Tabelle 1: Faktoren der Entwicklung von Trauerreaktionen im Kindesalter nach Webb (2002)

Individuelle Faktoren	Alter (Entwicklungsstadium, kognitive Reife, Temperament)
	vergangene Bewältigungsstrategien/Anpassungen (zu Hause, in der Schule, in zwischenmenschlichen und Peer-Beziehungen, Hobbys/Interessen)
Familiäre Faktoren	Kernfamilie (Trauerreaktionen)
	erweiterte Familie (Trauerreaktionen)
	Schule (Anerkennung des Verlustes)
	Gleichaltrige (Reaktionen auf den Verlust)
	religiöse Zugehörigkeit (Mitgliedschaft/Teilnahme, Todesvorstellungen)
	kulturelle Zugehörigkeit (Typische Vorstellungen über den Tod, Umfang, in dem Kinder mit eingeschlossen werden)
Todesbezogene Faktoren	Todesart (erwartet/plötzlich, Aktualität, Zeitpunkt/Verhütbarkeit, Ausmaß des Schmerzes, Vorhandensein von Gewalt/Traumatisierung, Stigmatisierung)
	Kontakt zum Verstorbenen (Anwesenheit während des Todes, Anblick des toten Körpers, Teilnahme an Zeremonien, Besuch des Grabes/Mausoleums)
	Ausdruck des Abschiedes
	Beziehung zum Verstorbenen (Bedeutung des Verlustes)
	Trauerreaktionen

Nach Kübler-Ross (1975) sind weder sterbende Erwachsene noch sterbende Kinder oder deren Eltern die am meisten vernachlässigte Gruppe von Menschen, sondern die Geschwister von sterbenden Kindern. Sie betrauern nicht nur den

Verlust ihres Geschwisters, sondern auch den der Eltern, die sich in ihrer Trauer und ihrem Schmerz nicht immer wie gewohnt emotional zugewandt verhalten können. Der Tod eines Geschwisters bedeutet also für ein Kind meist eine doppelte Verlusterfahrung. Neben dem Tod einer vertrauten Person und einem vielleicht engem Verbündeten müssen sie auch erleben, wie ihre Eltern voller Schmerz über ihren eigenen Verlust emotional zeitweise unerreichbar werden und wie sich das vertraute Familienleben plötzlich verändert.

Der Trauerprozess von Kindern verläuft ebenso wenig wie bei Erwachsenen nach einem festen Schema oder entspricht einem linearen Phasenverlauf (Fischinger, 2014). Es lassen sich allerdings grob vier Aufgaben der Trauerarbeit von Kindern beschreiben, die mit spezifischen Reaktionsbildern einhergehen können. Diese vier Aufgaben der Trauerarbeit sind nach Worden (1996): Die Anerkennung der Realität, das Durchleben des Schmerzes, die Adaptation an die veränderte Situation und das Ausbalancieren zwischen Erinnern und Weiterleben. Bei diesen Aufgaben werden Kinder oftmals Rückschritte machen. Dies meint einerseits, dass Aufgaben (z. B. die Akzeptanz des Todes), die bereits als verarbeitet gelten, im späteren Trauerprozess erneut bearbeitet werden. Andererseits bezieht sich dies auch auf Entwicklungsrückschritte (»Regressionen«) im Erleben und Verhalten der Kinder. Oft verlieren Kinder zeitweise Fertigkeiten, die sie bereits beherrschten (z. B. eigenständig auf die Toilette zu gehen). Ein geduldiger und einfühlsamer Umgang mit dem Kind ist in diesen Situationen besonders wichtig. Im Folgenden werden die vier Aufgaben nach Worden näher beschrieben.

Anerkennung der Realität:
Diese Aufgabe meint die Akzeptanz des erlittenen Verlustes des Geschwisters. Das überlebende Kind erkennt, dass der Tod des Geschwisters für immer fortbesteht und dass es nie wieder lebendig wird. Insbesondere jüngere Kinder benötigen hierbei die Unterstützung der Eltern (siehe auch Abschnitt »Todeskonzepte«, S. 26 ff.). Dabei sollte auf der Grundlage des Entwicklungsstandes eingeschätzt werden, welche metaphorischen oder beschönigenden Ausdrücke für den Tod möglicherweise falsch verstanden werden können. Die gängigen Redewendungen »er ist nun auf eine lange Reise gegangen« oder »er ist nun im Himmel« werden womöglich wörtlich genommen und erschweren es dem Kind vielleicht, die Endgültigkeit des Abschieds zu verstehen und anzuerkennen.

Durchleben des Schmerzes:
Dieser Punkt bezieht sich auf die emotionale Reaktion des Kindes auf den Verlust seines Geschwisters und die veränderte Familienrealität. Kinder verarbei-

ten den Tod sehr unterschiedlich und zum Teil gänzlich anders als Erwachsene. Erwartungshaltungen von Eltern oder Beratern an das Verhalten der trauernden Kinder sollten daher vermieden werden. Trauernde Geschwister können ihre Gefühle oft nicht vor ihren Eltern zum Ausdruck bringen. Möglicherweise nehmen sie sich bewusst oder unbewusst zurück, um ihre trauernden Eltern nicht zusätzlich zu belasten, oder sie trauen sich nicht, im Beisein ihrer Eltern auch einmal ausgelassen und fröhlich zu sein. Viele Kinder sind zeitweise in extremer Weise anlehnungsbedürftig, wollen nicht alleine schlafen, nicht zur Schule oder zur Kita gehen, um ihre Eltern nicht zu verlassen. Mitunter verhalten sich die Kinder auch aggressiv oder sind besonders empfindlich. Wichtig ist, den Kindern in dieser Zeit Verständnis entgegenzubringen und Bestrafungen zu vermeiden. Sie brauchen Halt, besondere Zuwendung und Hilfe, um ihre Gefühle und Gedanken, Ängste und Sorgen zu verbalisieren. Oft trauern die Kinder nicht offen. Sie ziehen sich zurück und/oder scheinen nach außen völlig normal. Möglicherweise vermeiden sie jeglichen Bezug auf ihr verstorbenes Geschwister, wirken emotional unbeteiligt oder sind vielleicht sogar fröhlich. Es sollte von Kindern nicht erwartet werden, dass sie wie Erwachsene trauern. Nicht selten wirken sie äußerlich unbeteiligt oder kühl, trauern jedoch mitunter nur stückweise, aber intensiv. Dass sie ihre Trauer nicht spontan oder permanent zeigen, bedeutet nicht, dass sie keinen Schmerz empfinden (Baßler u. Schins, 1992). Auch das Lernvermögen oder die Konzentrationsfähigkeit der Kinder kann vorübergehend gestört sein. Eltern oder Berater sollten möglichst auch das Gespräch mit Lehrern oder Erziehern suchen, damit diese dem trauernden Kind besondere Unterstützung geben können. In jedem Fall sollte das Verhalten des Kindes respektiert werden. Es sollte den Kindern das Gefühl gegeben werden, dass sie trauern dürfen, wie und wann es für sie richtig ist. Um das Kind in der Trauerarbeit zu unterstützen, können ihm mehrere Möglichkeiten angeboten werden, mit der Trauer umzugehen bzw. diese auszudrücken, wie zum Beispiel die Möglichkeit, zu malen oder zu zeichnen, ein Tagebuch zu schreiben, eine Trauergruppe zu besuchen oder Sport zu betreiben (Baßler u. Schins, 1992). Dennoch sollten Auffälligkeiten (z. B. besonders aggressives Verhalten, langanhaltender Rückzug) gut im Auge behalten und gegebenenfalls psychotherapeutische Hilfen genutzt werden.

Adaptation an die veränderte Situation:
Die Anpassung an ein Lebensumfeld ohne den Bruder oder die Schwester schließt unweigerlich die Trauerarbeit und das Verhalten von Eltern bzw. erweiterter Familie mit ein. Gelingt es im Anschluss an die Zeit des intensiven Trauerns und tiefen Schmerzes, wieder einen familiären Alltag zu finden, hilft das

dem Kind, die neue Realität anzuerkennen und sich daran zu gewöhnen. Dies bedeutet jedoch nicht, dass Erinnerungen an den verstorbenen Bruder oder die Schwester unterdrückt werden und eine falsche Normalität vorgespielt werden soll. Vielmehr können Routinen im Alltag dem Kind bei der Verarbeitung des Geschehenen helfen. Auch das Erinnern an das Geschwister kann über Routinen (z. B. regelmäßige gemeinsame Besuche auf dem Friedhof) weiterbestehen.

Ausbalancieren zwischen Erinnern und Weiterleben:
Dieser Punkt setzt an dem zuvor genannten an, indem das Kind im Zuge der Adaptation an die neue Situation und den veränderten familiären Alltag auch erkennt, dass das verstorbene Geschwister immer Teil der Familie sowie der eigenen Geschichte sein wird, es jedoch gleichzeitig weiterleben und wachsen darf (Fischinger, 2014).
  Außer den vier, soeben beschriebenen Traueraufgaben nach Worden spielen die Antizipatorische Trauer und die Traumatisierung eine wichtige Rolle bei den kindlichen Trauerreaktionen. Auf sie wird daher nachfolgend ebenfalls näher eingegangen.

Antizipatorische Trauer:
Antizipatorische Trauer bezeichnet die Auseinandersetzung mit einem bevorstehenden Tod und dessen Bewältigung. Gestalt und Zeitpunkt des bevorstehenden Todes können nicht vorhergesehen werden und dennoch als wahrscheinlich gelten (Lindemann, 1944). Diese Art der Trauer ist eine innere und äußere Vorbereitung und kann bereits der eigentlichen Trauerarbeit ähnlich sein. Eine ungenügende, übermäßige oder fehlende antizipatorische Trauer kann bei Kindern zu einer pathologischen Trauerreaktion oder einer Traumatisierung führen (Romer u. Haagen, 2007). Die Vortrauer kann »auf gewisse Weise vorbereiten, hilft, sich mit Veränderungen auseinanderzusetzen, Reserven zu mobilisieren und über Neuorientierungen nachzudenken« (Eysn u. Auner, 2014, S. 112). Dieser Prozess gelingt Kindern und Jugendlichen umso besser, je länger und genauer sie auf den bevorstehenden Tod vorbereitet werden. Einige Experten warnen jedoch vor einem gegenteiligen Effekt, wenn antizipatorische Trauer sehr lange anhält, zum Beispiel, wenn trotz infauster Prognose das Geschwister noch lange weiterlebt (Littlewood, 1992).
  Das folgende Fallbeispiel von Paula veranschaulicht beispielhaft, auf welche Weise ein Kind bei seiner antizipatorischen Trauer unterstützt werden kann.

Paula ist zehn Jahre alt und spricht mit einer Sozialarbeiterin der pädiatrischen Abteilung des Krankenhauses: »Meine Eltern haben mir erzählt, dass die Ärzte gesagt haben, dass Nils sterben wird, man kann wohl nichts mehr für ihn tun. Ich frage mich einfach immer wieder, was das heißen soll. Ich kann das nicht verstehen, was soll ich denn jetzt machen, ich bin doch erst zehn.« Die massive Hilflosigkeit, der Paula in der Situation ausgeliefert ist, wird der Sozialarbeiterin umso mehr bewusst, als Paula davon erzählt, wie sinnlos nun alles erscheint und dass sie gar nicht weiß, wofür sie den Kampf der letzten Jahre überhaupt geführt, alles gemacht und ausgehalten haben.

Um den bevorstehenden Tod des Bruders im Vorhinein zu antizipieren und sich gedanklich damit auseinanderzusetzen, erachtet es die (palliativ geschulte) Sozialarbeiterin für wichtig, die Hilflosigkeit von Paula gemeinsam mit ihr auszuhalten und das Nichtstun zu spiegeln. Damit kann Paula innehalten und ihre aktuellen Emotionen deutlich wahrnehmen. Später kommt sie dazu, sich dem Ausdruck Sterben zu nähern und zu definieren, was es eigentlich heißt, zu sterben. So können sie über Tod und Sterben reden und gemeinsam beschließen, dass sie zukünftig Sterben als Abschiednehmen ansehen werden. Sie sprechen darüber, welche Formen und Möglichkeiten es gibt, um angemessen von seinem Bruder Abschied zu nehmen und Paula entscheidet, dass sie ihrem Bruder ein besonderes Abschiedsgeschenk gestaltet wolle, um ihm »alles Gute« zu wünschen.

Traumatisierung:
Der Tod eines Geschwisterkindes kann als eine potenziell traumatische Erfahrung angesehen werden. Ein seelisches Trauma ist ein »vitales Diskrepanzerleben zwischen äußeren Belastungsfaktoren und individuellen Bewältigungsmöglichkeiten, das mit Gefühlen von Ohnmacht und schutzloser Preisgabe einhergeht und eine dauerhafte Erschütterung von Selbst- und Weltverständnis bewirkt« (Fischer u. Riedesser, 1999, S. 79). Somit spielen sowohl äußere Begebenheiten als auch innere Vorgänge eine Rolle, und Traumatisierungen sind daher abhängig von der kognitiven und emotionalen Entwicklung der Kinder. Kann der Tod nicht aufgrund bedrohlicher Situationsfaktoren, zum Beispiel durch die Schwere der Krankheit, unvorhersehbare Komplikationen oder fehlende Aufklärung, vorhergesehen werden und tritt somit unerwartet auf, kann das zu einer traumatischen Erfahrung führen. Eine besondere Bedeutung kommen daher der altersgemäßen und frühzeitigen Vorbereitung der Kinder auf einen bevorstehenden Tod sowie der therapeutischen Unterstützung bei der Verarbeitung traumatisierender Erfahrungen zu.

Chronische Erkrankungen im familiären Kontext

Die chronische körperliche Erkrankung eines Kindes betrifft die ganze Familie und wirkt sich auf die familiären Strukturen und den Alltag aus. Um die vielfältigen familiären Prozesse sowie die Wechselwirkung mit dem sozialen Umfeld besser zu verstehen, wird einleitend anhand des systemischen familienmedizinischen Ansatzes (Kröger, Hendrischke u. McDaniel, 2000) das familiäre System und Zusammenwirken der einzelnen Familienmitglieder erläutert.

Die Rolle der Familie

In der systemischen Familienmedizin wird die Familie als System verstanden, welches durch ständige Interaktionsprozesse Strukturen ausbildet. Wesentlich ist dabei die Entstehung von Subsystemen, zum Beispiel entlang der Generationenzugehörigkeit, dem Geschlecht oder der Funktion im Familienalltag. Es kann beispielsweise das eheliche, das elterliche oder das Geschwistersubsystem unterschieden werden, doch auch die Mutter-Kind-, Vater-Kind- oder Mutter-Vater-Kind-Beziehung sowie einzelne Personen mit besonderen Funktionen bzw. Eigenschaften können als Subsystem verstanden werden (Cierpka, Krebeck u. Retzlaff, 2001; Minuchin, 1974; Sanders, 2011). Jedes Familienmitglied gehört dabei in der Regel mehreren dieser sich gegenseitig beeinflussenden Subsysteme an. Das familiäre System differenziert sich nicht nur nach innen und bildet Strukturen bzw. Teilsysteme aus, sondern ist gleichzeitig Teilsystem in einem Umweltzusammenhang. Nach dem biopsychosozialen Krankheitsmodell (Egger, 2005) ist das System Familie eingebettet in die hierarchisch geordneten Systeme Gemeinde, Kultur, Gesellschaft und Biosphäre. Die Systeme existieren nicht isoliert, so dass sich Veränderungen in einem System auch auf andere Systeme auswirken (Egger, 2005). Eine chronische Krankheit kann als ein potenziell stressauslösender Faktor (Stressor) angesehen werden, der je nach psychosozialer Anforderung (siehe Abschnitt »Krankheitsfaktoren und psychosoziale

Anpassung«, S. 18 ff.) mehr oder weniger stark auf das Familiensystem einwirkt und Veränderungen nötig macht. Es verändern sich sowohl die innerfamiliären Strukturen, was von der gesamten Familie Leistungen zur Anpassung abverlangt (z. B. Intensivierung der Beziehung von der Mutter zum erkrankten Kind, Veränderung des familiären Alltags durch die organisatorischen Anforderungen der Krankheit) als auch die Beziehungen zum gesellschaftlichen Umfeld (z. B. Veränderung der beruflichen Situation der Eltern, Unterstützung durch Verwandte und Freunde, Bezug sozialrechtlicher Leistungen; Cierpka et al., 2001). Die Veränderungen können dazu führen, dass Halt gebende Strukturen oder stärkende Ressourcen zeitweilig nur noch gering oder gar nicht mehr verfügbar sind. Die Systemische Familienmedizin zielt im Sinne des biopsychosozialen Krankheitsmodells darauf ab, inner- und außerfamiliäre Ressourcen zu stärken, um die Adaption der Familie an den Stressor möglichst günstig zu gestalten.

Ressourcenorientierter Ansatz:
Wie gut eine chronische Krankheit im Kindesalter von der Familie bewältigt wird, hängt davon ab, welche individuellen, familiären und sozialen Ressourcen diesen Anforderungen entgegengestellt werden können. Damit ist eine salutogenetische Perspektive eingenommen, welche ihr Augenmerk auf die protektiven Schutzfaktoren einer Familie gegen durch Krankheit ausgelösten Stress richtet. Sie fragt also nicht danach, was krank macht, sondern was gesund erhält (Antonovsky u. Sourani, 1988). Funktionale Familienstrukturen, ein adäquates familiäres Krankheitskonzept, soziale Unterstützung durch Dritte sowie solide sozioökonomische Verhältnisse leisten einen wesentlichen Beitrag dazu, dass die Familie als System adäquate Bewältigungsstrategien anwendet (Hölling et al., 2008). Adaptive Bewältigung bedeutet in diesem Kontext nicht nur die Geringhaltung stressbedingter Belastungsfaktoren, sondern zugleich die aktive Unterstützung funktionaler Bewältigungsmuster (Retzlaff, 2010).

Chronische Erkrankung im Familiensystem

Familien mit einem chronisch kranken oder behinderten Kind befinden sich in einem umfassenden kognitiven Verarbeitungsprozess. Es geht darum, die medizinischen Zusammenhänge zu verstehen sowie sich Wissen über die Erkrankung und die Behandlungsmethoden anzueignen. Außerdem müssen die Folgen der Erkrankung für die familiären Zukunftsentwürfe abgeschätzt werden. Die durch die Krankheit ausgelösten Gefühle wie Trauer, Verzweiflung, Wut und Scham müssen reguliert werden. Die krankheitsbezogene Versorgung und das Eingehen auf die besonderen Bedürfnisse des Kindes verändern die familiäre

Routine, familiären Rollen sowie das Familienklima zum Teil gravierend (Seiffge-Krenke, 2013). Hinzu kommen möglicherweise Krankenhausaufenthalte, die zeitliche und organisatorische Ansprüche stellen (z. B. die Frage nach der Betreuung von Geschwistern). Auch finanzielle Belastungen, die mit dem Kauf bestimmter Medikamente oder dem häufigen Transport zum Arzt bzw. in die Klinik zusammenhängen, müssen getragen werden.

Aus systemischer Perspektive verfügen Familien über interne Strukturen, welche die familiäre Lebenspraxis prägen, zum Beispiel über Rollenmuster, Konfliktmuster oder einen bestimmten Grad an Offenheit. Bei der Bewältigung einer chronischen Krankheit im Kindesalter treten diese Strukturen besonders stark hervor, denn die Familie ist angesichts der emotionalen und organisatorischen Anforderungen »zur Funktionstüchtigkeit gezwungen« (Theiling, von Schlippe u. Lob-Corzilius, 2000, S. 139).

In Abbildung 1 ist beispielhaft schematisch dargestellt, wie eine Familie ihre interne Struktur und Rollenverteilung sowie ihre Beziehungen nach außen verändert, wenn sie von einer chronischen Krankheit im Kindesalter betroffen ist. Die Intensität und Art der Veränderungen differiert und ist unter anderem abhängig von den Anpassungsanforderungen sowie der Schwere und Art der Erkrankung (siehe Abschnitt »Krankheitsfaktoren und psychosoziale Anpassung«, S. 18 ff.).

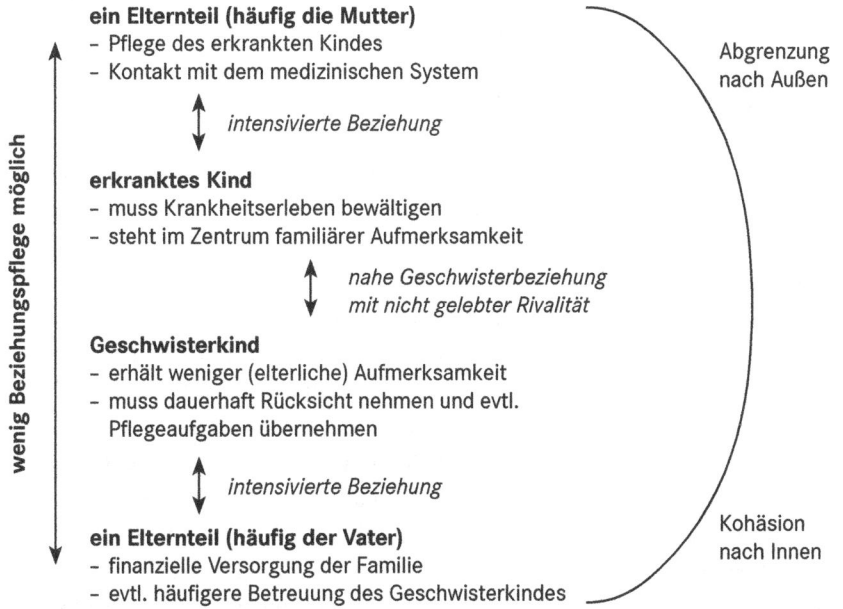

Abbildung 1: Beispiel für familiäre Veränderungen bei einer chronischen Krankheit im Kindesalter

Hinsichtlich der Anpassungsleistungen im Familiensystem spielen nicht zuletzt die familiäre Kohäsion, der Umgang mit Konflikten und die Flexibilität der familiären Strukturen eine Rolle. Auf alle drei wird daher nachfolgend eingegangen.

Familiäre Kohäsion:
Zur Bewältigung der durch die Erkrankung gestellten Anforderungen greifen Familien zuerst auf familiäre Ressourcen zurück, was erklärt, warum Familien zu größerer Kohäsion und Abgrenzung nach außen tendieren. Unter familiärer Kohäsion wird der Zusammenhalt einer Familie verstanden, der sich aus der gegenseitigen emotionalen Unterstützung der Familienmitglieder und der Verantwortungsübernahme innerhalb dieser Gemeinschaft ergibt. Dies ermöglicht das Gefühl eines starken Rückhalts in der Familie. Die Familienpsychologen Olson und McCubbin (1982) erfassen die familiäre Kohäsion in Form eines Kontinuums innerhalb der Gegenpole emotionale Bindung und individuelle Autonomie. Sie beziehen damit die Ambivalenz von starker emotionaler Bindung – als ein das Individuum in seiner Entwicklung nicht nur stützendes, sondern auch hemmendes Moment – ein und finden vier Ausprägungsgrade: Familien können demnach losgelöst, getrennt, verbunden und verstrickt sein. Verstrickt sind Familien, die eine hohe emotionale Bindung haben, interpersonelle Grenzen wenig respektieren und sich nach außen stark abgrenzen. Die emotionale Bindung bei losgelösten Familien ist hingegen sehr schwach ausgeprägt, die hohe gegenseitig gewährte Autonomie geht mit einer emotional unbeteiligten Atmosphäre und wenig gegenseitiger Bezugnahme einher. Nach Retzlaff (2010) können kompetente Familien sowohl individuelle Autonomie gewähren als auch über ein starkes Gemeinschaftsgefühl verfügen. Zu beachten ist auch, dass sich der erforderliche Grad an Kohäsion je nach Phase im Familienzyklus verändert (siehe das Kapitel »Familienzyklus und Entwicklungsphasen«, S. 40 ff.).

Insbesondere bei Diagnosestellung und in akuten Krankheitsphasen erweist sich die Kohäsion als stärkend für Familien, denn ein starkes Gefühl des Zusammenhalts und der gegenseitigen emotionalen Unterstützung wirken angesichts der (existenziellen) Bedrohung entlastend und vermindern dadurch den ausgelösten Stress (Retzlaff, 2010). Diese effektive Adaptation trägt wesentlich zum Funktionieren von Familien im Krisenfall bei und ist damit entscheidender Prädiktor für die Bewältigungsfähigkeit im Krankheitsfall (Retzlaff, 2010).

Im Idealfall kann die Familie diesen Zustand in der chronischen Phase der Krankheit wieder lockern (Cierpka et al., 2001). Im dysfunktionalen Fall korrigiert die Familie das hohe Kohäsionsniveau nicht und verharrt im Gefühl der starken gegenseitigen Verantwortlichkeit und des das Familienleben dominierenden Gemeinschaftsgefühls. Neben den Gefahren eines Teufelskreises (Rolland, 2000, S. 87) aus Verantwortlichkeit, Schuld und zunehmend verstrickter Beziehungen kann dies vor allem bei Autonomiebestrebungen und Distanzforderungen heranwachsender Kinder problematisch sein.

Umgang mit Konflikten:
Des Weiteren reagieren Familien auf die Diagnosestellung typischerweise, indem familiäre Konflikte vorerst in den Hintergrund treten. Die Situation wird als so bedrohlich empfunden, dass jede Auseinandersetzung innerhalb der Familie vermieden wird (Perry, Sarlo-McGarvey u. Factor, 1992). Diese Harmonisierung befördert das Gefühl der Zusammengehörigkeit und gegenseitigen Unterstützung, kann jedoch im Verlauf umso stärker eskalieren oder Autonomiebestrebungen einzelner Familienmitglieder hemmen (McDaniel, Campbell, Hepworth u. Lorenz, 2004). Ungelöste tiefgreifende Loyalitäts- oder Machtkonflikte wirken sich auf die Adaptionsfähigkeit der Familie langfristig besonders negativ aus und bedürfen der intensiven (systemischen) Familienberatung (Cierpka et al., 2001).

Flexibilität familiärer Strukturen:
Unter Flexibilität oder auch Adaptabilität von Familien ist die Wandlungsfähigkeit familiärer Strukturen wie Rollenmuster, innerfamiliäre Machtverteilung und Beziehungsregeln zu verstehen. Damit einher geht eine effektive Problemlösekompetenz, welche bei der Anpassung an Stress, ausgelöst durch individuelle Entwicklungsaufgaben und sich verändernde Rahmenbedingungen vonnöten ist. Die Familienpsychologen Olson und McCubbin (1982) unterscheiden vier Ausprägungen von Flexibilität innerhalb der Gegenpole rigider Regeln und chaotischer Strukturlosigkeit. Demnach werden Familien als chaotisch, flexibel, strukturiert oder rigide bezeichnet. Eine Familie reagiert rigide, wenn sie starr an bisherigen Strukturen festhält und Veränderungen ignoriert. Chaotische Familien reagieren sehr flexibel auf Veränderungen, können jedoch Strukturen nur schwer über längere Zeit aufrechterhalten. Ein ständiger, dramatischer Wandel ist die Folge. Ein ausgeglichenes Maß an Stabilität und Veränderung ist funktional für die Familie, denn dieses ermöglicht, dass alternative Lösungsstrategien und Verhaltensweisen zu einer nachhaltigen Problemlösung führen (Cierpka et al., 2001). Im Falle einer chronischen Erkrankung muss sich die Familie zum Teil ad hoc an die veränderte Situation anpassen. Lange Krankenhausaufenthalte erzwingen beispielsweise berufliche Flexibilität, Lösungen für die Betreuung von Geschwisterkindern und eine Umstrukturierung der Haushaltsorganisation. Aber auch die Umstellung und Einhaltung routinierter Lebensgewohn-

heiten (z. B. Ernährungsgewohnheiten) erfordert in chronischen Phasen einer Krankheit ein hohes Maß an Anstrengung aller Familienmitglieder.

Für Familien mit rigidem Muster sind diese Veränderungen und ständigen Neuanpassungen des Alltags höchst problematisch und lösen Stress aus (Retzlaff, 2010). Familien mit chaotischem Muster gelingt die schnelle Strukturanpassung dagegen besser, da sie in ihren Abläufen und Rollen weniger starr festgelegt sind. Aufgrund ständigen Wechsels und permanenter Veränderung fällt es jedoch schwer, den Anforderungen an Regelmäßigkeiten in der Versorgung eines kranken Kindes auf lange Sicht gerecht zu werden (Retzlaff, 2010).

Das Fallbeispiel der Familie von Lea verdeutlicht die Veränderungen und Anpassungsleistungen im Familiensystem nach der Diagnosestellung einer chronischen Erkrankung.

Die Familie ist geschockt, als die gerade zweijährige Lea an Leukämie erkrankt. Gerade als die Mutter nach der Babypause ihrer Tätigkeit als Krankenschwester wieder nachgeht, muss sie diese erneut aufgeben, denn sie will sich rund um die Uhr um ihre Tochter kümmern. Auch der Hausausbau wird auf Eis gelegt, da der Vater hierfür »überhaupt keinen Kopf mehr« hat. Er lässt sich nicht so viel anmerken, doch hat er vor lauter Sorge und Sehnsucht damit zu kämpfen, seine Arbeit durchzuhalten. Zum Glück ist die Großmutter da. Sie kümmert sich um den Haushalt und ist eine Art Ersatzmama für den sechsjährigen Lukas, der seine Mutter und seine Schwester fürchterlich vermisst. Trotz dieser enorm anstrengenden Zeit, in der jeder in der Familie an seine Grenzen geht, spielt sich ein Stück Normalität im Ausnahmezustand ein. Zu Lukas' Geburtstag ist die Oma bei Lea im Krankenhaus und Lukas verbringt den Tag mit seinen Eltern im Garten, wie vor der Erkrankung. Zusammen wünschen sie sich, dass alles bald wieder so sein wird wie früher und vor allem Lea wieder dabei ist.

Familienzyklus und Entwicklungsphasen

Die familiären Strukturen sind vor dem Hintergrund des Entwicklungsstandes einer Familie zu betrachten. Dabei stellt der Familienzyklus typische Phasen der individuellen Entwicklung im Kontext der Familie dar, wobei einschneidende Lebensereignisse, wie sie Abbildung 2 darstellt, Übergänge von einer zur nächsten Phase bilden (z. B. die Geburt eines Kindes; Combrinck-Graham, 1985).

In den einzelnen Phasen sind verschiedene Aufgaben zu bewältigen, welche insbesondere Auswirkungen auf die familiäre Kohäsion haben. In der Phase der Familiengründung, also bei der Geburt von Kindern, ist eine hohe Kohäsion und ein hohes Maß an nach innen gerichteter Aktivität erforderlich, sie wird

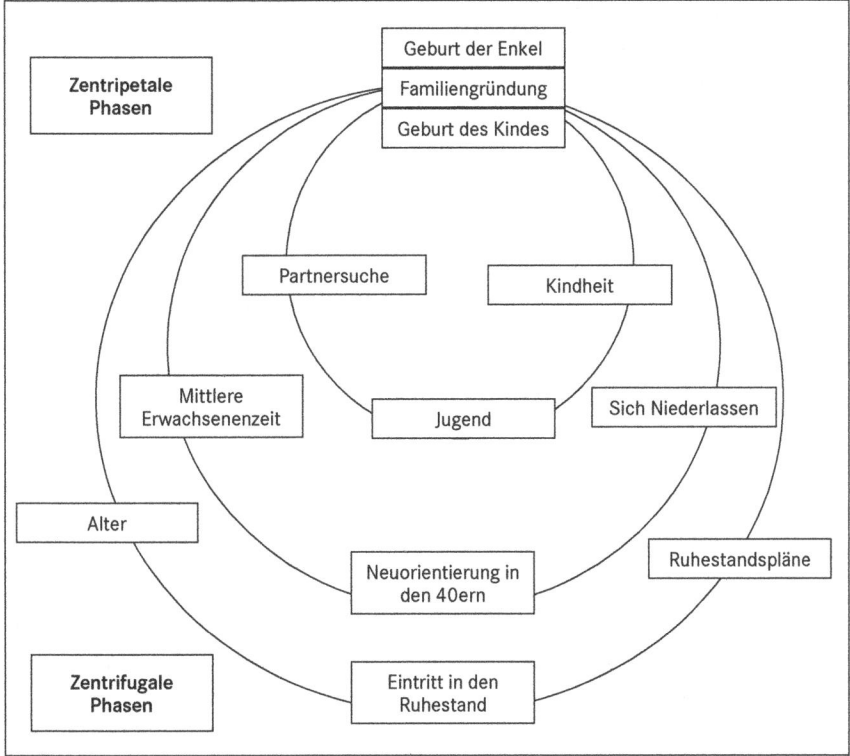

Abbildung 2: Lebenszyklus einer Familie in Anlehnung an Combrinck-Graham (1985)

als zentripetale Entwicklungsphase bezeichnet (Altmeyer u. Kröger, 2003). Die Aufgabe eines Individuums in der Jugendphase besteht darin, sich vom Elternhaus abzulösen und unabhängig zu werden – diese wird deshalb auch als zentrifugale Entwicklungsphase bezeichnet. In ihr sind die Aktivitäten eher nach Außen gerichtet (Altmeyer u. Kröger, 2003). Zudem stehen vor allem bei Übergängen im individuellen Lebenslauf große Veränderungsaufgaben im Sinne des Aufbaus von Strukturen an. Diese Aufgaben erfordern erhebliche Anstrengungen. Übergangsphasen sind deshalb als besonders vulnerable Phasen zu bezeichnen (Rolland, 2000).

Chronische Erkrankungen können Familien in ihrer Entwicklung gravierend beeinflussen, denn häufig erfordern sie eine verstärkte Kohäsion, das heißt einen engeren Familienzusammenhalt (Retzlaff, 2010; Rolland, 2000), obwohl möglicherweise entsprechend des Familienzyklus größere Distanz und höhere Autonomie der Familienmitglieder angezeigt wären. Rolland (2000) erfasst den Sachverhalt im Konzept der »phasenfremden« Krankheit, deren Auswirkungen dann besonders einschneidend sind, wenn zum Beispiel die Kleinkindphase gerade abgeschlossen ist, heranwachsende Kinder in der Ablösephase sind oder Familien durch eine chronische Erkrankung im Aufbau von Strukturen gehemmt sind.

Im Allgemeinen gilt, dass Familien und ihre einzelnen Mitglieder durch eine chronische Erkrankung in der Familie aus ihren normalen Lebenszyklen herausgerissen werden (Altmeyer u. Kröger, 2003). Besonders intensive Ängste der Eltern um den gesundheitlichen Zustand sowie die weitere Entwicklung eines erkrankten Kindes und die Strukturveränderungen, welche mit anstehenden Ablöseprozessen einhergehen, machen die Familie vulnerabel (Rolland, 2000). Auch das Geschwisterkind kann durch solche Ängste oder eine zusätzliche Eingebundenheit in die Pflege des Geschwisters in seinen Autonomiebestrebungen gehemmt sein.

Das folgende Fallbeispiel von Markus zeigt den Konflikt zwischen der verstärkten familiären Kohäsion nach der Diagnose einer Diabetes und dem Autonomiebestreben des Jugendlichen in der Ablösephase.

Markus hat mit 13 Jahren die Diagnose Juvenile Diabetes (Typ 1) erhalten. Im anschließenden Patientenschulungsprogramm bekam er viele Tipps, wie er sich verhalten kann und wie die strengen Ernährungsregeln und Vorgaben zum Spritzen einzuhalten sind. Für ihn ist es wohltuend und beruhigend, als er merkt, dass er mit der Erkrankung nicht allein ist und auch andere dies durchmachen müssen. Gleichwohl ist in seiner Schule und in seinem Umfeld niemand mit einer ähnlichen Erkrankung konfrontiert und immer, wenn jemand etwas davon mitbekommt, muss Markus lang und breit erklären, worum es sich handelt. Eigentlich wünscht er sich nichts mehr, als »ganz normal zu sein« und sich so verhalten zu können wie seine Kumpels auch. Gern gehen sie abends auf Partys oder treffen sich am See und wie selbstverständlich wird dann auch Alkohol konsumiert. Markus macht dann mit, dann ist ihm die Erkrankung egal, »wird schon nicht schlimmer sein, als sich in dieser Situation outen zu müssen!« Am meisten nerven ihn dann seine Eltern und er reagiert seiner Mutter gegenüber zunehmend gereizt. Diese fragt ständig nach, ob er auch alle Vorgaben beachtet, wenn er nicht zuhause ist. Oft kontrolliert sie seinen Atem, wenn er nach Hause kommt, um sicher zu gehen, dass er nichts getrunken hat. Der heftigste Streit allerdings entfacht, als sie heimlich versucht, seinen besten Freund zu fragen, ob Markus denn wirklich auf Alkohol verzichte. Wutentbrannt verlässt Markus gemeinsam mit seinem Kumpel das Haus und verbringt das ganze Wochenende bei seinem Freund, sagt zu Hause nicht Bescheid und betäubt sich mit jeder Menge Alkohol.

Familiärer Umgang mit Krankheit in der Mehrgenerationenperspektive

Einstellungen zu Gesundheit und Krankheit werden innerhalb der Familie über Generationen hinweg weitergegeben. Die Adaption der Familie an eine aktuelle chronische Krankheit im Kindesalter ist durch generationenübergreifende familiäre Vorerfahrungen mit Krankheit und Verlust geprägt. Das heißt: Frühere familiäre Erfahrungen bilden die Vorlage, wie mit aktuellen Belastungen und Anforderungen umgegangen wird (Rolland, 2000). Ist die Familie in ihrer Historie bereits an einer ähnlichen Krise gewachsen und aus ihr gestärkt hervorgegangen, bewirkt dies positive Bewältigungsimpulse (Rolland, 2000). Haben sich negative Erfahrungen wie Überforderung mit Pflege, Krankheit oder Tod eines nahen Angehörigen in die Familiengeschichte eingebrannt, werden diese (über Generationen hinweg tradierten) Erinnerungen reaktiviert und können als kumulative Belastung interpretiert werden (Rolland, 2000; Schanberg et al., 2001). Es kommt also darauf an, ob sich die Familie in ihrer gemeinsamen Erinnerung als kompetent und selbstwirksam[6] erlebt hat oder ob sie die vorangegangenen Krankheitserfahrungen mit Ohnmacht und Versagen assoziiert (Retzlaff, 2010).

Nicht nur die Einstellung zur Kontrollierbarkeit der Situation wirkt sich auf die Adaption der Familie aus, sondern auch die familiäre Zuschreibung von Krankheitsursachen und deren Bedeutung (Rolland, 2000). Innerhalb der Familie existieren häufig Krankheitshypothesen um die quälenden Fragen, warum es »genau uns getroffen hat« und »warum es genau diese Krankheit ist«. Diese sind Ausdruck der Bestrebung, dem Krankheitsgeschehen einen Sinn zu geben und es in das eigene Leben einzuordnen (Retzlaff, 2010). Ob dieser Deutungsprozess von Fatalismus oder Optimismus geprägt ist, hängt nicht zuletzt von der familiären Ursachenzuschreibung ab. Die um diese Fragen kreisenden Familiengeschichten können, wenn sie die Grenzen des medizinischen Systems respektieren, eine Reflexion über psychosoziale Gesundheitsstrategien fördern. Dysfunktional sind sie, wenn Schuld- und Schamgefühle erzeugt werden, da die Krankheit zum Beispiel als Strafe für frühere Handlungen empfunden wird (Rolland, 2000).

Die Kommunikation über Krankheit im Allgemeinen ist tief in der Familienhistorie verwurzelt, wobei es oft ganz individuelle Regeln gibt, die beeinflussen, wie über die aktuelle Erkrankung gesprochen wird (z. B. »Wir reden nicht über etwas Negatives«). Eine offene Kommunikation stellt eine »Schlüsselressource«

---

6 Die Selbstwirksamkeitserwartung einer Gruppe beschreibt die untereinander geteilte Überzeugung, eine kollektive Handlungskompetenz zu besitzen, das heißt, beispielsweise eine schwierige Aufgabe gemeinsam zu lösen (Schwarzer u. Jerusalem, 2002).

für alle Familienmitglieder dar, da sie Gemeinsamkeit schafft, Ängste verringert, die kognitive Orientierung vor allem der Kinder verbessert und die familiäre Organisation und Planung erleichtert (Romer et al., 2014).

Gesellschaftlicher Umgang mit Krankheit und Stigmatisierung

Einfluss auf die Krankheitsadaption hat ebenfalls, inwiefern eine Krankheit gesellschaftlich akzeptiert ist bzw. mit ihr ein soziales Stigma verbunden ist. Krankheiten, die zumeist mit gesellschaftlich nicht anerkannten Eigenschaften oder Lebensweisen assoziiert werden, sind beispielsweise AIDS oder Alkoholismus (Altmeyer u. Kröger, 2003). Negative gesellschaftliche Attributionen bestimmter Erkrankungen können innerhalb der Familie eine offene Kommunikation behindern, beziehungsweise Scham- oder Schuldgefühle hervorrufen und damit einen effektiven Umgang mit der Erkrankung erschweren (Altmeyer u. Kröger, 2003). Auch in der Kommunikation mit Dritten kann die negative gesellschaftliche Attribution problematisch sein, sind doch Freunde, Nachbarn oder Arbeitskollegen eine potenzielle Ressource für Unterstützung, welche in diesem Fall aus Scham weniger offen angesprochen wird.

Soziale Unterstützung durch Dritte

Soziale Unterstützung meint gegenseitige Hilfe und Wertschätzung. Wesentlich ist die Eingebundenheit in eine soziale Gruppe, welche das Gefühl vermittelt, geliebt und geschätzt zu werden (Cobb, 1982). Soziale Unterstützung kann in Form von emotionaler Unterstützung (Trost, Zuwendung), Hilfe in praktischen Dingen und finanziellen Angelegenheiten, Unterstützung bei der Informationsbeschaffung sowie bei der Informations- und Ressourcenbewertung (Hilfeleistung durch Rückversicherung) gegeben werden (Kupfer, 2014).

Soziale Unterstützung stellt eine Bewältigungsressource für alle Familienmitglieder dar (Noeker u. Petermann, 1995). Sie bewirkt, dass Stress und Belastung als weniger bedrohlich wahrgenommen werden und befördert die Wiedererlangung des »persönlichen Gleichgewichts, der Handlungsfähigkeit und des Wohlbefindens« (Kupfer, 2014, S. 137) in kritischen Lebenssituationen. Soziale Unterstützung wirkt salutogen, denn wie ein Puffer dämpft sie Belastungen, reduziert Stresserleben und mildert negative Gesundheitsfolgen ab (Nestmann, 2007; Röhrle, 1994; Underwood, 2005). Ungeachtet der tatsächlich in Anspruch genommenen Hilfeleistung wirkt bereits das Bewusstsein der Möglichkeit von Unterstützung emotional stabilisierend und fördert einen aktiven Bewältigungsstil (Schröder u. Schwarzer, 1997).

Am intensivsten wird soziale Unterstützung innerhalb der Kernfamilie geleistet (Caplan, 1974), was wesentlich zum Gefühl familiärer Verbundenheit – und damit der Kohäsion als Ressource – beiträgt (Hobfoll u. Lerman, 1988). Doch die Grenzen der heutigen Kernfamilie sind fließend. Die momentan häufigste Familienform ist die multilokale Mehrgenerationenfamilie, mit mindestens drei gleichzeitig lebenden familiären Generationen (Bien u. Marbach, 2008). Sind die intergenerationalen Familienbeziehungen qualitativ gut und Großeltern mit ausreichend Ressourcen ausgestattet, nehmen sie im Alltag junger Familien einen wichtigen Platz ein. Sie sind dann im Unterstützungsnetzwerk bei einer chronischen Krankheit als personelle Ressource höchst präsent, vor allem in Bezug auf die Betreuung von Geschwisterkindern (Hagestad, 2006; Herrmann, 2012). Ihre Präsenz stellt eine emotionale Unterstützung des gesunden Geschwisterkindes und bisweilen eine emotionale, finanzielle und instrumentelle Hilfe für die Eltern dar (Hagestad, 2006; Herrmann, 2012). Doch auch Geschwister der Eltern, Freunde, Nachbarn oder Arbeitskollegen können das Gefühl der starken Eingebundenheit in ein soziales Netz vermitteln, wichtige Hilfe leisten und damit als Ressource angesehen werden (Sesterhenn, 1991).

Dies soll nicht über die Hemmschwellen des Gebens und Nehmens sozialer Unterstützung durch Dritte hinwegtäuschen: Das soziale Umfeld kann durchaus unsicher in Bezug auf adäquate Verhaltensweisen im Umgang mit einer chronischen Krankheit reagieren. Im suboptimalen Fall erleben betroffene Familien die Außenwelt als schuldzuweisend oder überfürsorglich bemitleidend, reduzieren die Außenkontakte und sind damit weniger offen für Hilfs- und Unterstützungsangebote (Rolland, 2000). Hier bestehen zu den ebenfalls von der Krankheit betroffenen Familien, zum Beispiel im Krankenhaus oder in Elterninitiativen, tendenziell weniger Berührungsängste bzw. mehr gemeinsame Themen. Es ist jedoch anzumerken, dass es bereits eine erhebliche Bewältigungsleistung der Familie darstellt, eine solche soziale Unterstützung einzufordern, denn die eigene Akzeptanz der Krankheit ist dafür die Voraussetzung (Rolland, 2000).

Bei einer chronischen Erkrankung im Kindesalter bietet die Unterstützung des professionellen Teams aus Ärzten, Psychologen und Sozialarbeitern vor allem in der akuten Krankheitsphase wichtige Informationen und praktische Hilfen bei der Adaption an die Krankheit und veränderte familiäre Lebenssituation.

Die sozioökonomische Lage von Familien

Neben den individuellen und familiären Ressourcen beeinflussen auch sozioökonomische Faktoren die Adaption der Familie im Krankheitsfall (Noeker u. Petermann, 1995). Darunter sind das Einkommen der Eltern und die Wohnsituation der Familie zu verstehen, welche meist mit dem Bildungshintergrund und dem ausgeübten Beruf der Eltern korrespondieren.

Nicht selten geht mit der chronischen Erkrankung eines Kindes eine Verschlechterung der finanziellen Situation der Familie einher, da der Wegfall des Einkommens des pflegenden/betreuenden Elternteils kompensiert werden muss (Miedema, Easley, Fortin, Hamilton u. Mathews, 2008, Barr u. Sala, 2003). Zudem bergen chronische Erkrankungen mit langwierigen Behandlungen in zum Teil speziellen Kliniken oft zusätzliche Kosten, beispielsweise für lange Anfahrtswege sowie Unterbringung, zusätzliche Betreuung der Geschwisterkinder oder spezielle Diäten (Barr u. Sala, 2003). Zusätzlich zu den medizinischen Sorgen stellen dann finanzielle Belastungen und die Sorge um die langfristige ökonomische Situation der Familie Stressoren dar (Kaller et al., 2014; Klassen et al., 2012). Deshalb sollte die psychosoziale Beratung besonders Familien adressieren, deren Ressourcenausstattung gering ist.

Zudem sind Familien in besonderen Lebenslagen, vor allem Ein-Eltern-Familien, Familien mit Migrationserfahrungen und Familien, die generell über sehr geringe sozioökonomische Ressourcen verfügen, in den Blick zu nehmen. Sie stehen im Angesicht der chronischen Erkrankung eines Kindes vor besonderen Herausforderungen, welche von Seiten der psychosozialen Beratung detailliertes Hintergrundwissen und zum Teil spezielle Vorgehensweisen erfordern.

Ein-Eltern-Familien:
Ein-Eltern-Familien machen heute nach Angaben des Bundesministeriums für Familie, Senioren, Frauen und Jugend (2012) circa 20 % der Familien aus. Von diesen sind 90 % Frauen, die »allein mit Kindern« leben, wobei der gesellschaftliche Diskurs über dieses Familienmodell »zwischen Stigmatisierung und Heroisierung« schwankt (Pinhard u. Schutter, 2012, S. 1).

Alleinerziehende sind zum Teil starken psychosozialen und ökonomischen Belastungen ausgesetzt, denn ihnen obliegt die alleinige Verantwortung für Kindererziehung und Lebensunterhalt. Als besonders problematisch werden dabei Arbeitszeiten wahrgenommen, welche sich teilweise nur schwer mit den aktuellen Kinderbetreuungsmöglichkeiten vereinbaren lassen. Trotzdem arbeiten vor allem junge alleinerziehende Mütter häufig in Vollzeit. Dies bedeutet für einen Teil von ihnen jedoch nicht automatisch die Unabhängigkeit von staatlicher Unterstützung, denn bei niedrigem Bildungsstatus resultieren auch aus einer Vollzeitbeschäftigung häufig armutsgefährdende Einkommensverhältnisse (Bundesministerium für Familie, Senioren, Frauen und Jugend, 2011).

Neben dem Bildungsstand haben zudem die regionale Herkunft, Alter, Gesundheit und Präsenz eines Unterstützungsnetzwerkes großen Einfluss auf die Lebensgestaltung Alleinerziehender (Bundesministerium für Familie, Senioren, Frauen und Jugend, 2011). Wie die Lebenssituation bewältigt wird, hängt zudem stark von den persönlichen Ressourcen, vor allem von internen Kontrollüberzeugungen, dass die Situation zu bewältigen ist, ab. Auch die familiäre Vorgeschichte ist prägend: Wurde die Ein-Eltern-Familie als bewusstes Lebenskonzept gewählt, ist sie das Resultat einer gelungenen Bewältigung einer belastenden Partnerschaft, die Folge einer konfliktreichen Trennung oder des Todes des Partners (Lampert, Saß, Häfelinger u. Ziese, 2005)?

Aktuelle Daten weisen darauf hin, dass die Alltagsrealität von Eltern eher entlang dem Kriterium der Erwerbstätigkeit differiert als entlang des Partnerschaftsstatus (Pinhard u. Schutter, 2012). Sind Alleinerziehende gut vernetzt, erziehen sie zum Teil weniger allein als »quasi-alleinerziehende« Mütter in Partnerschaften mit einem männlichen Hauptverdiener (Pinhard u. Schutter, 2012). Demnach kann die Gruppe der Alleinerziehenden trotz Zeitknappheit und niedrigeren ökonomischen Ressourcen nicht per se als Problemgruppe identifiziert werden (Pinhard u. Schutter, 2012). Problematisch, da mit negativen Auswirkungen auf den allgemeinen Gesundheitszustand behaftet, sind jedoch prekäre Lebensumstände, von welchen Alleinerziehende überproportional häufig betroffen sind (Lampert et al., 2005). Diese Familien gelten als sehr vulnerabel und können besonders von der psychosozialen Unterstützung profitieren.

Familien mit Migrationshintergrund:
Die gesundheitliche Versorgung von Familien mit Migrationshintergrund gerät zunehmend in den gesellschaftlichen Blick. Denn unlängst wurden Defizite und Hindernisse im Zugang zum Gesundheitssystem sowie die mögliche Mangel- bzw. Fehlversorgung von Menschen mit Migrationshintergrund festgestellt (Brucks u. Wahl, 2003; Lindert et al., 2008). Etwa ein Fünftel der deutschen Bevölkerung (20,5 %) weist einen Migrationshintergrund auf, wobei aufgrund der spezifischen Altersverteilung Kinder unter sechs Jahren mit circa einem Drittel und Kinder, Jugendliche sowie junge Erwachsene (6 bis 25 Jahre) mit 27,2 % überrepräsentiert sind (Statistisches Bundesamt, 2013). Forscher weisen einerseits darauf hin, dass die Gruppe der Menschen mit Migrationshintergrund äußerst heterogen ist. Neben Unterschieden in Religion, Ethnizität und Herkunft weisen sie stark differierende soziale, kulturelle und ökonomische Ressourcen auf (Knipper u. Bilgin, 2010). Andererseits wurde aufgezeigt, dass die Erfahrung der Migration, die Anforderungen einer Neuorientierung und der Integration (z. B. Sprachbarrieren, kulturelle und religiöse Unterschiede), mögliche psychosoziale Belastungen durch den Verlust wichtiger Bezugspersonen im Herkunftsland, aber auch belastende vergangene oder aktuelle Lebensumstände

(z. B. Diskriminierungserfahrungen) nicht grundsätzlich zu einer schlechteren psychosozialen Situation führen (Razum et al., 2008). Auf jeden Fall können diese Faktoren den familiären Alltag prägen und sind demzufolge in der kultursensiblen Beratung miteinzubeziehen.

Mehrfach belastete Familien:
Mehrfach belastete Familien sind auch bekannt unter dem (stigmatisierenden) Label »Multiproblemfamilien«. Darunter werden in der sozialen Arbeit Familien verstanden, bei welchen schwerwiegende, multiple Lebensprobleme vorherrschen, die zu dauerhaften, massiv belastenden Lebensumständen führen (Kofler, 2009). Die schwierigen Lebensverhältnisse gründen auf einem sehr geringen Schulbildungs- und Ausbildungsniveau, welches zu niedrigem Einkommen und vermehrter Abhängigkeit von staatlichen Transferleistungen führt (Schuster, 2004). Hinzu kommen wenige sozialkommunikative Bewältigungsressourcen sowie zum Teil massive psychische Erkrankungen (Schuster, 2004). Diese prekären Lebensverhältnisse werden »signifikant sichtbar in Form von abnormen intrafamiliären Beziehungen, einem Mangel an elterlicher Fürsorge und kognitiven Einschränkungen« (Kofler, 2009). Meist werden die prekären Lebensverhältnisse von Generation zu Generation weitergegeben, denn sie gehen nicht selten mit traumatischen Erlebnissen in der Herkunftsfamilie einher: Sucht- und Erziehungsprobleme der Eltern sowie Gewalt-, Vernachlässigungs- oder Missbrauchserfahrungen (Schuster, 2004).

Das nachfolgende Fallbeispiel von Lea verdeutlicht die Situation einer mehrfach belasteten Familie.

Die achtjährige Lea wohnt nun dauerhaft bei ihrer Großmutter. In der Schule läuft es neuerdings besser und sie freut sich auf ihre erste Geschwisterfreizeit. Urlaub hat sie bis jetzt noch nie gemacht. Erst seit letztem Oktober sind sie und ihr an Leukämie erkrankter Bruder David nicht mehr in der Obhut ihrer alkoholabhängigen Mutter. Seit sie mit ihrem neuen Lebensgefährten liiert ist, zeigt sie wieder alte Verhaltensweisen des Alkoholabusus, so dass das Jugendamt erneut einschreitet. David ist bei einer Pflegefamilie, muss jedoch aufgrund der Chemotherapie häufig im Krankenhaus bleiben. Lea und ihre Oma gehen ihn dann oft besuchen. Der Vater ist bis zum jetzigen Zeitpunkt nicht kontaktierbar.

Familien mit multiplen Problemlagen sind häufig Ein-Eltern-Familien, in denen die Mutter die familiäre Kontinuität darstellt und Vaterfiguren oft nicht vorhanden sind oder wechseln. Besteht eine Partnerschaft, so sind selten beide Partner in der Elternrolle (Schuster, 2004). Häufig ist die Struktur elterlicher Machtausübung inkonsistent und die Erziehungspersonen schwanken zwischen autoritärem Erziehungsstil und Hilflosigkeit (Schuster, 2004). Ebenso ist zu beobachten, dass Eltern auf ihre Macht- und Entscheidungsfunktion verzichten, indem sie physisch und psychisch nicht präsent sind. Auch eine frühe Parentifizierung bzw. eine Umkehr von Eltern- und Kinderrollen sind nicht selten. Die Beziehung zwischen Eltern und Kindern ist im Angesicht dieser frühen Überforderung der Kinder oft angespannt und entstehende Konflikte werden häufig impulsiv ausgelebt (Schuster, 2004).

Zur Bewältigung einer chronischen Erkrankung stehen wenige Ressourcen zur Verfügung und die professionelle Unterstützung ist für betroffene, mehrfach belastete Familien angezeigt. Vor allem das Geschwistersubsystem ist angesichts seiner hohen Bedeutung in Bezug auf die soziale Situation der Familie im Krankheitsfall zu beachten.

Die familiäre Bewältigung vor dem Hintergrund von Stressoren und Ressourcen

Die psychosozialen Belastungen, die auf eine Familie im Fall einer chronischen Erkrankung im Kindesalter einwirken, ergeben sich zuallererst aus der Erkrankung an sich, ihrer Schwere und der prognostizierten Behandlung sowie deren Erfolgschancen. Darauf folgende akute oder chronische Krankheitsphasen sind nicht minder fordernd für alle Familienmitglieder, vor allem Geschwisterkinder sind von den Auswirkungen auf das Familienleben betroffen. Wie die Veränderungen innerhalb des familiären Systems bewältigt werden können, hängt sowohl vom emotionalen Klima, der Kommunikations- und Problemlösefähigkeit, der Flexibilität in der familiären Organisation und Rollenverteilung, der familiären Krankheitshistorie als auch von Persönlichkeitseigenschaften der Familienmitglieder, dem sozialen Umfeld und der sozioökonomischen Lage im Allgemeinen ab. Auch die Qualität der Paarbeziehung und das elterliche Kompetenzerleben als Erziehungsperson haben Einfluss auf die Adaption der Familie, insbesondere der Kinder (vgl. das Kapitel »Die Rolle der Eltern«, S. 52 ff.).

Bei einer solchen Komplexität der Einflussfaktoren sowie ihren möglichen positiven und negativen Wirkungen gibt es keinen Standardweg der Bewältigung, sondern einen für jede Familie individuellen Weg der Adaption. Auf diesem gilt es Stressoren – also belastende Faktoren – zu reflektieren und möglichst zu verändern sowie sich eigene Ressourcen bewusst zu machen und diese auszubauen. Die Ressourcen mildern Stress ab und werden deshalb auch als Schutzfaktoren, die latent vorhanden sind und im Krankheitsfall aktiviert werden, bezeichnet (Retzlaff, 2010). Ressourcen dienen im Kontext einer chronischen Erkrankung als »Kraftquelle zur Gesundheit« (S. 85). Die in diesem Kapitel thematisierten persönlichen, familiären und sozialen Ressourcen sind in Tabelle 2 den mit der Erkrankung in Zusammenhang stehenden krankheitsbedingten, familiären und sozialen Stressoren zusammenfassend gegenübergestellt.

Tabelle 2: Stressoren und Ressourcen

Stressoren	Ressourcen
Krankheitsbedingte Stressoren - emotionale Anforderungen - organisatorische Anforderungen des medizinischen Systems	**Persönliche Ressourcen** - Kontrollüberzeugung - Selbstwirksamkeits-Überzeugung - physische und psychische Gesundheit
Soziale Stressoren - berufliche Veränderungen mitsamt finanzieller Belastungen - wenig sozioökonomische Reserven - negative Reaktion des sozialen Umfeldes (z. B. distanziert oder überfürsorglich)	**Soziale Ressourcen** - sozioökonomische Reserven - berufliche Flexibilität - soziale Unterstützung
Familiäre Stressoren - rigide Rollenverteilung/Strukturlosigkeit - Verstricktheit/Losgelöstheit - »phasenfremde Krankheit« im Familienzyklus (Rolland, 2000) - lang anhaltende Konflikte/Schuldzuweisungen - negative Vorerfahrungen mit Krankheit	**Familiäre Ressourcen** - positive Kommunikation - gegenseitige Wertschätzung und emotionale Verbundenheit - Beachtung von individuellen Bedürfnissen und Autonomiebestrebungen - Problemlösefähigkeit - ausgeglichene Machtverteilung und Rollenflexibilität - gemeinsam geteilter Optimismus - positive Bewertung der Familienhistorie - positive familiäre Vorerfahrungen mit Krankheit

Je mehr Schutzfaktoren in einer Familie vorhanden sind, so Retzlaff (2010), umso resilienter – also widerstandsfähiger gegen Stress – ist diese und kann demnach kritische Lebensereignisse bewältigen, indem beispielsweise auf die Bedürfnisse der Familienmitglieder eingegangen wird und die Familie selbstsicher mit der Erkrankung umgeht (Hölling et al., 2008). Allerdings sollte in der Beratungspraxis in jedem Falle mit vorgegebenen Bewältigungszielen behutsam umgegangen werden, denn nicht selten kann ein zu hoher Anspruch, die durch die Krankheit entstandene Situation so optimal wie möglich zu bewältigen, sogar kontraproduktiv sein und so manchen Betroffenen unter Druck setzen bzw. ein Gefühl des Versagens provozieren.

Oft sind es die kleinen Schritte, welche den Betroffenen signalisieren, dass es immer weitergeht und sie auf dem Weg sind, die für ihre Familie individuelle Bewältigung zu realisieren, welche ein durch die Erkrankung erschüttertes Familienleben wieder ins Gleichgewicht bringt. In diesem Sinne plädieren wir Autoren auch dafür, das Konzept des Posttraumatic-Growth (PGT), welches auf Tedeschi und Calhoun (2004) zurückgeht, kritisch zu betrachten.

Nach dem Konzept des PGT profitiert die Familie von einem kritischen Lebensereignis, indem sich als Ergebnis eines komplexen Bewältigungsprozesses ein Gefühl des gemeinschaftlichen Wachstums und des gestärkten Zusammenhalts sowie der persönlichen Reifung jedes einzelnen Familienmitglieds einstellt. Vor allem förderlich für ein derartiges Posttraumatic-Growth sind ein aktiver Copingstil, soziale Unterstützung und die positive Umdeutung des Geschehen (Svetina u. Nastran, 2012). Eine kritische Reflexion dieses Konzeptes impliziert in der Beratungspraxis eine Haltung, welche das posttraumatische Wachstum als eine von vielen möglichen Bewältigungswegen begreift und damit Raum für individuelle Krankheitsverarbeitung gibt. Auch andere Autoren betrachten das Konzept kritisch und verweisen darauf, dass auf eine Krise nicht automatisch Wachstum folgt (siehe z. B. Ludewig u. Wullschleger, 2013) bzw. das PTG nicht als Allheilmittel verstanden werden sollte (siehe z. B. Retzlaff, 2010). Es sollte in der Beratung nur mit Bedacht herangezogen werden – das Fallbeispiel von Frau Friedrich verdeutlicht dies.

In die Beratung kommt Frau Friedrich. Sie erzählt, dass sie bei einem niedergelassenen Psychotherapeuten in Behandlung gewesen sei, diese jedoch extrem wütend abgebrochen habe. Sie habe nach dem Verlust ihres Sohnes ihren Lebensmut verloren. Alles sei so sinnlos geworden. Ihr gehe es jedoch bereits besser und dennoch habe sie gedacht, dass es gut sei, nach so einer langen Zeit und so wenig Verbesserung Hilfe zu suchen.

Bald wird klar, warum sie die Therapie dann jedoch nicht fortgeführt hatte: Nach wenigen Gesprächen hatte der Psychotherapeut sie gefragt, was es ihr gebracht habe, dass ihr Sohn verstorben sei, was daran gut gewesen sei. Daraufhin war sie wütend geworden, sie hatte die Frage als anmaßend und verletzend empfunden: Warum und wieso sollte denn daran etwas Gutes zu finden sein? Ja, natürlich würden sie heute kleine Probleme weniger aus der Fassung bringen als früher. Und natürlich lebe sie irgendwie bewusster, weil sie wisse, wie schnell sich alles ändern könne. Und sie verbringe auch mehr Zeit mit ihren anderen Kindern, mit ihrer Familie und mit Freunden. Das alles sei gut – aber wenn sie wählen könnte, wäre alles wieder so wie früher. Auf den Verlust und auf die Erfahrungen im Krankenhaus würde sie gern verzichten. Für nur einen Tag mit ihrem Sohn würde sie auf all das verzichten. Sie hatte dem Psychotherapeuten daher erklärt, dass es ihr nichts bringe, so darüber zu sprechen, als müsse man versuchen, aus dem Verlust krampfhaft etwas

Positives zu ziehen. Sie brauche einen Ort, an welchem sie trauern dürfe. Und einen Ort, an dem akzeptiert werde, dass auch, wenn heute manches gut sei, man es sich stets anders wünsche, es, wenn es nur für eine Sekunde die Gelegenheit dazu gäbe, ändern würde.

Die Rolle der Eltern

Die Erkrankung eines Kindes wirkt sich auf verschiedenen Ebenen auf die Eltern, ihre Paarbeziehung und ihre elterliche Rolle aus. Im Folgenden soll die Rolle der Eltern in ihren unterschiedlichen Funktionen und Facetten näher betrachtet werden.

Die Eltern als Paarsystem

Was die Auswirkungen der chronischen Erkrankung eines Kindes auf die Paarbeziehung der Eltern betrifft, werden im Folgenden drei Aspekte näher beleuchtet: die elterlichen Sorgen und Belastungen, die veränderten oder verstärkten Rollen der Eltern und das partnerschaftliche Coping der Eltern.

Elterliche Sorgen und Belastungen:
Für Eltern ist die Diagnose einer chronischen Krankheit bei einem ihrer Kinder mit großer Angst und großen Sorgen verbunden. Möglicherweise geht für sie die chronische Krankheit ihres Kindes mit der Vorstellung einher, dass es vielleicht nie ganz gesund sein werde und langfristig von medizinischen Hilfen abhängig bleibe (Grootenhuis u. Last, 1997). Zudem sehen sich Eltern chronisch kranker Kinder mit erhöhten organisatorischen Anforderungen sowie verminderten zeitlichen und finanziellen Ressourcen konfrontiert. Diese elterlichen Sorgen und Belastungen können sich wiederum auf die partnerschaftliche Zufriedenheit und die Beziehung zwischen Eltern und Kindern auswirken. Da die partnerschaftliche Zufriedenheit der Eltern sowie ihr psychisches Wohlbefinden eine wichtige Ressource für die Entwicklung ihres chronisch kranken Kindes wie auch der gesunden Geschwister darstellt (Jackson, 1999; Williams, 1997), sollten die Eltern in Beratungen ebenso wie die Kinder unterstützt werden.

In wissenschaftlichen Studien konnten die emotionalen Probleme der Eltern aufgrund ihrer vielfältigen Belastungen bereits mehrfach nachgewiesen werden (Grootenhuis u. Last, 1997; Hölling et al., 2008). In zwei Übersichtsarbeiten wurde die psychosoziale Anpassung von Eltern chronisch kranker Kinder untersucht. Die Ergebnisse zeigen, dass die Eltern im Durchschnitt ein erhöhtes

Ausmaß an psychischem Stress sowie an Symptomen von Ängsten und Depression zeigen (Pai et al., 2007; Vermaes, Janssens, Bosman u. Gerris, 2005). Eine aktuelle Untersuchung bestätigt dieses Bild auch für Eltern von Kindern mit Down-Syndrom. Demnach berichten etwa die Hälfte der Mütter und ein Drittel der Väter von einem erhöhten Stresslevel (Van Oers et al., 2014). Ein Blick auf die alltäglichen Belastungen bietet ein detaillierteres Bild ihres Beanspruchungserlebens. So fanden Van Oers et al. bei besonders beanspruchten Müttern Probleme in den Bereichen Haushalt, Erholung/Freizeit, Partnerschaft und Emotionsregulation. Bei Vätern zeigt sich ein ähnliches Bild, jedoch scheint das Ausmaß der Stressbelastung insgesamt weniger stark ausgeprägt zu sein. Hierbei ist allerdings zu hinterfragen, ob Väter tatsächlich weniger belastet sind oder nur weniger emotional reagieren und eher instrumentell-pragmatische Bewältigungsstrategien anwenden, um ihre Familie zu unterstützen (Kollmann u. Kruse, 1990; Krause, 1997).

Veränderte oder verstärkte Rollen der Eltern:
Häufig wandeln sich durch den veränderten familiären Alltag auch innerfamiliäre Rollen, Routinen, Aktivitäten sowie Ziele und Werte. Mütter tragen meist die Hauptverantwortung für die körperliche Versorgung des kranken Kindes, während Väter eher als »bread-winner« für die Familie fungieren, also eine relativ passive Rolle im Krankheitsmanagement einnehmen und daher weniger involviert sind als Mütter (Seiffge-Krenke et al., 1996). Offen bleibt, ob sich Eltern chronisch erkrankter Kinder aufgrund ihrer besonderen Situation zur traditionellen Rollenverteilung gezwungen fühlen oder diese bewusst wählen (Krause, 1997).

Die intensive Betreuung durch die Mütter verstärkt die Bindung in der Mutter-Kind-Dyade unter weitgehender Ausschließung der Väter, die das Verhalten ihrer Partnerinnen häufig als *übermäßige* Beschäftigung mit dem erkrankten Kind wahrnehmen (Seiffge-Krenke, 2013). Väter fühlen sich dabei nicht nur aus der Familie ausgeschlossen, sondern auch von Ärzten und Pflegepersonal in Bezug auf das Krankheitsmanagement zurückgewiesen (Kallenbach, 2002), was die Entwicklung eines elterlichen Kompetenzgefühls behindert (Krause, 1997). Besonders prononciert ist dieser unterschiedliche elterliche Umgang mit der Erkrankung des Kindes, wenn diese tödlich verläuft (Cook, 1984; Hemcke, 2010).

Väter fühlen sich zwischen den Anforderungen der Arbeit und der Familie hin- und hergerissen. Sie wissen um ihre besondere Verantwortung, die Familie versorgen zu müssen, insbesondere, wenn die Mutter krankheitsbedingt beruflich zurücktreten musste, und wünschen sich häufig selbst mehr Zeit, um mit ihren Partnerinnen und ihrem Kind zusammen zu sein, was häufig auch mit Schuldgefühlen einhergeht. Außerdem ergibt sich für die Väter ebenso wie für die Mütter eine hohe Doppelbelastung, da ihre beruflichen Anforderungen bei steigender familiärer Verantwortung unverändert hoch sind (Cook, 1984).

Partnerschaftliches Coping:
Die Paarbeziehung wird angesichts der häufig enormen Stressbelastungen auf eine harte Probe gestellt. Nicht selten haben Eltern während dieser schweren Zeit das Gefühl, nur noch zu funktionieren und keine Ressourcen für die Pflege der Paarbeziehung aufbringen zu können. Dies kann sich sehr negativ auf die Beziehungsqualität auswirken, denn – so Bodenmann (2003) – das »Wir-Gefühl« leidet unter verminderter emotionaler Kommunikation und weniger Austausch von Zärtlichkeiten. Stress führt dazu, dass weniger empathisch auf den Partner eingegangen werden kann und häufiger negative Aspekte einer Partnerschaft wahrgenommen werden. Zudem kommt es öfter zu negativen Kommunikationsmustern und bestimmte problematische Persönlichkeitsanteile treten stärker hervor. Dies liegt daran, dass die gewohnte Selbstpräsentation unter permanentem Stress schlechter kontrolliert werden kann (Story u. Bradbury, 2004). Dadurch mehren sich Konflikte, die Partner sind womöglich desillusioniert und die Beziehungsqualität sinkt (Bodenmann, 2003).

Bodenmann (1997) untersucht die Dynamik von Partnerschaften bei Stress und Coping und entwirft den Begriff des dyadischen Copings. Darunter versteht er: »Bemühungen eines oder beider Partner [...], bei [...] dyadischem Stress [bei dem beide Partner annähernd gleich betroffen sind] bei der Stressbewältigung mitzuwirken und durch gezielte Bewältigungshandlungen bzw. -versuche eine erneute Homöostase des vom Stress primär Betroffenen, des Gesamtsystems bzw. der Beziehung zwischen dem Paar und seiner Außenwelt herbeizuführen« (S. 77). Mit Bodenmanns Konzept kann erfasst werden, in welcher Art und Weise sich Eltern in ihrem Coping aufeinander beziehen und demgemäß als Paar mit Stress umgehen. Es können laut seinem Konzept vier Kategorien unterschieden werden:
1. *Positives supportives dyadisches Coping:* Bei dieser Form des Copings unterstützt ein Partner mit problem- und emotionsbasierten Handlungen den anderen Partner. Dabei handelt es sich beispielsweise um Unterstützung bei der Problemanalyse, um praktische Ratschläge und Tipps, um Mithilfe bei der Informationssuche und bei anderen Tätigkeiten oder auch um materielle Unterstützung. Auch emotionsbezogene Hilfeleistungen sind gemeint, zum Beispiel das Interesse an und empathische Verständnis für Stress sowie die Mithilfe bei der entlastenden Umdeutung der Situation. Ferner meint es die Solidarisierung und Unterstützung bei der Gefühlsberuhigung sowie die

Bekundung, dass man an die Fähigkeiten und Kompetenzen des Partners glaubt, also das Ermutigen.
2. *Negatives supportives dyadisches Coping*: Bei dieser Form des dyadischen Copings leistet der Partner die Unterstützung in einer Art und Weise, die feindlich/hostil, floskelhaft oder ambivalent ist. Der Partner leistet zwar Unterstützung, macht dies aber in »herabsetzender, schulmeisterlicher, gereizter, distanzierter, kritischer, höhnischer oder sarkastischer« (Bodenmann, 2008, S. 16) bzw. in verlangsamter, schwerfälliger, unengagierter oder inhaltsleerer Weise. Damit wird der Partner indirekt kritisiert oder subtil lächerlich gemacht, dessen Stress wird möglicherweise im Vergleich zum eigenen bagatellisiert (Bodenmann, 2008).
3. *Delegiertes dyadisches Coping*: Bei dieser Form des Copings unterstützt ein Partner nicht nur die Bewältigung der belastenden Situation des anderen Partners, sondern übernimmt dessen Belastungen gänzlich mit. Die Stressbewältigung wird somit delegiert. Dahinter steht zum einen die Absicht, den Partner zu entlasten, und zum anderen die Annahme, der belastete Partner frage diese Art der Unterstützung explizit an. Beispielsweise beinhaltet das delegierte dyadische Coping, dass Tätigkeiten und Aufgaben an Stelle des Partners vorübergehend übernommen werden oder auf gewisse Aktivitäten verzichtet wird, um den Partner zu entlasten.
4. *Gemeinsames dyadisches Coping*: Diese Form des Copings meint wechselseitige Bewältigungshandlungen, die beide Partner aufeinander abgestimmt involvieren. Damit sind beispielsweise gemeinsame Lösungssuche und gemeinsames Abwägen gemeint, aber auch die faire Aufteilung von Aufgaben und Tätigkeiten sowie die koordinierte und abgestimmte Problemlösung. Ebenso beinhaltet das gemeinsame dyadische Coping die gegenseitige Solidarisierung und Gefühlsberuhigung.

Dyadisches Coping wirkt sich auf die individuelle Emotionsregulation, die empfundene Problemlösung und die soziale Integration der Partner aus (Bodenmann, 2008). Es beeinflusst ebenso das psychische und physische Wohlbefinden, die Leistungsfähigkeit sowie die Zufriedenheit und hat einen Modelleffekt auf das individuelle Coping (Bodenmann, 2008). Innerhalb der Partnerschaft kann dyadisches Coping zum Aufbau und zur Festigung des partnerschaftlichen »Wir-Gefühls« beitragen, es lässt die Partner die Beziehung als hilfreich, unterstützend und wertvoll betrachten und das Vertrauen in der Partnerschaft wird gefestigt. Gleichsam können sich Partnerschaftskonflikte, niedrige Ressourcen oder eine insgesamt negative Paardynamik je nach Form des Copings verstärken (Bodenmann, 2008).

Erschwert werden können günstige Formen des partnerschaftlichen Copings durch sehr unterschiedliche individuelle Bewältigungsstrategien der Eltern, mit denen die veränderte familiäre Situation verarbeitet wird. Häufig sind diese individuellen Stile wenig synchron und bewegen sich im Spannungsfeld zwischen Rumination (starkem Grübeln) bzw. zum Teil massiven negativen Affekten (oft auf Seiten der Mütter) und Abwehrvorgängen (oft auf Seiten der Väter; Seiffge-Krenke, 2013). Der unterschiedliche Umgang mit der Krankheit und deren Folgen kann zu partnerschaftlichen Konflikten führen, da bei dem jeweils anderen Partner der Eindruck entstehen kann, nicht adäquat mit der Situation umzugehen.

Das Fallbeispiel von Silvia und Peter verdeutlicht, wie es aufgrund der chronischen Erkrankung eines Kindes zu partnerschaftlichen Konflikten kommt, die das dyadische Coping erschweren.

Silvia und Peter sind seit zehn Jahren ein Paar. Ihre Tochter Mia kam vor acht Jahren und ihr Sohn Lukas vor fünf Jahren auf die Welt. Das Familienleben empfinden beide als erfüllend, doch schon vor Lukas Erkrankung sind die Eltern meistens im Stress, da beide voll berufstätig sind. Als Lukas an Progerie, der extrem seltenen Krankheit des frühzeitigen Alterns erkrankt, bedeutet dies neben der starken emotionalen Belastung eine absolute Umstellung des Familienlebens. Silvia geht weiter voll arbeiten und verdient das Geld für die Familie, managt den Haushalt und kann sich ab und zu noch etwas Zeit für Mia nehmen. Peter verbringt die ganze Zeit mit der Pflege seines Sohnes. Alle sind extrem angespannt, die Familie hat kaum Zeit für sich und alle fühlen sich »wie auseinandergerissen«. Silvia verlässt am Morgen meist schon das Haus, bevor ihr Mann und ihre Tochter aufstehen.

Wenn Silvia und Peter abends zusammen kommen, tauschen sie noch kurz die Neuigkeiten des Tages aus und fallen dann ins Bett. Mehr Zeit für sich als Paar haben sie nicht mehr. Zwar funktionieren sie noch in ihren jeweiligen Rollen im Familienleben, doch zunehmend entfernen sie sich emotional voneinander, sprechen weniger über ihre Gefühle, finden immer seltener Trost beieinander und tauschen schon seit einer ganzen Weile keine Zärtlichkeiten mehr aus. Häufig streiten sie sich nun, anstatt sich in der wenigen Zeit, die sie füreinander haben, näherzukommen.

Als der Berater sie nach ihrer Partnerschaft fragt, werden unerfüllte Wünsche und Bedürfnisse ausgetauscht. Sie blicken zurück auf ihre glückliche Beziehungszeit, analysieren aber auch, was sie aneinander reiben lässt und erkennen zudem das Muster hinter ihrer eingeschlafenen Sexualität in der Belastungssituation: Im Gespräch zeigt sich, dass sich beide nach mehr körperlicher Nähe sehnen, aber eine unterschiedliche Art der Herangehensweise an den Austausch von Zärtlichkeiten haben. Peter kann Beziehung und emotionalen Kontakt über körperliche Intimität herstellen, Silvia braucht erst emotionale Gespräche und Nähe, bevor sie sich in der körperlichen Intimität fallen lassen kann. Beide sehen darin einen wesentlichen Grund, warum es bei ihnen nicht mehr zu einem erfüllenden Sexualleben gekommen ist. Ihre Streitereien führen sie zum Teil auch darauf zurück. Gemeinsam suchen sie nun nach Lösungen.

Die Beziehung zwischen den Eltern und den Kindern

Nach den Auswirkungen der chronischen Erkrankung eines Kindes auf die Paarbeziehung der Eltern geht es nun um die Auswirkungen auf die Beziehung zwischen Eltern und Kindern. Es werden nachfolgend vier Punkte genauer in den Blick genommen: die Förderung der kindlichen Entwicklung, die emotionale Verfügbarkeit der Eltern, die Parentifizierung von Geschwisterkindern und die Förderung der Geschwisterbeziehung durch die Eltern.

Förderung der kindlichen Entwicklung:
Empirische Untersuchungen zur Eltern-Kind-Beziehung stellen insbesondere die beiden Aspekte Emotionalität und Kontrolle als wichtige Grunddimensionen des elterlichen Erziehungsverhaltens heraus (Mattejat, 1985). Im Falle einer chronischen Erkrankung ist dabei zu beachten, dass ein gewisses Maß an kontrollierendem Verhalten seitens der Eltern adaptiv ist und die Krankheitsbewältigung unterstützt, jedoch abhängig vom Alter der Kinder das altersangemessene Autonomiebestreben der Kinder und die Loslösung vom Elternhaus verhindern kann (siehe das vorherige Kapitel »Entwicklungspsychologische Grundlagen«, S. 23 ff. sowie das Unterkapitel »Familienzyklus und Entwicklungsphasen«, S. 40 ff.). Es ist daher darauf zu achten, Jugendlichen nach und nach die Verantwortung für ihr eigenes Krankheitsmanagement zu übertragen. Eine möglicherweise auftretende Überbehütung der Mütter kann nicht nur die Väter aus der Familie ausschließen, sondern auch die gesunden Geschwister (Seiffge-Krenke et al., 1996). Es ist daher umso wichtiger, trotz der vielen Veränderungen und zusätzlichen Belastungen ein gewisses Maß an Normalität – soweit möglich – zu erhalten und die Erkrankung nicht ausschließlich in den Mittelpunkt des familiären Geschehens zu stellen. Dieser Ansatz wird bestätigt durch Studien, die zeigen, dass sich von den vielen möglichen familiären Bewältigungsstrategien die Normalisierung und das Herstellen eines größeren sozialen Unterstützungssystems als besonders hilfreich herausgestellt haben (Seiffge-Krenke et al., 1996; siehe auch den Abschnitt »Soziale Unterstützung durch Dritte«, S. 44 f.).

Emotionale Verfügbarkeit der Eltern:
Häufig sind Eltern durch die Erkrankung eines ihrer Kinder so stark beansprucht, dass sie für ihre Kinder deutlich seltener emotional verfügbar sein können, also deren Gefühle nicht mehr angemessen wahrnehmen, auffangen, nachvollziehen und einfühlsam darauf reagieren können (Romer et al., 2014). Es gilt daher, die Eltern darin zu unterstützen, auch den gesunden Geschwistern einen unbelasteten Raum zu geben, in dem sie ihre Gefühle offen äußern können und von den Eltern angenommen werden. Dazu gehört unweigerlich, das gesunde Geschwisterkind frühzeitig über die gesundheitliche Situation seines Bruders oder seiner Schwester sowie die damit verbundenen Maßnahmen und Veränderungen (altersangemessen) zu informieren und es so einzubeziehen. Das Fallbeispiel von Steffi zeigt, was passieren kann, wenn ein Geschwisterkind nicht angemessen und wahrheitsgemäß über eine mit der Krankheit verbundene Maßnahme informiert wurde.

Steffi hat eine Schwester mit Down-Syndrom, welche zudem an einer Leukämie erkrankt ist. Fünf Jahre nach der onkologischen Behandlung erzählt Steffi einer Sozialarbeiterin der Behindertenhilfe völlig aufgebracht, dass sie ihren Eltern nie mehr wird vertrauen können. Diese hatten zur Zeit der Krebsbehandlung ihren Hamster verschenkt, da die Haltung von Haustieren im Zuge der suppressiven Immuntherapie nicht möglich ist, ihr aber gesagt, er sei verstorben.

Die Eltern wollten Steffi damals nicht noch mehr Rücksichtnahme zutrauen, als sie sowieso schon leisten musste, und stellten sie daher vor die ihrer Ansicht nach einfacher zu akzeptierende Tatsache, dass der Hamster verstorben sei, anstatt sich mit ihrer Tochter darüber auseinanderzusetzen, dass der Hamster weggegeben werden müsse. Als Steffi aus dem Ferienlager zurückkam, war der Hamster also angeblich tot und bereits begraben. Steffi war tagelang unglücklich. Wirklich erschüttert und im Vertrauensverhältnis zu den Eltern nachhaltig gestört ist sie jedoch erst jetzt, nachdem die Bekannten der Eltern vor kurzem versehentlich ausplauderten, dass sie Steffis Hamster ja damals aufgenommen hatten.

Parentifizierung:
Die hohe Belastung der Eltern und die damit einhergehenden geringeren Zeitspielräume können es auch mit sich bringen, dass den gesunden Geschwistern Betreuungs- und Haushaltsaufgaben übertragen werden, die für sie eigentlich nicht altersgemäß sind. Es ist ebenso gut möglich, dass sich die Geschwister aus eigenen Stücken zeitweise in eine elterliche Rolle einfinden (Parentifizierung). Dies kann einerseits das Selbstvertrauen und die Reifungsprozesse der gesunden Kinder positiv beeinflussen (Alderfer et al., 2010), aber andererseits auch

die Entwicklungsmöglichkeiten einschränken (Seiffge-Krenke, 2001), indem den Kindern zu wenig Zeit für eigene Interessen und Aktivitäten außerhalb der Familie bleibt. Eine langandauernde Parentifizierung sollte entsprechend ihrer funktionalen Ursachen (Überlastung und Überforderung der Eltern) besprochen und möglichst reduziert werden. Dabei ist immer zu beachten, dass tatsächliche funktionale Alternativen eruiert werden. Den gesunden Kindern sollten Zeiten ermöglicht werden, in denen sie von den Eltern individuell gestützt und gefördert werden. Außerdem sollte ihnen die Möglichkeit erhalten bleiben, unbeschwert ihren Interessen nachgehen zu können. Wichtig ist diese emotionale Verfügbarkeit der Eltern auch, um die mitunter sehr ambivalenten Gefühle der gesunden Kinder (wie Sorgen, Ärger und/oder Neid; vgl. das vorangegangene Kapitel »Entwicklungspsychologische Grundlagen«, S. 23 ff.) dem erkrankten Geschwister gegenüber einordnen zu können.

Förderung der Geschwisterbeziehung durch die Eltern:
Eltern haben einen ganz wesentlichen Einfluss auf die Ausgestaltung der Geschwisterbeziehung (Bank u. Kahn, 1989; Jenkins, Rasbash, Leckie, Gass u. Dunn, 2012). Vor ihrem eigenen familiären Hintergrund sowie ihren Erfahrungen und Einstellungen bewerten sie die Interaktion zwischen den Geschwistern, belohnen oder bestrafen bestimmte Verhaltensweisen und regen dadurch bestimmte Verhaltensweisen an, während sie andere beeinträchtigen. Häufig steht daher bereits bei gesunden Geschwisterpaaren die Frage im Raum, wie die Eltern mit Streit und rivalisierendem Verhalten umgehen sollen. Im Abschnitt »Merkmale und Funktionen von Geschwisterbeziehungen« (S. 62 ff.) wird diesbezüglich herausgestellt, dass Geschwister füreinander wichtige Sozialisationspartner sind und die Ausgestaltung der jeweils eigenen Identität beeinflussen. Dabei ist die Vielfältigkeit an Qualitäten und Emotionen, von Verbundenheit und Zuneigung bis Neid, Wut, Ärger, wichtig für die Entwicklung von persönlichen sozioemotionalen Kompetenzen. Ist eines ihrer Kinder chronisch erkrankt, können Eltern dazu neigen, scheinbar negative Interaktionen wie Streitigkeiten zu unterbinden, um ein positives Familienklima zu erhalten und damit das erkrankte Kind zu behüten.

Abbildung 3 bietet einen beispielhaften Überblick über die möglichen Belastungen der Eltern eines chronisch kranken Kindes.

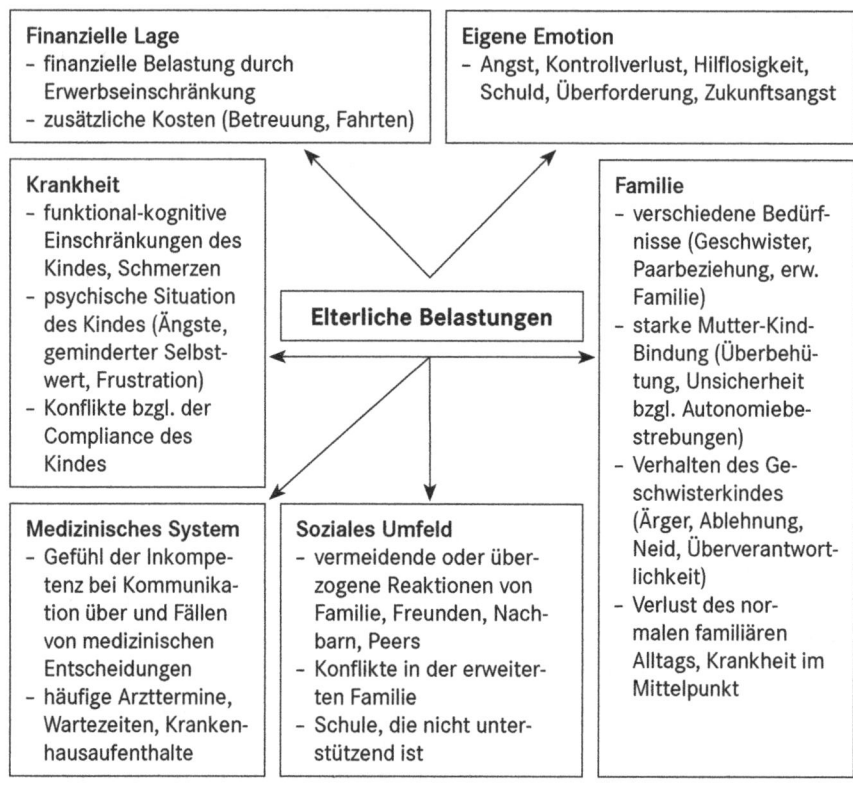

Abbildung 3: Mögliche Belastungen der Eltern eines chronisch erkrankten Kindes

Die Rolle der Geschwister und ihre Beziehung

»Die Beziehung zu meinem Bruder ist eine lebenslängliche. Es kommt mir vor, als säßen wir für immer und ewig auf einer Wippe: Mal ist der eine oben, mal der andere, mal sind wir im Gleichgewicht, mal geht es wild hoch und runter. Diesem Menschen werde ich mein ganzes Leben lang gegenübersitzen«
(Klagsbrun, 1993, S. 27).

Die Geschwisterbeziehung ist nicht selten die längste Beziehung in unserem Leben und wird deshalb oft als besondere Verbindung angesehen. Gleichzeitig ist die Geschwisterbeziehung nicht frei wählbar und damit tendenziell ambivalent. Durch das Aufwachsen in einer Familie sind sich Geschwister zwar sehr oft nah, vertraut und sympathisch, jedoch treten typischerweise angesichts der Positionen im Familiengefüge auch Gefühle wie Neid, Rivalität und Ablehnung auf.

Auch gesamtgesellschaftlich gesehen, kommt Geschwisterbeziehungen eine Relevanz zu: Nach Angaben des Statistischen Bundesamtes (2011) lebten im Jahr 2010 etwa drei Viertel aller minderjährigen Kinder mit mindestens einem Geschwister im Haushalt.

In diesem Kapitel werden der Komplexität und der Bedeutung von Geschwisterbeziehungen Rechnung getragen. Das heißt, nach einer Begriffsklärung werden die Rolle, die Geschwister füreinander spielen, und die vielschichtige Beziehung, die sie miteinander verbindet, zunächst dargestellt, um schließlich unter dem Einfluss einer chronischen Erkrankung beleuchtet zu werden.

Erläuterung des Begriffs »Geschwister«

Juristisch werden Geschwister hinsichtlich ihres Verwandtschaftsverhältnisses definiert (Bundesministerium der Justiz und für Verbraucherschutz, 2015c, § 1589). Geschwister werden als Verwandte zweiten Grades angesehen, wobei zwischen vollbürtigen (zwei gemeinsame Elternteile) und halbbürtigen (ein gemeinsames Elternteil) Geschwistern unterschieden wird. Adoptivgeschwister gelten dabei rechtlich als voll anerkannt (§ 1754). Neben dieser juristischen bzw. biologischen Definition von Geschwistern hinsichtlich ihrer Abstammung sollte jedoch auch eine psychologisch-soziale Definition berücksichtigt werden, die sich auf das Erleben von Geschwisterlichkeit von Kindern in einer Familie bezieht – unabhängig davon, ob Kinder biologische oder Stief-, Adoptiv- bzw. Pflegegeschwister füreinander sind (Sohni, 2011). Wichtig ist dieser Aspekt nicht nur hinsichtlich der immer größeren Vielfalt von Familienkonstellationen (sogenannten »Patchwork-Familien«), sondern auch hinsichtlich interkultureller Betrachtungen. So stellen zum Beispiel Kasten (1993) und Sohni (2011) ausführlich dar, dass eine große interkulturelle Variabilität bei der Festlegung von Verwandtschaftsverhältnissen für Geschwister existiert. Zum Beispiel werden in einigen Gesellschaften Cousins und Cousinen oder Angehörige der gleichen Generation als Brüder oder Schwestern bezeichnet. In diesen kulturspezifischen Terminologien spiegeln sich wiederum emotionale und kognitive Prinzipien wider (Kasten, 1993). Eine trennscharfe Definition von Geschwistern zu geben, erscheint vor diesem Hintergrund weder möglich noch nötig. Eine treffende Erläuterung gibt Schneewind (2010, S. 160), der die Geschwisterbeziehung als »einen Beziehungstypus besonderer Art dar[stellt], da sie in der Regel die am längsten währende, unaufkündbare und annähernd egalitäre menschliche Beziehung ist, die auf einer gemeinsamen Vergangenheit beruht«.

Die in diesem Buch verwendete Definition von Geschwistern ist eine soziale, welche sich auf das Erleben von Geschwisterlichkeit von Kindern in einer Familie bezieht – unabhängig davon, ob Kinder biologische oder Stief-, Adoptiv- bzw. Pflegegeschwister füreinander sind (Sohni, 2011).

Merkmale und Funktionen von Geschwisterbeziehungen

Die Beziehung zwischen Geschwistern wird allgemein durch ein komplexes Muster an Nähe, Wärme, Kooperation, Identifikation, aber auch Aggression, Rivalität und Konflikten gekennzeichnet. Geschwisterbeziehungen können die soziale, kognitive und emotionale Entwicklung von Kindern unterstützen, indem sie ein Erprobungsfeld darstellen, auf dem soziale Austauschprozesse geübt und emotionale Regulationsstrategien verfeinert werden (Lohaus u. Vierhaus, 2013). Damit unterstützen Geschwister sich gegenseitig bei der Entwicklung eines Selbstbildes (Individuationsfunktion) und bei dem Aufbau und der Pflege von sozialen Beziehungen (Sozialisationsfunktion; Kasten, 2004).

Was die Geschwisterbeziehung im Speziellen charakterisiert, ist:
- die sehr lange zeitliche Ausdehnung (die Geschwisterbeziehung ist die längste Beziehung im Leben des Menschen),
- die Schicksalhaftigkeit (man kann sich seine Geschwister nicht aussuchen),
- die Untrennbarkeit (Geschwisterbeziehungen wirken fort, auch wenn sich die Geschwister voneinander entfernt haben),
- die rechtlichen oder gesellschaftlich auferlegten Verpflichtungen (solidarisches, hilfsbereites Verhalten),
- das hohe Maß an Intimität (durch das gemeinsame Aufwachsen) sowie
- die tief verwurzelte Ambivalenz (Geschwister sind zugleich Stützen, Identifikations-/Autoritätspersonen und Konkurrenten; Kasten, 2004).

Beziehungen zu den Geschwistern gelten nach der Beziehung zu den Eltern als die wichtigste Primärbeziehung (Frick, 2010; Kasten, 1993). Dass Geschwister neben den Eltern ebenfalls sehr bedeutsam für die individuelle Entwicklung sind, zeigen auch Befunde, nach denen Kinder im mittleren Alter meist mit ihren Brüdern oder Schwestern mehr Zeit verbringen als mit ihren Eltern (McHale u. Crouter, 1996). Anders als die Eltern-Kind-Beziehung ist die Geschwisterbeziehung jedoch meist horizontal statt vertikal strukturiert (Klagsbrun, 1993). Dies bedeutet, dass Geschwister mehr oder weniger gleichberechtigt auf einer Ebene stehen, insbesondere bei geringem Altersunterschied. Geschwister stellen füreinander sowohl Verbündete als auch Konkurrenten, Identifikations-, aber auch Abgrenzungsobjekte dar. Dies scheint zum einen umso intensiver erlebt zu werden, je geringer der Altersabstand ist, und zum anderen besonders stark bei Gleichgeschlechtlichkeit (Seiffge-Krenke, 2001). Die Art der persönlichen Interessen, Vorlieben und Einstellungen wird auf diese Weise oft von Geschwistern geprägt. Durch ihre intensive Beziehung auf horizontaler Ebene bilden Geschwister ein wichtiges Modell und Trainingsfeld für spätere zwischenmenschliche Beziehungen, prägen das eigene Selbstbild und tragen wesentlich zum Erlernen sozialer Kompetenzen bei.

Auf drei Funktionen von Geschwistern wird im Folgenden noch etwas näher eingegangen: auf die Sozialisationsfunktion, die Individuationsfunktion und die Funktion, die Entwicklung von Kompetenzen zu fördern.

Sozialisationsfunktion:
Geschwister erproben typischerweise soziale Interaktionen und regulieren sich dabei wechselseitig, insbesondere bezüglich aggressiven Verhaltens (Lohaus u. Vierhaus, 2013). Auf dem geschwisterlichen Übungsfeld können dann sowohl Konflikte ausgetragen als auch Beziehungen erfolgreich fortgeführt werden. In ihrer Sozialisationsfunktion betreuen Geschwister einander und lernen voneinander. Situationen, in denen sich diese Funktion zeigt, reichen von der Hausaufgabenbetreuung über Probleme mit Gleichaltrigen bis zur Unterstützung im Falle elterlicher Konflikte oder Scheidung (Lohaus u. Vierhaus, 2013). Die Erfahrungen, die in diesem geschütztem Rahmen gemacht werden, können danach auf soziale Kontakte außerhalb der Familie übertragen werden (Toman, 1987).

Individuationsfunktion:
Auch die Bildung bzw. die Festigung einer eigenen Identität wird durch die Geschwisterbeziehung gefördert. Sie vollzieht sich durch Vergleiche mit anderen Personen, vor allem im horizontalen Beziehungsfeld, also zwischen Gleichaltrigen (Peers) oder Geschwistern (Sohni, 2011). Es kommt zu Identifikations- und Deidentifikationsphasen. Identifikation meint in diesem Zusammenhang, sich in den anderen hineinversetzen zu können und einzelne Aspekte bei sich selbst wiederzufinden. Deidentifikation bezieht sich im Gegensatz dazu eher auf die Unterschiede zwischen den Geschwistern, wodurch das Selbstbild vom Bild des Geschwisters in dieser Phase betont getrennt wird (Sohni, 2011). Beide Phasen wechseln sich im Laufe der Zeit immer wieder ab. Gegenseitige Annäherungs- wie auch Abgrenzungsstrategien tragen zum Erhalt von Verbundenheit bei gleichzeitigem Aufbau der persönlichen Autonomie als wichtige Entwicklungsaufgabe des Kindesalters bei (Sohni, 2011).

Entwicklung von Kompetenzen:
Neben den Funktionen von Geschwistern, die eigene Identitätsfindung zu beeinflussen und die außerfamiliäre Beziehungsaufnahme und -erhaltung zu erpro-

ben, werden Geschwister auch mit der Entwicklung von sozialen, kognitiven und emotionalen Kompetenzen in Verbindung gebracht (Cicirelli, 1982). Durch den oben beschriebenen Identifikationsprozess, der ein Sich-Hineinversetzen in das andere Geschwister erfordert, wird das Empathievermögen von Kindern ebenso nachhaltig gefördert wie durch den täglichen Austausch von Vorstellungen und Gefühlen (Sohni, 2011). Durch die frühe geschwisterliche Interaktion werden zudem Sprachkompetenzen der jüngeren Geschwister gestärkt (Schmidt-Denter, 2005).

Formen der Geschwisterbeziehungen und deren Einflussfaktoren

Die Vielfalt der Formen von Geschwisterbeziehungen gestaltet sich in Abhängigkeit von kindlichen, elterlichen, familiären, aber auch sozio-kulturellen Einflussfaktoren. Im Folgenden wird dargelegt, welche unterschiedlichen Facetten in einer Geschwisterbeziehung relevant sind und welche Rolle insbesondere die Familie bzw. die Eltern bei der Ausgestaltung der Geschwisterbeziehung einnehmen. Nach Buhrmester und Furman (1990) werden folgende vier Dimensionen, die in Geschwisterbeziehungen eine zentrale Rolle spielen, unterschieden:
- *Nähe/Wärme:* Unter der Größe Nähe/Wärme subsumieren Buhrmester und Furman Aspekte der Intimität, Zuneigung, Freundschaft, gegenseitiger Bewunderung und Ähnlichkeit. In einer zusammenfassenden Untersuchung zu der Frage, wie sich die Beziehungsqualitäten Wärme, Konflikt und elterliche Parteilichkeit auf die Gesundheit der Kinder auswirke, fanden Buist, Deković und Prinzie (2013) einen positiven Zusammenhang zwischen Nähe/Wärme und der psychosozialen Anpassung der Kinder.
- *Status/Macht:* Diese Dimension bezieht sich auf das Ausmaß und die Richtung der Status-Asymmetrie in der Geschwisterbeziehung. Statusunterschiede entstehen beispielsweise dadurch, dass ältere Kinder sich um ihre jüngeren Geschwister kümmern oder ihnen bei den Hausaufgaben helfen, aber auch durch Ausübung von Dominanz eines der Geschwister. Ersteres, also die Fürsorge- und Lehrerfunktion in einer Geschwisterbeziehung, steht in einem positiven Zusammenhang zu kognitiven und emotionalen Fähigkeiten beider Kinder in der Geschwisterdyade (Brody, 1998).
- *Konflikt/Rivalität:* Konflikte und rivalisierendes Verhalten sind eines der häufigsten Interaktions- und Beziehungsmuster. In der frühen und mittleren Kindheit (circa zwischen zwei und neun Jahren) geraten Geschwister durchschnittlich alle neun Minuten aneinander (Sohni, 2011). Die Dimension Konflikt/Rivalität spiegelt nach Buhrmester und Furman eher negative Facetten der Geschwisterbeziehung, wie zum Beispiel Streitereien, Aggres-

sion, Feindseligkeit, Konkurrenz und Entzweiung, wider. Wenn Konflikte durch einen Prozess der kooperativen Zusammenarbeit, durch Diskussion und gegenseitiges Entgegenkommen gelöst werden, stärkt dies die sozial-kognitiven, emotionalen und kommunikativen Kompetenzen der Kinder (Brody, 1998).
- *Elterliche Parteilichkeit:* Diese Dimension bezieht sich auf den Eindruck eines Kindes, dass sich die Eltern unterschiedlich gegenüber ihm und seinen Geschwistern verhalten bzw. diese ungleich behandeln. Es wird angenommen, dass eine Ungleichbehandlung der Kinder durch die Eltern zu einer negativen Geschwisterbeziehung mit Gefühlen von Rivalität und Ärger beiträgt (Brody, 1998). Dies geschieht allerdings nur dann, wenn Kinder diese Ungleichbehandlung als Hinweis dafür verstehen, dass die Eltern sich nicht für sie interessieren oder sie nicht lieben (Kowal u. Kramer, 1997), bzw. wenn sie die Ungleichbehandlung als ungerecht erleben (Sohni, 2011). Dies ist wichtig, da Erziehungsmaßnahmen der Eltern oftmals notwendigerweise eine gewisse Ungleichbehandlung der Kinder beinhalten, beispielsweise aufgrund unterschiedlichen Alters.

Die beschriebenen Dimensionen spielen in nahezu allen Geschwisterbeziehungen eine Rolle. Die facettenreiche Beziehung von Geschwistern entfaltet sich somit, indem Aspekte von allen vier Beschreibungsgrößen ausgelebt werden, jedoch nehmen in den jeweiligen Fällen bestimmte Aspekte mehr bzw. weniger Raum ein und definieren dadurch die Grundstimmung der Geschwisterbeziehung (Furman u. Buhrmester, 1985). Die Geschwisterbeziehung ist zudem vor dem Hintergrund kindlicher, elterlicher und familiärer Bedingungen zu betrachten. Eine Übersicht bietet Abbildung 4.

Eine weitere wichtige Unterscheidung hinsichtlich verschiedener Formen von Geschwisterbeziehungen, auf die nachfolgend näher eingegangen wird, betrifft die statischen Merkmale einer Familie und der Kinder und die dynamischen Merkmale der Kinder, der Eltern und der Familie.

Statische Merkmale der Familie und der Kinder:
Gleichgeschlechtliche Geschwisterpaare empfinden Buhrmester und Furman (1990) zufolge mehr Nähe und Wärme zueinander als Geschwister unterschiedlichen Geschlechts. Neben der Geschlechterkonstellation beeinflusst auch die Geschlechtszugehörigkeit der einzelnen Kinder ihre Geschwisterbeziehung. Untersuchungen haben gezeigt, dass Mädchen eher bereit sind, sich um jüngere Geschwister zu kümmern, während Jungen wettbewerbsorientierter agieren, weswegen sich insbesondere Brüderpaare in der Kindheit eher weniger

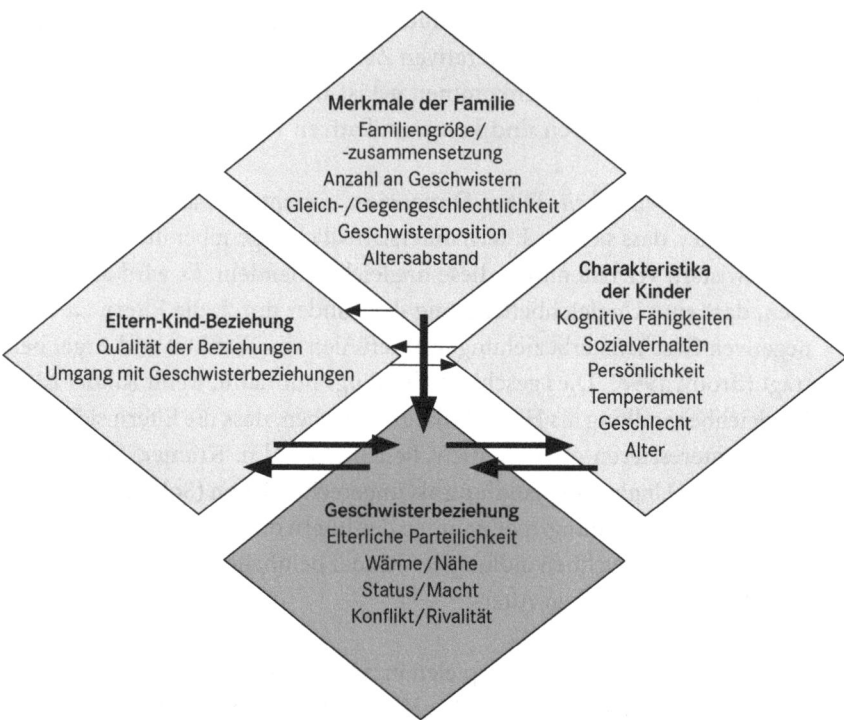

Abbildung 4: Primäre Determinanten der Geschwisterbeziehung (in Anlehnung an Buhrmester u. Furman, 1990)

verbunden fühlen (Klosinski, 2000). Je größer der Altersabstand zwischen den Geschwistern ist, desto weniger sind die Kinder aufeinander bezogen (Bank u. Kahn, 1989) bzw. umso asymmetrischer kann sich die Beziehung gestalten (Newman, 1996).

Altersabstand, Geschlecht und andere Merkmale der Geschwister wirken jedoch im Zusammenspiel mit vielen anderen Variablen in einer bisher weitestgehend unerforschten Art und Weise (Newman, 1996). Das folgende Zitat fasst diesen Punkt treffend zusammen: »Im realen Leben kann man Geschwisterpaare nicht von ihrer Umgebung isolieren. [...] Die Art, in der sie gegenseitig ihre Entwicklung beeinflussen, ist immer dem kompletten Muster der in der Familie herrschenden Einflüsse untergeordnet« (Bank u. Kahn, 1989, S. 11).

Dynamische Merkmale der Kinder, der Eltern und der Familie:
Neben den in Abbildung 4 aufgeführten statischen Merkmalen der Kinder und der Eltern-Kind-Beziehung nehmen auch Aspekte der elterlichen Partnerbeziehung oder der Familiendynamik als Ganzes Einfluss auf die Beziehung zwi-

schen Geschwistern (Pike, Coldwell u. Dunn, 2005). Diese Idee fußt auf dem systemischen Ansatz, der bereits im Kapitel »Die Rolle der Familie« (S. 35 ff.) ausführlich vorgestellt wurde.

Dass sich die Qualität der elterlichen Partnerschaft und der Eltern-Kind-Beziehungen sowie das generelle emotionale Klima in der Familie auf die Qualität der Geschwisterbeziehung auswirken, konnte bereits mehrfach nachgewiesen werden: So zeigen Untersuchungen etwa, dass Kinder auf elterliche Konflikte und ein problematisches emotionales Familienklima mit Stress und feindseligem Verhalten gegenüber den Geschwistern reagieren können (Pike et al., 2005). In einer Übersichtsarbeit fasst Brody (1998) zusammen, dass elterliche Unzufriedenheit mit der Partnerschaft, Konflikte, negative elterliche Affektivität (z. B. Depression, Feindseligkeit) und ein familiäres Klima, das wenig Zusammenhalt bietet, Risikofaktoren für eine negative Geschwisterbeziehung sind. Diese wirken sich, wie bereits beschrieben, wiederum auf die psychosoziale Gesundheit der einzelnen Geschwisterkinder aus (Buist et al., 2013). Nicht nur die erläuterten Merkmale der Kinder, der Eltern und der Familie als Ganzes stehen in einer dynamischen Interaktion mit der Geschwisterbeziehung, sondern auch die Geschwisterbeziehung selbst verändert sich mit fortschreitender Entwicklung der Kinder (Klosinski, 2000) und nimmt nach der Theorie Bronfenbrenners (1989) dadurch wiederum Einfluss auf innerfamiliäre Beziehungssysteme. Markante Entwicklungssprünge der Geschwisterbeziehung sind beispielsweise:
- die Initialisierung der Geschwisterbeziehung durch die Geburt des zweiten Kindes (Kasten, 1993),
- phasenhafte Identifikations- und Deidentifikationsprozesse im Zusammenhang mit der Identitätsfindung im Kindesalter (Sohni, 2011) und
- die Abnahme der Bedeutung der Geschwister ab dem frühen Jugendalter aufgrund der zunehmenden Ablösung vom Elternhaus und Entwicklung von Autonomie (Seiffge-Krenke et al., 1996).

Zusammenfassend lässt sich feststellen, dass sich, basierend auf dem systemischen Charakter der Familie, vielfältige Einflüsse und Interaktionsmuster identifizieren lassen, die sich auf die einzelnen Individuen auswirken und durch sie zurückwirken. So wurde in diesem Kapitel dargelegt, dass die Qualität der Geschwisterbeziehung auf das psychosoziale Befinden der Kinder Einfluss nimmt. Die Beziehung zwischen den Kindern einer Familie wird wiederum zum Beispiel beeinflusst durch Merkmale der Eltern und der Familiendynamik. Aus den Ausführungen dieses Kapitels können folgende wichtige Faktoren für die psychosoziale Gesundheit der Geschwisterkinder zusammenfassend extrahiert werden:

- die Qualität der Geschwisterbeziehung,
- das Geschlecht, der Altersabstand und der Entwicklungsstand der Kinder,
- der kognitive Entwicklungsstand sowie Persönlichkeitseigenschaften und das Sozialverhalten der Kinder,
- die Qualität der Eltern-Kind-Beziehung (Wärme, Konflikte, Erleben von Ungleichbehandlung/Gefühl von Ungerechtigkeit),
- der Umgang der Eltern mit der Geschwisterbeziehung (z. B. schnelles Eingreifen in Geschwisterkonflikte),
- die Qualität der elterlichen Partnerbeziehung,
- das Familienklima/der familiäre Zusammenhalt sowie
- die Entwicklung der genannten statischen (z. B. Altersabstand) und dynamischen (z. B. Beziehungsgestaltung) Merkmale über die Zeit.

Auswirkungen einer chronischen Erkrankung im Kindesalter auf die Geschwisterbeziehung

Das Geschwisterkind ist in mehrfacher Hinsicht von der chronischen Erkrankung eines Kindes betroffen. Viele Studien berichten von Veränderungen in der Statushierarchie und einem Privilegienentzug auf der Seite des gesunden Geschwisters, wodurch das kranke Kind in den meisten Fällen den Rangplatz des erstgeborenen Kindes übernimmt (Seiffge-Krenke, 2001). Dies kann Gefühle der Wut oder des Neides beim gesunden Geschwisterkind erzeugen, insbesondere wenn dieses unzureichend über die Krankheitsfolgen informiert wurde oder es diese aufgrund des Entwicklungsstandes kognitiv nicht einordnen kann (siehe Kapitel »Entwicklungspsychologische Grundlagen«, S. 23 ff.).

Gleichzeitig existiert in Geschwisterbeziehungen mit einem erkrankten Kind häufig eine große Zuneigung und Sorge des Geschwisterkindes. Häufig möchten gesunde Geschwister dem erkrankten Kind helfen, ihm nahe sein und Trost spenden. Ähnlich der Eltern leiden Geschwister bei schweren Erkrankungen daran, nichts für das erkrankte Kind tun zu können. In chronischen Phasen bemühen Geschwisterkinder sich zum Teil sehr, die Familie zu unterstützen bzw. weder Eltern noch erkranktes Kind zu belasten. Nicht selten beziehen junge Geschwisterkinder die Erkrankung und das familiäre Geschehen auf sich und haben Schuldvorstellungen, was die Verursachung der Erkrankung betrifft. Ältere Geschwister entwickeln möglicherweise Schuldgefühle, wenn sie ihr relativ normales Leben mit den Beschwerlichkeiten im Leben ihres Bruders oder ihrer Schwester vergleichen.

Das Ausleben ambivalenter Gefühle und Beziehungsdynamiken zwischen den Geschwistern ist somit oft sehr schwierig, negative Gefühle werden aus

Rücksichtnahme auf die Verletzlichkeit und Hilfebedürftigkeit des erkrankten Kindes häufig unterdrückt (Bank u. Kahn, 1989; Klagsbrun, 1993; McKeever, 1983). Eine bestehende Eifersucht auf das erkrankte Kind, zum Beispiel da dieses häufig im Zentrum der familiären Aufmerksamkeit steht, wird dann möglicherweise nicht artikuliert. Typisches rivalisierendes und konflikthaftes Verhalten zwischen Geschwistern, das eine wichtige Sozialisationsfunktion erfüllt, kann somit kaum ausgelebt werden.

Auch die Individuationsfunktion der Geschwisterbeziehung ist tangiert. Häufig identifizieren sich die gesunden Geschwister so stark mit den Bedürfnissen ihrer erkrankten Geschwister, dass sie eigene Entwicklungsziele aus dem Blick verlieren oder diese entsprechend modifizieren (Überidentifikation). Teilweise findet auch eine überstarke Abgrenzung statt. Gemein ist beiden Prozessen, dass sie eine Möglichkeit für die Kinder bieten, mit ambivalenten Gefühlen, die schwer zu integrieren sind, umzugehen. Moduliert werden diese Prozesse durch das Alter der Kinder bzw. durch den Zeitpunkt des Krankheitsbeginns, aber auch ganz maßgeblich durch den Einfluss der Eltern.

Abbildung 5 bietet einen Überblick über die möglichen Belastungen des Geschwisters eines chronisch erkrankten Kindes.

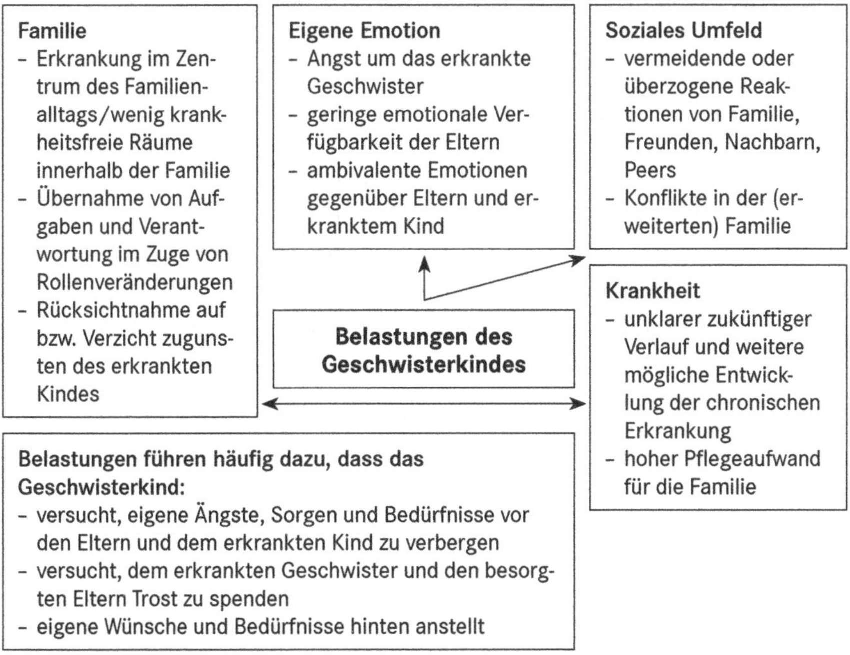

Familie	Eigene Emotion	Soziales Umfeld
- Erkrankung im Zentrum des Familienalltags/wenig krankheitsfreie Räume innerhalb der Familie - Übernahme von Aufgaben und Verantwortung im Zuge von Rollenveränderungen - Rücksichtnahme auf bzw. Verzicht zugunsten des erkrankten Kindes	- Angst um das erkrankte Geschwister - geringe emotionale Verfügbarkeit der Eltern - ambivalente Emotionen gegenüber Eltern und erkranktem Kind	- vermeidende oder überzogene Reaktionen von Familie, Freunden, Nachbarn, Peers - Konflikte in der (erweiterten) Familie

Belastungen des Geschwisterkindes

Krankheit
- unklarer zukünftiger Verlauf und weitere mögliche Entwicklung der chronischen Erkrankung
- hoher Pflegeaufwand für die Familie

Belastungen führen häufig dazu, dass das Geschwisterkind:
- versucht, eigene Ängste, Sorgen und Bedürfnisse vor den Eltern und dem erkrankten Kind zu verbergen
- versucht, dem erkrankten Geschwister und den besorgten Eltern Trost zu spenden
- eigene Wünsche und Bedürfnisse hinten anstellt

Abbildung 5: Mögliche Belastungen des Geschwisterkindes

Doch es sind auch viele positive Auswirkungen für das gesunde Geschwisterkind nachgewiesen: Gelingt die Auseinandersetzung mit der Krankheit und der besonderen Situation des erkrankten Geschwisters, kann dies das Empathievermögen und die Sozialkompetenz des gesunden Kindes langfristig positiv beeinflussen (Williams, 1997). Es ist daher ratsam, scheinbar negative wie auch positive geschwisterliche Interaktionen im Rahmen der besonderen Situation der erkrankten Kinder zuzulassen. Denn durch die Intimität und durch sich entwickelnde sozio-emotionale Kompetenzen zwischen Geschwistern entsteht bei einem unterstützenden elterlichen Umfeld eine verlässliche und stabile Beziehung, die die Kinder bei starken Belastungen schützen kann (Labay u. Walco, 2004; Noeker u. Petermann, 2008).

In einer Längsschnittstudie verglichen Seiffge-Krenke und Kollegen (1996) die Entwicklung der Geschwisterbeziehungen zwischen gesunden Jugendlichen und an Diabetes erkrankten Jugendlichen *hinsichtlich positiver Interaktionen* (soziale Unterstützung, Zufriedenheit, Intimität, Bindung) *und negativer Interaktionen* (z. B. Konflikte). Es zeigten sich dabei gegenläufige Entwicklungen: In der Geschwisterbeziehung von den an Diabetes erkrankten Jugendlichen nahmen positive Interaktionen mit der Zeit zu und negative Interaktionen nahmen ab. Bei gesunden Jugendlichen nahmen dagegen positive Interaktionen in der Geschwisterbeziehung eher ab und negative Interaktionen nahmen eher zu. Die Autoren werten dieses Ergebnis als Zeichen einer zögerlichen Abnabelung von der eigenen Familie. In ähnlicher Weise könnte dieses Ergebnis auch darauf hinweisen, dass Ärger, Aggression und Konflikte, welche natürliche Interaktionsformen von Geschwistern darstellen, eher unterdrückt werden, um das kranke Geschwister nicht zu verletzen und die ohnehin belasteten Eltern nicht noch zusätzlich zu beanspruchen. Dieses Zurückhalten von Emotionen könnte die zum Teil erhöhten Werte internalisierender Probleme (z. B. Depression, Ängste) und externalisierender Probleme (z. B. Aggressionen) von Geschwistern chronisch kranker Kinder (Vermaes et al., 2012) erklären.

Das Beratungskonzept

Geschwister chronisch kranker Kinder gelten nach aktueller Studienlage aufgrund ihrer besonderen Belastungssituation als Risikogruppe für die Entwicklung psychischer Auffälligkeiten (Rossiter u. Sharpe, 2001; Sharpe u. Rossiter, 2002; Vermaes et al., 2012). Die chronische Erkrankung eines Geschwisters führt jedoch nicht per se zu psychischen Problemen, sondern ist auch ganz wesentlich von familiären Faktoren, übergeordneten kulturellen, gesellschaftlichen Gegebenheiten und psychosozialen Merkmalen abhängig, die in der Person des gesunden Kindes oder in der Krankheit selbst liegen. Dies wurde unter Bezugnahme auf das biopsychosoziale Krankheitsmodell (Egger, 2005) in den Kapiteln »Chronische Erkrankungen im Kindes- und Jugendalter – ein Überblick« (S. 16 ff.) und »Chronische Erkrankungen im familiären Kontext« (S. 35 ff.) dieses Praxishandbuches ausgeführt.

Durch eine Krankheit können sich tagtägliche Abläufe, Routinen und familiäre Rollen sehr stark verändern, weswegen auch die Funktionsfähigkeit der Familien und ihr Zusammenhalt beeinflusst werden können. In Bezug auf die familiäre Kommunikation über die Erkrankung gaben die gesunden Kinder einerseits häufig an, zu wenig über die Krankheit und die Folgen informiert zu werden (Williams, 1997). Andererseits wird auch oft von einem stärkeren Zusammenhalt und mehr Nähe berichtet (Alderfer et al., 2010; Williams et al., 2010). Letztendlich kann diesbezüglich keine allgemeingültige Aussage getroffen werden. Es fehlen hinsichtlich familiärer Variablen quantitative Studien, die untersuchen, wie Geschwister chronisch kranker Kinder das familiäre Klima erleben (Alderfer et al., 2010). Dies ist umso wichtiger, da familiärer Zusammenhalt, gegenseitige Unterstützung, Routinen, gemeinsames Lösen von Problemen und Kommunikation in der Familie bedeutsame Prädiktoren für die Gesundheit und das Befinden von Geschwistern chronisch kranker Kinder, aber auch von deren Eltern sind (Giallo u. Gavidia-Payne, 2006; Williams, 1997).

Als weitere wichtige Einflussfaktoren für die psychosoziale Anpassung der gesunden Geschwister konnten der sozioökonomische Status der Familie, das

Befinden der Eltern, die Zufriedenheit in der Partnerschaft und die außerfamiliäre Unterstützung, zum Beispiel durch Nachbarn, identifiziert werden (Giallo u. Gavidia-Payne, 2006; Williams, 1997). Da diese Faktoren wichtige Schutzfaktoren für die psychosoziale Gesundheit von Geschwistern chronisch kranker Kinder darstellen, sollten diese in Interventionen und Beratungsgesprächen thematisiert und gestärkt werden.

Zusammenfassend lässt sich festhalten, dass die Frage danach, welche Folgen die chronische Erkrankung eines Kindes für die jeweiligen gesunden Geschwister haben kann, nicht allgemeingültig zu beantworten ist. Der Grund dafür liegt in den komplexen und individuellen Strukturen und Prozessen der Familien, in denen die Kinder aufwachsen und durch die sie geprägt werden. Inwieweit ein Kind gefährdet ist, muss vor dem Hintergrund von vorhandenen Resilienzfaktoren des Kindes, der Geschwisterbeziehung, der Eltern und der Familie bewertet werden. Als wichtige Faktoren können zum Beispiel folgende identifiziert werden:

Auf der Ebene der Familie:
- ein gutes Familienklima,
- ein starker Zusammenhalt bzw. ein hohes Kohärenzgefühl,
- eine offene Kommunikation,
- eine den Bedürfnissen und Möglichkeiten aller Familienmitglieder entsprechende und flexible Rollenverteilung.

Auf der Ebene der Eltern:
- eine gute psychische Gesundheit,
- partnerschaftliche Zufriedenheit,
- emotionale Verfügbarkeit und Zuwendung allen Kindern gegenüber,
- Mobilisierung von sozialen Unterstützungssystemen außerhalb der Kernfamilie.

Auf der Ebene des Kindes/der Kinder:
- Anwendung aktiver Bewältigungsmechanismen,
- Erkennen und Ausleben eigener Bedürfnisse,
- kognitive Orientierung über die Krankheit und die weitere Entwicklung,
- Integration ambivalenter Gefühle.

Auf der Ebene der Geschwisterbeziehung:
- eine warme und unterstützende Beziehung, die gleichzeitig Raum zum Austragen von Konflikten bietet.

Das in diesem Kapitel dargestellte Beratungskonzept hat zum Ziel, eine auf die jeweiligen Bedürfnisse des Geschwisterkindes und seiner Familie ausgerichtete flexible Intervention anzubieten, die der Komplexität der Beziehungen und äußeren Einflussfaktoren Rechnung trägt. Es dient der Beratung von Eltern chronisch erkrankter Kinder, welche sich aufgrund möglicherweise anhaltender krankheitsbedingter familiärer Belastungen um das psychische Wohlergehen von Geschwisterkindern sorgen. Ziel der Beratung ist es, Ressourcen und Stärken von Geschwisterkindern zu fördern, um das Risiko für psychische Probleme zu reduzieren. Entsprechend der systemischen Perspektive wird die kindliche Verarbeitung einer chronischen Erkrankung im Kontext der familiären Bewältigung betrachtet.

Es werden nachfolgend die Rahmenbedingungen, der Ablauf sowie Inhalte eines spezifischen Familienberatungsansatzes zur psychosozialen Unterstützung von Geschwisterkindern vorgestellt. Im »Abschluss der Gespräche und Ausblick«, der am Ende dieses Kapitels zum Beratungsansatz steht (S. 171 ff.), erfolgen zudem Hinweise zur Vermittlung der Kinder an weiterführende Angebote.

Grundzüge des Beratungsansatzes

Der Ablauf der Beratung von der diagnostischen Phase über die Interventionsphase bis hin zur Abschlussphase, der hier geboten wird, basiert auf einem familienzentrierten, präventiv ausgerichteten Beratungsansatz. Dieser Ansatz folgt somit bestimmten Grundprinzipien. Er setzt zudem bestimmte Eigenschaften und eine bestimmte Haltung des Beraters voraus und schließlich spielen Psychoedukation und Gesprächstechniken eine wichtige Rolle.

Grundprinzipien

Nachfolgend werden die Grundprinzipien der hier angewandten präventiven Beratung zusammenfassend aufgeführt. Es geht, wie gesagt, darum, die Familie und ihre Ressourcen zu stärken, um Geschwister chronisch kranker Kinder in der besonderen Belastungssituation in ihrer Entwicklung zu unterstützen.

Der präventive Beratungsansatz:
Auch wenn einige Autoren die Begriffe Beratung, Behandlung und Psychotherapie mehr oder weniger synonym verwenden (Rogers, 1972), soll hier insbesondere aufgrund der mit Psychotherapie mitunter verbundenen Stigmatisierungsangst eine klare Abgrenzung geschaffen werden. In den Kontexten von Beratung

und Psychotherapie finden auf Grundlage einer vertrauensvollen Beziehung Gespräche über die psychische Verfassung und die persönlichen Probleme der Ratsuchenden statt. Was Beratung von Psychotherapie wesentlich unterscheidet, ist neben der Dauer (Beratung ist eher kurzfristig angelegt; eine Therapie kann unter Umständen mehrere Jahre dauern) und dem Zugangsweg (Beratung ist niedrigschwelliger angelegt) die Zielsetzung: Während die Psychotherapie auf die Behandlung psychischer und psychosomatischer Störungen abzielt und damit einen kurativen Ansatz verfolgt, bietet die Beratung Hilfestellung bei der Auseinandersetzung mit belastenden Lebensumständen und psychosozialen Schwierigkeiten. Präventive Maßnahmen zielen auf die Vermeidung eines zukünftig schlechteren Zustandes ab (Rosenbrock u. Kümpers, 2006). Der Fokus der Beratungsarbeit liegt damit auf der Stärkung von Ressourcen und der Prävention von psychischen Problemen (Boeger, 2009).

In der Präventionsliteratur werden klassischerweise drei Arten von Prävention beschrieben: Primärprävention, Sekundärprävention und Tertiärprävention (Caplan, 1964). Tabelle 3 fasst die Merkmale der verschiedenen Präventionstypen zusammen.

Tabelle 3: Klassifikation von Präventionsmaßnahmen nach Schneewind (2010, S. 269)

	Primärprävention	Sekundärprävention	Tertiärprävention
Zeitpunkt der Intervention	vor Eintritt eines unerwünschten Zustandes	vor Eintritt eines unerwünschten Zustandes	nach Manifestation eines unerwünschten Zustandes
Ziel der Intervention	Verringerung der Eintretenswahrscheinlichkeit (Inzidenz)	Verhinderung von erwartbaren Symptomen	Stabilisierung und Reduzierung von Risikofaktoren (Remediation)
Adressaten der Intervention	gesunde Personen bzw. Personen ohne Symptomatik	Personen einer Risikogruppe	Patienten
Beispiel	Ressourcenförderung, Reduzierung von Risikofaktoren	Coping-Strategien lehren, Ressourcenförderung	Rehabilitation

In diesem Praxishandbuch liegt der Fokus auf der Primär- und Sekundärprävention. Die Geschwisterkinder sollen, bevor unerwünschte psychische Zustände eintreten, unterstützt und in ihrer psychischen Gesundheit gefördert werden. Nach dem hier zugrunde gelegten Verständnis sollte sich die Beratung vorrangig auf die Stärkung und Mobilisierung von Ressourcen sowie die Bearbeitung aktueller Probleme in der familiären Krankheitsbewältigung beziehen.

Arbeit an Ressourcen:
Eine wichtige Säule der präventiven Arbeit ist die Identifikation, Aktivierung und Stärkung von persönlichen Ressourcen. Häufig werden eigene Ressourcen vom Klienten aufgrund der als übermächtig empfundenen aktuellen Problemlagen wenig wahrgenommen. Dies kann jedoch gelingen, indem eruiert wird, welche Herausforderungen der Klient in seinem bisherigen Leben bereits bewältigt hat und welche Krisen er auch ohne Beratung kompetent zu meistern in der Lage war. Hier lohnt es sich, darauf einzugehen, welche potenziell noch heute vorhandenen Ressourcen zum Einsatz kamen und wie sie in der aktuellen Situation aktiviert werden können. Um den Blick des Klienten auf eigene Ressourcen zu lenken, kann auch erfragt werden, was *kein* Problem für den Klienten darstellt bzw. wann ein Problem *nicht* vorhanden ist. Ein solcher (Rück-)Blick darauf, was dem Klienten bisher gut gelungen ist oder im Generellen leicht fällt, fördert dessen Bewusstsein für eigene Ressourcen und Stärken bzw. erleichtert deren (erneute) Anwendung. Ressourcen lassen sich dabei auf allen Systemebenen finden und weiter ausbauen. Individuelle Ressourcen (z. B. Kompetenzgefühl) können eine ebenso große Rolle spielen wie familiäre (z. B. Kohäsion), soziale (z. B. Unterstützung durch Freunde, Bekannte oder professionelle Helfer) oder finanzielle Ressourcen.

Beachtung systemischer Wechselwirkungen und
einer entwicklungsbezogenen Perspektive:
Das Erleben und Verhalten von Kindern, Geschwistern, Eltern, Großeltern etc. kann aufgrund systemischer Wechselwirkungen (siehe Unterkapitel »Die Rolle der Familie«, S. 35 ff.) nicht unabhängig voneinander betrachtet werden. Veränderungen des Erlebens und Verhaltens des einen Familienmitgliedes haben Auswirkungen auf andere Familienmitglieder, so dass diese sich ständig gegenseitig beeinflussen. Beispielsweise adaptieren Kinder den suboptimalen Bewältigungsstil ihrer Eltern oder entwickeln sehr konträre Verarbeitungsformen.
  Auch familiäre Rollenverteilungen und Verantwortungsübernahmen (z. B. Parentifizierung) unterliegen einer starken Dynamik im Familiensystem. Bei der Betrachtung systemischer Wechselwirkungen kann es nicht vorrangig darum gehen, ein exaktes Wirkungsmodell im Sinne einer Kausalität zu erstellen. Die Arbeit in einzelnen Systemsettings oder in der Gesamtfamilie lohnt sich vor allem, um positive Veränderungen anzustoßen, denn diese gelingen dem Einzelnen umso besser, je mehr sie in der Gruppe akzeptiert sind. So bieten Paar- und Familiengespräche den Familienmitgliedern die Möglichkeit, die Perspektive der anderen nachzuvollziehen und zu gemeinsam geteilten Überzeugungen und Zielen zu kommen.

Zur Unterstützung von Kindern ist es wichtig, deren Verhalten und Erleben in einen entwicklungspsychologischen Kontext zu stellen (siehe Kapitel »Entwicklungspsychologische Grundlagen«, S. 23 ff.). Dieser ist nicht nur bezüglich des Krankheits- und Todesverständnisses von Kindern zentral, sondern beinhaltet auch Aspekte der spezifischen Entwicklungsaufgaben, denen aufgrund der speziellen familiären Situation besondere Beachtung geschenkt werden sollte (z. B. größer werdende Autonomiebestrebungen im Jugendalter). Das Beratungskonzept beinhaltet daher ein entwicklungsbezogenes Vorgehen.

Institutioneller und fachlicher Hintergrund:
Der hier beschriebene Beratungsansatz wendet sich primär an Institutionen, die in das medizinische Gesundheitssystem eingebunden sind oder mit diesem (z. B. weiterführende oder ergänzende psychosoziale Angebote von freien Trägern) in Verbindung stehen (Kliniken, Reha-Einrichtungen, sozialpädiatrische und psychotherapeutische Praxen sowie Wohlfahrtsverbände oder Vereine, die psychosoziale Angebote für Familien mit körperlich kranken oder behinderten Kindern anbieten). Das Beratungskonzept lässt sich auf diese institutionellen Kontexte gut übertragen.

Grundlage für die Anwendung des Beratungsangebotes ist eine Qualifikation im psychosozialen Bereich, da für die Durchführung spezifische Fertigkeiten aus der Psychologie (Gesprächsführung, Verstehen von entwicklungspsychologischen Zusammenhängen, begleitende Elternarbeit etc.) erforderlich sind. Erfahrungen im medizinischen Gesundheitssystem sind hilfreich, die Krankheit/Behinderung sowie Lebensrealität der Familien besser zu verstehen und eine entsprechende interdisziplinäre Vernetzung aufzubauen. Regelmäßige Teamintervisionen und Supervisionen sind zur Qualitätssicherung sowie Psychohygiene der Berater unabdingbar.

Das Beratungskonzept bietet darüber hinaus allen in diesem Bereich tätigen Professionellen und Ehrenamtlichen eine fundierte Grundlage, sich thematisch einzuarbeiten und ein Verständnis für die Herausforderungen und Schwierigkeiten der Geschwisterkinder und ihrer Familien, die entwicklungspsychologischen Zusammenhänge sowie komplexen familiären und sozialen Interaktionsprozesse zu entwickeln. So können Problembereiche schneller identifiziert und die Familien den Möglichkeiten des Anwenders entsprechend unterstützt werden.

Eigenschaften und Haltung des Beraters

Die Hinwendung zu einer Beratungsstelle erfolgt meist aufgrund einer emotional schwierigen Situation der ratsuchenden Familie. Zudem ist der Berater den Eltern und Kindern meist fremd, was einer offenen Kommunikation über familiäre Belastungen zunächst entgegensteht. Insofern sollte der Berater eine Gesprächsatmosphäre herstellen, die die Beteiligten zu einer emotional involvierten Selbstdarstellung einlädt (Küchenhoff, 2005) und die Ängste und Verunsicherungen der Familie auffängt. Dazu gehört neben dem Aufbau eines störungsfreien Settings (z. B. ruhiger Besprechungsraum ohne Telefone) sowie einer strukturierten Vorgehensweise (z. B. Schaffung eines klaren zeitlichen und inhaltlichen Rahmens für die Beratung) vor allem eine empathische und wertschätzende Grundhaltung des Beraters. Empathie und Wertschätzung werden beispielsweise durch die Betonung von positiven und konstruktiven Elementen der familiären Bewältigung übermittelt (Wirsching, 1984). Dies kann betroffene Eltern zunächst direkt entlasten, trägt zum Aufbau der nötigen vertrauensvollen Beziehung zwischen Berater und Klienten bei und ist ein grundlegendes Element der ressourcenfördernden Beratung.

Für den Berater ist es zudem wichtig, eine nach allen Seiten gerichtete Parteinahme aufzubauen und über den Beratungsprozess hinweg zu erhalten. Diese sogenannte Allparteilichkeit impliziert, dass sich der Berater im Verlauf der Gespräche die Position jedes Familienmitgliedes (unter Umständen auch in dessen Abwesenheit) aneignen kann. Insofern ist der Berater kein neutraler, passiver Schiedsrichter, sondern nimmt für jedes Familienmitglied engagiert im Sinne eines Gerechtigkeitsausgleichs Partei. Dadurch werden die Anliegen jeder Person bedacht und gleichermaßen wertgeschätzt (Stierlin, Rücker-Embden, Wetzel u. Wirsching, 1980). Dies impliziert, dass der Berater insbesondere bei Familiengesprächen »den Blick für das Ganze behält« und möglichst den Bedürfnissen aller Familienmitglieder die angemessene Beachtung gibt. Wird beispielsweise die Beziehung zwischen Mutter und krankem Kind fokussiert, könnte sich der Vater in seiner Besorgnis bestätigt fühlen, aus der Familie ausgeschlossen zu werden, und ist entsprechend aktiv zu involvieren (Wirsching, 1988).

Es ist wichtig, zu bedenken, dass der Berater immer auch implizit einen Einfluss auf die Familien ausübt, indem seine persönlichen Erfahrungen mit dem Thema Krankheit und Sterben oder sein persönlicher Eindruck der beratenden Familie über eigene Gedanken und Emotionen in die Beratungssituation mit einfließen. Diese Prozesse sollten regelmäßig über Supervisionen kritisch reflektiert werden.

Nicht zuletzt sollte bei der Arbeit in der psychosozialen Beratung beachtet werden, dass ein regelmäßiger Erfahrungsaustausch mit Kollegen oder Vorgesetzten wichtig für die objektive und vorurteilsfreie Betrachtung eines jeden einzelnen Beratungsfalls ist. Ein fachlicher Austausch ist darüber hinaus in den regelmäßig stattfindenden Tagungen (z. B. die PSAPOH-Tagungen der GPOH, o. J., Gesellschaft für pädiatrische Onkologie und Hämatologie, oder die Fachtagungen der Stiftung FamilienBande, 2009–2014) möglich.

Dialogische Psychoedukation und Gesprächstechniken

Um in der Beratung Familien mit einem chronisch kranken Kind bei der Bewältigung dieser besonderen Belastungssituation zu unterstützen, sind psychoedukative Elemente unerlässlich. Psychoedukation verfolgt unter anderem das Ziel, die Patienten und deren Angehörige zu befähigen, die notwendigen Informationen über die Krankheit, die Krankheitsfolgen und die ätiologischen Hintergründe einzuholen und diese zu verstehen. Eine adäquate Kenntnis der Erkrankung erhöht die Handlungsfähigkeit der Familie, reduziert Ohnmachtsgefühle sowie empfundene Hilflosigkeit und stärkt damit die Selbstwirksamkeit der Betroffenen (D'Amelio, Retz u. Rösler, 2009). Dadurch kann die Bewältigung der Situation effektiv gefördert werden (Behrendt u. Schaub, 2005).

Die Wissensweitergabe sollte dabei keinesfalls in Form eines Expertenvortrages geführt werden, da dies ein Experten-Gefälle impliziert, was die Abhängigkeit der Ratsuchenden vom Berater betont und der Aktivierung von Ressourcen zur selbstständigen Bewältigung der Belastungssituation entgegensteht (D'Amelio et al., 2009; Romer u. Haagen, 2007). Psychoedukation erfordert daher vom Berater eine Grundhaltung, die die betroffene Familie als Expertin ihrer eigenen Situation anerkennt und würdigt, so dass beide Expertensysteme (Berater und Familie) vom gegenseitigen Austausch profitieren. Romer und Haagen (2007) prägten für diese Form der Psychoedukation den Begriff »Dialogische Psychoedukation«. Der Berater kann sich beispielsweise die Diagnosestellung und die Behandlungsplanung aus Patientenperspektive schildern lassen. Falls kein stringentes Krankheits- und Behandlungswissen vorhanden ist, sollte die Familie dazu motiviert werden, selbst Informationen zur Erkrankung einzuholen. Falls nötig kann die Familie im Kontakt mit dem medizinischen System begleitet und bestärkt werden.

Wichtig im Kontext der Krankheitsaufklärung von Kindern ist die möglichst kontinuierliche und tabufreie familiäre Kommunikation über die Erkrankung (siehe die Kapitel »Förderung der offenen Kommunikation über die Erkrankung«, S. 103 ff. und »Geschwisterbezogener Umgang mit akuten Krankheitsphasen«, S. 149 ff.).

Um den Familien in den Beratungsgesprächen das nötige Maß an Empathie, Wertschätzung, Unterstützung und Aufmerksamkeit zukommen zu lassen, können die in Tabelle 4 aufgeführten Gesprächstechniken sinnvoll sein. Die therapeutischen Gesprächstechniken regen ebenso dazu an, eigene Verhaltens- und

Denkstrukturen zu reflektieren, indem Standpunkte überdacht und Perspektiven gewechselt werden.

Tabelle 4: Gesprächstechniken

Emphatisches Spiegeln Wenn im Verlauf des Gesprächs Angelegenheiten angesprochen werden, die eine besondere emotionale Belastung offenbaren, ist es hilfreich, das Gesagte wiederholt in Worte zu fassen. Dies sollte, soweit es möglich ist, durch die Verwendung der gleichen Begriffe geschehen (Romer et al., 2014). Auch nicht verbalisierte Inhalte, die sich zum Beispiel in der Körpersprache spiegeln, sollten vom Berater angesprochen werden.	KATHARINA: »Ich habe mich letztens doch dafür entschieden, zu Hause zu bleiben. Eigentlich wollte ich mit meinen Freunden auf die Kirmes gehen. Aber ich war dann unentschlossen, ich konnte Tom gar nicht so richtig in die Augen schauen, ich musste so sehr an das letzte Jahr denken, als er noch nicht diese Einschränkungen hatte, als wir noch zusammen dort waren.« BERATER: »Du hast dich also geschämt, ohne ihn auf die Kirmes zu gehen, weil du denkst, dass es ihm seine Einschränkungen vor Augen führt?«
Entlastung Werden im Gespräch emotionale Belastungen geäußert, sollte der Berater versuchen, Entlastungsmöglichkeiten aufzuzeigen oder gemeinsam mit dem Klienten zu erarbeiten. Dies kann einerseits durch aufmerksames und geduldiges Zuhören geschehen. Andererseits sind es die Wertschätzung und Anerkennung der erbrachten Bewältigungsleistung sowie die aufrichtige Legitimation der gefühlten Belastung, die zur Entlastung beitragen (Romer et al., 2014).	VATER: »Im Moment dreht sich der Alltag bei mir nach wie vor viel um Markus, unseren verstorbenen Sohn. Obwohl er nicht mehr da ist, denke ich die ganze Zeit an ihn und habe ständig die Vorstellung, dass ich mit ihm rede. Häufig gehe ich in sein Zimmer und sitze dort eine Weile und denke, gleich kommt er nach Hause. Ich gebe mich dann der totalen Verzweiflung hin und denke manchmal wirklich, dass ich langsam verrückt werde. Und dann Tim, unser Ältester, ich merke wie unangenehm ihm die Atmosphäre zu Hause ist, er ist ja auch immer mehr unterwegs und ich denke dann, ob er flüchtet, vielleicht auch vor mir und vor der ganzen Auseinandersetzung mit der Situation. Also wir sind gerade so was von sprachlos miteinander, es macht mich fertig. Ich würde so gern mit ihm reden und einfach nur wissen, wie es ihm wirklich geht.« BERATER: »Ja, das ist eine schwierige Situation und es ist ganz normal, dass Sie sich aufgrund ihrer tiefen Trauer schuldig gegenüber ihrem ältesten Sohn fühlen. Aber wenn es Ihnen gut tut, mit Ihrem verstorbenen Sohn zu reden, dann tun Sie das auch ausgiebig und lang. Wann immer Ihnen danach ist, Sie dürfen trau-

	ern! Und was Tim angeht, was denken Sie, was ihm gut tut in der jetzigen Situation, was denken Sie ist seine persönliche Art der Trauer?«
Reframing Beim Reframing (oder auch Umdeuten) werden als problematisch empfundene Situationen oder Verhaltensweisen in einen anderen Kontext gestellt. Dies regt dazu an, die eigene Sichtweise zu verändern und Ressourcen zu erkennen (DeJong u. Berg, 2014).	GESCHWISTERKIND: »Ich fühle mich total schlecht, weil ich meine Mutter so krass abblitzen lasse, ich kann mich mit ihr einfach nicht über meine verstorbene Schwester unterhalten. Und überhaupt will ich sie einfach momentan nicht sehen, ich fühle mich da oft sehr kühl und distanziert, aber es geht nicht anders.« BERATER: »Ich denke, das, was Sie als kühl und distanziert beschreiben, ist eine Form der Abgrenzung, die vielleicht sogar sehr gesund ist. Hätten Sie das Abblitzenlassen nicht so gut erlernt und eingesetzt in den letzten zwei Jahren, wären Sie womöglich mit der familiären Situation nicht so gut zurechtgekommen. So konnten Sie Ihre eigene, von Ihrer Mutter unabhängige Perspektive entwickeln. Das war vielleicht sogar sehr wichtig für Sie.«
Zirkuläre Befragung Bei der zirkulären Befragung werden die Familienmitglieder dazu angeregt, übereinander zu berichten (Selvini Palazzoli, Boscolo, Cecchin u. Prata, 1981). Dabei berichten sie, was sie voneinander beobachten und denken. Durch die Wahrnehmung dieser Berichte und die Auseinandersetzung mit ihnen kann der Prozess der Selbstreflexion angestoßen werden und es können zudem gegebenenfalls tabuisierte Bereiche erschlossen werden (Wirsching, 1988).	BERATER: »Laura, was denkst du, wie denkt dein Vater über dich und wie sieht er deine Beziehung zu deiner Schwester? Was würde er über deinen Umgang mit ihr sagen?« LAURA: »Meistens sagt er, dass ich ja die Große bin und auf meine Schwester aufpassen soll. Ich habe manchmal das Gefühl, dass er denkt, ich mach das nicht gut genug, dass es mir egal ist, was mit meiner Schwester ist, aber das stimmt nicht.« VATER: »Nein, ich glaube nicht, dass es dir egal ist, was mit deiner Schwester ist, Laura. Du bist ja ganz oft sehr rücksichtsvoll und verantwortungsvoll. Ja, ich mach das oft, zu dir sagen, dass du die Große bist, aber klingt das wirklich so, als würdest du nicht gut genug mit deiner Schwester umgehen? Das war mir bisher überhaupt nicht klar.«

Skalierung Mit Hilfe der Methode des Skalierens können Fortschritte und Unterschiede deutlich gemacht werden. Alternativ zur Skala von eins bis zehn bietet es sich zum Beispiel an, den Vergleich zu einem Thermometer herzustellen oder Prozentangaben heranzuziehen (DeJong u. Berg, 2014).	BERATER: »Auf einer Skala von eins bis zehn, wie sehr belastet dich der Streit mit deinem Vater noch?« MICHAEL: »Sagen wir eine sieben, ich denke doch immer noch häufig und mit viel Gefühl von Ärger daran.« BERATER: »Was müsste denn passieren, damit du nur noch eine fünf empfindest?« MICHAEL: »Wahrscheinlich müsste ich meinen Ärger ihm gegenüber zum Ausdruck bringen können.«
Wunderfrage Mit Hilfe der Wunderfrage wird der Klient dazu angeregt, selbst Lösungen für seine Situation oder ein konkretes Problem zu phantasieren. Es werden neue Wirklichkeiten konstruiert, die häufig aufgrund der intensiven Betrachtung des Problems völlig aus dem Blick geraten. Anhand dessen kann aufgezeigt werden, welche Veränderungen nötig sind, um den imaginierten Zustand zu erreichen (DeJong u. Berg, 2014).	BERATER: »Stell dir vor, du gehst nach dieser Sitzung nach Hause, machst deine Dinge, die du sonst so tust, setzt dich abends auf dein Sofa, schaust vielleicht noch einen Film und gehst irgendwann ziemlich müde ins Bett und schläfst ein. Während du schläfst, du merkst es also nicht, passiert ein Wunder. Einfach so. Und dieses Wunder löst die Probleme, derentwegen du heute hier bist. Du wachst also auf und das Wunder ist geschehen, etwas ist anders als vorher. Aber du hast ja geschlafen und nicht mitbekommen, dass das Wunder geschehen ist. Woran würdest du es merken, dass dieses Wunder geschehen ist?« KLIENT (LACHT): »Dann wäre also meine mich ständig kritisierende Schwiegermutter ganz weit weg?« BERATER: »Ok, aber das Wunder ist ja bei dir passiert und nicht bei deiner Schwiegermutter. Woran würdest du es denn bei dir selbst merken?« KLIENT: »Ich glaube, ich würde es daran merken, dass ich entspannter bin, aber vor allem selbstsicherer im Umgang mit meinen Kindern.« BERATER: »Was noch?« KLIENT: »Ich würde mit meiner Schwiegermutter ruhiger reden. Weniger aufgeregt. Ich würde mich auch nicht mehr von ihr angegriffen fühlen.« BERATER: »Sondern?«

Frage nach Ausnahmen Die Frage nach Ausnahmen verdeutlicht, dass sich auch als festgefahren empfundene Sachverhalte ändern können. Gefragt wird nach Zeiten, in denen das Problem weniger oder gar nicht aufgetreten ist. In der Rückschau können die Bedingungen geklärt werden, unter denen das Problem auftritt bzw. als lösbar empfunden wird (DeJong u. Berg, 2014).	BERATER: »Wann hatten Sie denn in ihrer Partnerschaft weniger Konflikte als heute?« MUTTER: »Als wir ganz frisch verliebt waren natürlich, die rosarote Brille.« VATER: »Aber es waren auch ein paar Urlaube dabei, die ziemlich harmonisch waren.« BERATER: »Was ist denn damals anders gewesen als heute?« VATER: »Wir waren neugierig aufeinander und natürlich entspannt und so sehr optimistisch, noch nicht so gezeichnet von all den Schicksalsschlägen.« BERATER: »Was bräuchten Sie denn heute, um wieder neugierig auf etwas zu sein, das der andere denkt oder fühlt?«

Ablauf der Beratung

In Abbildung 6 ist der grundlegende Ablauf der Beratung aufgezeigt. Dieser lässt sich grob in drei Phasen gliedern: die diagnostische Phase, die flexible Interventionsphase und die Abschlussphase.

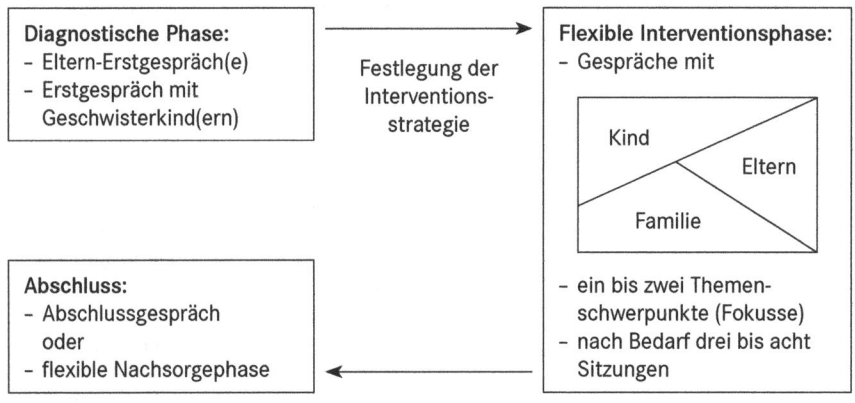

Abbildung 6: Ablauf der Beratung

Die diagnostische Phase beinhaltet die Kontaktaufnahme (siehe das Kapitel »Kontaktaufnahme und diagnostische Phase«, S. 83 f.) sowie die diagnostischen Erstgespräche (siehe Kapitel »Die diagnostischen Erstgespräche«, S. 86 f.), welche durch die Anhänge 2 »Leitfaden für das Erstgespräch mit den

Eltern« (S. 192 ff.) und 3 »Leitfaden für das Erstgespräch mit dem Geschwisterkind« (S. 196 ff.) unterstützt werden können. Die Auswahl der anzuwendenden Beratungsfokusse sowie des Settings ist im Kapitel »Festlegung der Interventionsstrategie« (S. 84 f.) dargestellt, begleitend wird der Anhang 4 »Zuordnung des Beratungsfokus für die Gespräche mit Eltern und Geschwisterkind(ern)« (S. 198 ff.) bereitgestellt. Die »flexible Interventionsphase und der Abschluss der Gespräche« (S. 86) sind in ihrem Ablauf dargestellt, inhaltlich werden sie zum einen in dem Kapitel »Die fokussierte Interventionsphase« (S. 101 ff.) bearbeitet, an dessen Beginn eine ausführliche Übersicht zu den Beratungsfokussen steht. Zum anderen ist vor allem in Bezug auf Interventionsphase und Gesprächsabschluss zudem auf das Kapitel »Abschluss der Gespräche und Ausblick« (S. 171 ff.) zu verweisen und ergänzend der Anhang 6 »Einschätzung der Familie nach Beratungsende« (S. 201 ff.) zu empfehlen.

Kontaktaufnahme und diagnostische Phase

Die Kontaktaufnahme mit der Familie erfolgt im günstigen Fall während der stationären Behandlungsphase (Wirsching, 1988) des kranken Kindes, im besten Fall jedoch setzt die psychosoziale Beratung bereits bei der Diagnosestellung ein. Der Grund für die Notwendigkeit eines möglichst frühen Einsetzens der Beratung liegt zum einen in der wichtigen Rolle, die die initiale Krankheitsbewältigung für einen langfristig erfolgreichen Umgang mit der Erkrankung einnimmt. Zum anderen verringert ein frühes Einsetzen von beratender Begleitung mögliche Ängste bzw. Vorbehalte der Eltern und der Kinder vor formellen Beratungen, so dass in Krisensituationen bereits eine vertrauensvolle Beziehung besteht und die Konsultation keine zusätzliche emotionale Belastung darstellt (Petermann, Noeker u. Bode, 1987). In Zeiten der ambulanten Nachbehandlung ist es sinnvoll, die gemeinsamen Gesprächstermine mit Besuchen in der Nachsorgesprechstunde zu verbinden (Wirsching, 1988). Gelingt eine frühe Einbindung der psychosozialen Betreuung der Familien in die medizinische Behandlung, können durch eine frühzeitige altersangemessene Aufklärung und offene Vorbereitung auf die Zukunft (z. B. über Rollen-/Puppenspiele) auch mögliche Ängste aller Familienmitglieder, die mit der zukünftigen Behandlung (z. B. Operationen, Narkosen) verbunden sind, antizipatorisch aufgefangen und reduziert werden. Auch für die Eltern ist eine realistische, jedoch zugleich behutsame Vorbereitung auf die bevorstehenden Prozeduren wichtig (Sesterhenn, 1991). Möglicherweise suchen sie aktiv die Beratung auf, da sie Angst vor der Überforderung des gesunden Geschwisterkindes oder gar Schuldgefühle haben. Insofern gilt, soll eine vertrauensvolle Beratungsbeziehung aufgebaut werden, die Eltern von Beginn an zu entlasten und ihr elterliches Kompetenzerleben zu stärken (siehe das Kapitel »Stärkung der elterlichen Erziehungskompetenzen«, S. 122 ff.).

Nach der Kontaktaufnahme folgt die diagnostische Phase, in welcher die Erstgespräche im Zentrum stehen (siehe das Kapitel »Die diagnostischen Erstgespräche«, S. 86 ff.). Die zwei bis drei Sitzungen können bereits Interventionscharakter haben (Romer u. Haagen, 2007).

Festlegung der Interventionsstrategie

Im Anschluss an die diagnostischen Erstgespräche erfolgt die Auswahl der anzuwendenden Beratungsfokusse, bestenfalls im Rahmen einer supervidierten oder intervidierten Teambesprechung. Auf Basis der Erstgespräche werden die drängendsten Probleme, die Eltern, Geschwisterkind(er) oder die Gesamtfamilie in der Adaption an die Erkrankung aufweisen, identifiziert. Eine Hilfestellung bietet der Anhang 4 »Zuordnung Beratungsfokus für Gespräche mit Eltern und Geschwisterkindern« (S. 198 ff.). Es soll herausgestellt werden, wodurch die Familienmitglieder am meisten gehemmt sind bzw. »psychisch belastet scheinen« (Romer u. Haagen, 2007). Entsprechend der Problemstellung werden ein bis zwei vorrangige Ziele identifiziert bzw. Beratungsfokusse herausgegriffen. Eine Übersicht zu den Beratungsfokussen bietet das Kapitel »Die fokussierte Interventionsphase« (S. 101 ff.).

Das fokussierte Vorgehen, also die Bearbeitung und Lösungssuche für die drängendsten Probleme der Familie, der Eltern oder des Geschwisterkindes orientiert sich an dem Vorgehen der Fokaltherapie von Balint, Ornstein und Balint (1973). Diese betont, dass sich bei einem fokussierten Vorgehen häufig positive Entwicklungen in anderen Problem- oder Familiensystembereichen ergeben. Das folgende Bildnis veranschaulicht die zentrale Vorgehensweise:

Auf einem Strom abwärts treibende Baumstämme werden durch einen quer liegenden, festhängenden Stamm blockiert und stauen sich. Durch gezielte Veränderung von dessen Ausrichtung können alle Stämme wieder stromabwärts treiben (Balint et al., 1973).

In der systemischen Interpretation des Bildnisses entspricht das gleichmäßig fließende Wasser dem Gleichgewicht des familiären Systems. Flusswindungen sowie Baumstämme stellen Stressoren dar, welche auf die Familie einwirken. Nehmen diese überhand, staut sich der Fluss auf, das Gleichgewicht des familiären Systems ist nicht mehr gegeben. Mit der Fokaltherapie werden einzelne Problembereiche in den Blick genommen, so dass die Hauptstressoren abgemildert und »entkeilt« werden. Kommt der Fluss wieder in Bewegung, kann er auch andere Stressoren mittragen und die Chance auf ein erneutes Gleichgewicht erhöht sich.

Gleichsam gilt es zu beachten, dass auch grundsätzlich andere Lösungen für die Überwindung des blockierten Flusses möglich sind. In der Sprache des Bildnisses kann zum Beispiel das Flussbett verbreitert werden oder der Fluss findet einen gänzlich neuen Weg. Auf die Beratungstätigkeit angewendet heißt dies, zu beachten, dass die Fokussierung auf zwei Problembereiche möglicherweise positive Beratungsthemen außen vorlässt. Es mag in manchen Situationen durchaus legitim sein, von dem Problemfokus abzuweichen und sich hauptsächlich auf die Verstärkung von positiven Bewältigungsimpulsen der Klienten zu konzentrieren. Dies kann beispielsweise in massiv akuten Krisen angezeigt sein, wenn keine Kraft zur Problembewältigung verfügbar ist. Ein solches Vorgehen zielt auf die subjektive Entlastung der Betroffenen ab und befreit gleichermaßen die Berater vom letztlich ineffektiven Erfolgszwang (Sesterhenn, 1991).

Mit der Setzung des Beratungsfokus ist zudem ein *geeignetes Setting* der Gespräche zu wählen: Das bedeutet, das System (z. B. Familie) bzw. Subsystem (z. B. elterliches Subsystem) festzulegen, in dem die Gespräche geführt werden. Wie in Abbildung 7 dargestellt (siehe auch Anhang 5 »Setting-Wahl«, S. 200), ist dabei sowohl der Wunsch der Klienten als auch die professionelle Einschätzung einzubeziehen.

Professionelle Einschätzung anhand folgender Kriterien:	F	GK	E	Setting-Wunsch der Eltern
Belastung (Bei wem liegt die Hauptbelastung?)				
Bedarf (Wer braucht professionelle Hilfe?)				
Ressourcen (Wer hat Ressourcen zur Bewältigung?)				
Motivation (Wer will an Gesprächen teilnehmen?)				
Fähigkeit (Wer kann an Gesprächen teilnehmen?)				
Helfende Beziehung (Wer profitiert von der helfenden Beziehung?)				
Dialogfähigkeit (Mit wem ist ein relevanter Dialog möglich?)				
Interventionsziele (Auf wen fokussieren die Interventionsziele?)				
Setting-Empfehlung festlegen				Setting abstimmen

Abbildung 7: Setting-Wahl (F = Familie; GK = Geschwisterkind; E = Eltern)

Die flexible Interventionsphase und der Abschluss der Gespräche

Die einzelnen Interventionskapitel bieten ein ausführlich dargelegtes mögliches Vorgehen in der Beratung. Die Phase umfasst zwei bis sechs Sitzungen und schließt mit einem bilanzierenden Familiengespräch (siehe Kapitel »Abschluss der Gespräche und Ausblick«, S. 171 ff.) ab. Bei Bedarf kann an weiterführende Angebote verwiesen werden, zum Beispiel auf Angebote für Geschwister (siehe Kapitel »Vermittlung der Kinder an weiterführende Angebote«, S. 172 ff.), aber auch auf einzeltherapeutische oder familientherapeutische Interventionen. Zudem sollte für die Familie die Möglichkeit bestehen, die Beratung auch über die geplante Intervention hinaus in Anspruch nehmen zu können, zum Beispiel bei einer erneuten Verschlechterung des Gesundheitszustandes des erkrankten Kindes. Mit einem solchen »Nachsorgesetting – on demand« (Romer u. Haagen, 2007, S. 101) nimmt der Berater die Funktion einer stabil verfügbaren Anlaufstelle bei auftretenden Problemen ein.

Die diagnostischen Erstgespräche

Die Erstgespräche dienen der Herstellung einer vertrauensvollen Atmosphäre zum Berater. Dieser ermutigt die einzelnen Familienmitglieder dazu, ihre Sorgen im Zusammenhang mit der aktuellen familiären Situation zu artikulieren und ihre Hauptanliegen, Erwartungen und Befürchtungen bezüglich der Beratung zu äußern.

Bei der Kontaktaufnahme im Vorfeld der Erstgespräche sollte zuvor mit den Eltern geklärt worden sein, ob sich der Berater bezüglich der medizinischen Diagnose und dem Behandlungsverlauf Informationen vom behandelndem Arzt einholen darf. Häufig wird dies positiv aufgenommen, da der Eindruck einer integrierten Versorgung (comprehensive care) entsteht (Romer u. Haagen, 2007).

In den Erstgesprächen geht es nicht darum, möglichst umfangreich die anamnestischen Daten zur psychischen Situation abzufragen, sondern den für die einzelnen Familienmitglieder bedeutsamen Aspekten im Kontext der familiären Belastungen durch die Erkrankung nachzugehen. Zentral ist, die verschiedenen Blickwinkel der Familienmitglieder durch die Schilderung des Erlebens und der Beziehungsgestaltung nachzuvollziehen (Romer u. Haagen, 2007).

Das Erstgespräch mit den Eltern

Ziel des Erstgespräches ist es, eine konstruktive Arbeitsbeziehung zwischen Berater und Eltern zu schaffen. Das damit angesprochene vertrauensvolle Verhältnis ist nicht nur Voraussetzung für die offene Kommunikation in weiteren Eltern- oder Familiengesprächen, sondern vermittelt den Eltern auch ein positives Gefühl für die Gespräche des Beraters mit den Kindern, bei denen sie nicht anwesend sein werden.

Vertrauensbildend ist zum Beispiel eine Entlastung der Eltern von Schuldgefühlen, nicht in ausreichendem Maß für das Geschwisterkind dagewesen zu sein (siehe Kapitel »Stärkung der elterlichen Erziehungskompetenzen«, S. 122 ff.) oder die vorbehaltlose Annahme von zunächst dysfunktional erscheinenden Bewältigungsbemühungen (siehe z. B. das Kapitel »Förderung funktionaler familiärer Strukturen und Rollen«, S. 133 ff.).

Bei Ein-Eltern-Familien, getrennt lebenden Eltern und eventuell neuen Partnern sind zunächst die sozialen Eltern zum Erstgespräch einzuladen. Während des Gesprächs kann der Einbezug des leiblichen Elternteils jedoch thematisiert werden. Dies sollte vor allem bei geteiltem Sorgerecht erfolgen. Alternativ kann das leibliche Elternteil getrennt eingeladen werden, um die Beziehung einzuschätzen (Romer et al., 2014).

Entsprechend der präventiv ausgerichteten psychosozialen Beratung ist das Ziel des Erstgesprächs mit den Eltern, die aktuellen Belastungen und Ressourcen des Familiensystems einzuschätzen sowie die damit eng in Verbindung stehende Belastung des gesunden Geschwisterkindes aus Elternperspektive. Um die Bewältigung des Geschwisterkindes zu verstehen, ist es wichtig. die elterliche, kindliche und familiäre Krankheitsbewältigung nachzuvollziehen (Romer et al., 2014). Dafür eignen sich folgende Themenbereiche, welche an die familiendiagnostischen Fenster nach Romer und Haagen (2007) angelehnt sind:
– die Erkrankung und der Versorgungsaufwand,
– das elterliche Coping,
– die familiäre Alltagsorganisation und soziale Unterstützung,
– die kindliche Bewältigung mit folgenden auf das Geschwisterkind bezogenen Punkten:
  • den Informationen über die Erkrankung,
  • dem Umgang mit elterlicher Aufmerksamkeit und Rücksichtnahme gegenüber dem erkrankten Kind,
  • der Äußerung »schwieriger Gefühle«,
  • dem sozialen Umfeld und persönlichen Ressourcen,
– das elterliche Erziehungsverhalten und die elterliche Paarbeziehung,
– die familiäre Kohäsion und die Mehrgenerationenperspektive.

Zu jedem dieser diagnostischen Fenster bzw. Themenbereiche werden nachfolgend mögliche Fragen vorgeschlagen. Diese sind dabei nicht starr abzuarbeiten, sondern dienen der Orientierung in einem sich entwickelndem Gespräch, in dem die Fokussetzung der Eltern berücksichtigt werden sollte (Romer u. Haagen, 2007). Bei den Materialien befindet sich ein Leitfaden für das Gespräch (siehe Anhang 2, S. 192 ff.).

Erkrankung und Versorgungsaufwand:
Entsprechend der Vorinformationen lässt sich der Berater den Zeitpunkt und Inhalt der Diagnose, bisherige Behandlungsmethoden, den von der Familie zu leistenden krankheitsbedingten Versorgungsaufwand sowie die ärztliche Einschätzung der Prognose der Erkrankung schildern. Dabei können Erfahrungen bzw. eventuelle Ängste und Erwartungen bzgl. des medizinischen Systems eruiert werden. Für den Berater ist es wichtig, die medizinischen Behandlungsmaßnahmen nicht zu bewerten und die Eigenständigkeit des psychosozialen Hilfsangebotes zu verdeutlichen. Gleichzeitig kann ein Angebot der Unterstützung der Eltern im Umgang mit dem medizinischen System den Raum für emotionale Beziehungsthemen öffnen (Romer u. Haagen, 2007). Es folgen die vorgeschlagenen Fragen zu diesem Bereich.

Diagnostische Fragen zu Erkrankung und Versorgungsaufwand:
- Welche Diagnose wurde gestellt? Wann wurde die Diagnose gestellt? Welche Behandlung ist erfolgt bzw. angezeigt?
- Welche Erfahrungen haben Sie bisher mit Ärzten und Schwestern bzw. eventuellen Krankenhausaufenthalten gemacht?
- Welchen Versorgungsaufwand leisten Sie als Familie?
- Wie lautet die aktuelle ärztliche Prognose der Erkrankung?

Elterliches Coping:
Um einzuschätzen, wie die Eltern die Erkrankung des Kindes verarbeiten, empfiehlt sich die Frage nach dem emotionalen Erleben und den persönlichen Bewältigungsstrategien bei Diagnosestellung. Wie bereits im Kapitel »Die Rolle der Eltern« beschrieben, sollten die möglicherweise geschilderten emotionalen Belastungen und darauf folgenden Bewältigungsbemühungen empathisch nachvollzogen (siehe das Kapitel »Dialogische Psychoedukation und Gesprächstechniken«, S. 78 ff.) und vorbehaltlos angenommen werden. Die individuelle Verarbeitung und Bewältigung des kritischen Lebensereignisses kann ebenso mit Hilfe der Frage nach der Kommunikation über die Erkrankung eruiert werden. Häufig ist eine offene Kommunikation innerhalb der Paarbeziehung, aber auch innerhalb der Verwandtschaft oder gegenüber Freunden Anzeichen einer

gelingenden Bewältigung (Romer u. Haagen, 2007). Nachfolgend die Fragen, die wir zu diesem Themenbereich anbieten.

> **Diagnostische Fragen zum elterlichen Coping:**
> - Wie haben Sie auf die Mitteilung der Diagnose bzw. auf die Krankheitsanzeichen reagiert?
> - Wie haben Sie bisher die Erkrankung erlebt und verarbeitet?
> - Wie sind Sie bisher mit gegebenenfalls eingetretenen Erfolgen oder Behandlungsrückschlägen umgegangen?
> - Wie tauschen Sie sich untereinander im Hinblick auf die Erkrankung und ihre Prognose aus?
> - Wie sprechen Sie mit vertrauten Personen Ihres erwachsenen sozialen Umfeldes über die Erkrankung und ihre Prognose?

Familiäre Alltagsorganisation und soziale Unterstützung:
Im Anschluss an das Krankheitserleben und die individuelle Bewältigung können die Auswirkungen auf das familiäre System erfragt werden. Dabei geht es zunächst um die möglicherweise schlagartige Veränderung des Familienalltags durch den krankheitsbedingten Versorgungsaufwand. Dementsprechend eignen sich Fragen nach der Organisation von Arztterminen, Kinderbetreuung und Erwerbstätigkeit. Dies legt die familiäre Rollenverteilung offen, gibt Einblick in die Flexibilität der familiären Strukturen und zeigt auf, wie die Familie versucht, dem erhöhten Zeit- und Energieaufwand gerecht zu werden. In diesem Zusammenhang sollten die Ressourcen der Familie herausgestellt und soziale Kontakte, deren Unterstützungsleistungen sowie mögliche problematische Reaktionen des sozialen Umfeldes einbezogen werden (Romer u. Haagen, 2007).

> **Diagnostische Fragen zur familiären Alltagsorganisation und sozialen Unterstützung:**
> - Wie hat sich Ihr Familienalltag durch die Erkrankung verändert?
> - Wie organisieren Sie den Versorgungsaufwand? Wer übernimmt welche Aufgaben? Wie belastet fühlen Sie sich dadurch?
> - Gibt es Veränderungen in der Rollenverteilung?
> - Übernimmt das Geschwisterkind zusätzliche Aufgaben?
> - Wie bewältigen Sie die finanzielle Belastung?
> - Welche Personen Ihres sozialen Umfeldes leisten Unterstützung?
> - Gibt es problematische Reaktionen des sozialen Umfeldes (überbehütend, vermeidend)?

Kindliches Coping:
Ein zentraler Punkt der Familiendiagnostik ist die elterliche Perspektive auf die kindliche Bewältigung des kritischen Lebensereignisses, welche vor dem Hintergrund der kindlichen Entwicklungsphase (siehe das Kapitel »Entwicklungspsychologische Grundlagen«, S. 23 ff.) zu betrachten ist. Dabei sind der Entwicklungsstand sowohl zum Zeitpunkt der Diagnosestellung als auch im weiteren Verlauf der Krankheit jeweils vom erkrankten Kind und vom gesunden Geschwisterkind mit einzubeziehen.

Besondere Aufmerksamkeit sollte den jeweiligen entwicklungsspezifischen Besonderheiten gegeben werden, also zum Beispiel dem Vorschulalter mit seinen typischen magischen Vorstellungen, aber auch der Pubertät unter dem Blickwinkel beeinflusster und möglicherweise gehemmter Ablösungs- und Abgrenzungsprozesse. Die Eltern sollten einschätzen, wie die Kinder das kritische Lebensereignis verarbeiten und ob sie zum Beispiel im Verlauf der Erkrankung adaptive Verhaltensweisen entwickelt haben. Auch die Beziehung der Geschwister untereinander sollte bezüglich ihrer statischen Merkmale (Geschlechter, Altersabstand, Persönlichkeitseigenschaften) sowie dem Verhältnis von Nähe, Konflikt und Rivalität erfragt werden. Wir legen die nachfolgenden Fragen in Bezug auf diesen Bereich nahe.

> **Diagnostische Fragen zum kindlichen Coping:**
> - Wie alt waren Ihre Kinder zu Beginn der Erkrankung und in welcher Entwicklungsphase befinden sie sich aktuell?
> - Gibt es Hinweise auf nicht altersangemessen bewältigte Entwicklungsaufgaben?
> - Wie ist die Beziehung der Geschwister untereinander? Hat diese sich seit der Erkrankung verändert?

Die Situation des Geschwisters sollte im Elternerstgespräch genau erfragt werden. Ziel ist, herauszufinden, wie die Eltern im Umgang mit dem Geschwisterkind unterstützt werden können. Die elterliche Perspektive auf die Verhaltens- und Gefühlswelt des Geschwisterkindes liefert dabei wichtige Anhaltspunkte für das Verständnis von dessen Bewältigung des kritischen Lebensereignisses.

Die Weitergabe von Informationen hinsichtlich der Erkrankung
an das Geschwisterkind:
Im Elterngespräch sollte erfragt werden, in welcher Weise die Eltern das Geschwisterkind über die Erkrankung aufgeklärt haben. Oft haben Eltern Schwierigkeiten

und Ängste, mit ihren Kindern über die Erkrankung zu sprechen (siehe das spätere Kapitel »Förderung der offenen Kommunikation über die Erkrankung«, S. 103 ff.). In der Beratung sollten Eltern dafür sensibilisiert werden, dass Geschwisterkinder häufig sehr intensiv an der Erkrankung von Bruder oder Schwester sowie dem familiären Geschehen Anteil nehmen. Aufgabe der Eltern ist es, Geschwisterkinder an dieser Stelle zu ermutigen, über ihre Fragen und Ängste zu sprechen und in der Kommunikation mit ihnen sowohl zu gemeinsam geteilten Ansichten zu kommen als sich auch über unterschiedliche Wahrnehmungen auszutauschen. Zu diesem Bereich schlagen wir die nachfolgend aufgeführten Fragen vor.

Diagnostische Fragen zur Weitergabe von Informationen hinsichtlich der Erkrankung an das Geschwisterkind:
- Wann und zu welcher Gelegenheit haben Sie das gesunde Geschwister über die Erkrankung des Bruders oder der Schwester informiert?
- Wie wird die Erkrankung in Ihrer Familie genannt?
- Wann wird unter keinen Umständen über die Erkrankung gesprochen?
- Worüber wird gar nicht gesprochen?
- Hat das Geschwisterkind vielleicht selbst nach der Erkrankung gefragt?
- Inwiefern wird das Kind in Ihre familiären Entscheidungen, die den Umgang mit der Erkrankung und ihren Folgen betreffen, einbezogen?

Die elterliche Aufmerksamkeit und Rücksichtnahme
dem Geschwisterkind gegenüber:
Geschwisterkinder leisten im Alltag oft enorm viel. Häufig nehmen sie Rücksicht, sind vernünftig, sind geduldig, haben Verständnis, übernehmen Verantwortung und Pflegeaufgaben. Sie müssen darüber hinaus akzeptieren, dass das erkrankte Kind mehr elterliche Aufmerksamkeit braucht. In der Beratung sollten Eltern für diese Leistungen des Geschwisters sowie die Wichtigkeit ihrer Wertschätzung dieser Leistungen sensibilisiert werden (Haberthür, 2005).

Im diagnostischen Erstgespräch geht es vor allem darum, zu eruieren, ob das Geschwisterkind ausführlich darüber aufgeklärt wurde, warum der Bruder oder die Schwester mehr Aufmerksamkeit braucht. Zudem sollte erfragt werden, wie das Geschwisterkind mit der im Vergleich zur Zeit vor der Erkrankung verminderten Aufmerksamkeit der Eltern und den gestiegenen Anforderungen umgeht und in welcher Form die Eltern das Geschwisterkind für seine Leistung wertschätzen (z. B. dieses im Alltag loben). Auch ein Ausgleich in Bezug auf den Umgang mit dem kranken und gesunden Kind sollte mit der Frage thematisiert werden, ob die Eltern Zeiten haben, in denen sie dem Geschwisterkind ihre volle Aufmerksamkeit geben können und ihm signalisieren, dass sie emotional verfügbar sind. Die Fragen, die folgen, bieten eine Orientierung.

Diagnostische Fragen zur elterlichen Aufmerksamkeit und Rücksichtnahme dem Geschwisterkind gegenüber:
- Wie haben Sie dem Geschwisterkind erklärt, dass das erkrankte Kind mehr von Ihrer Aufmerksamkeit benötigt?
- Wie geht das Geschwisterkind mit Einschränkungen und der Verantwortungsübernahme um?
- Wie schätzen Sie das Geschwisterkind für seine Leistungen wert? Spielen im Umgang mit dem Geschwisterkind Kooperation und Rücksichtnahme eine Rolle?
- Gibt es Zeiten, in der Ihre Aufmerksamkeit ausschließlich bei dem Geschwisterkind liegt?
- Wie wird der Alltag für das Geschwisterkind gestaltet?

Das Geschwisterkind und sein Äußern von Gefühlen:
Häufig trauen sich Geschwisterkinder nicht, mit ihren Gefühlen wie Angst oder Traurigkeit die Aufmerksamkeit ihrer Eltern einzufordern, da sie befürchten, diese zu belasten oder zu verletzen. Auch das Äußern von ambivalenten Gefühlen wie Wut oder Eifersucht gegenüber dem erkrankten Kind wird im Angesicht von dessen Schwäche und Verletzlichkeit häufig als beschämend und nicht legitim empfunden (Haberthür, 2005). Die Eltern sollten jedoch das Geschwisterkind darin ermutigen, diese völlig normalen Gefühle zu verbalisieren und zuzulassen (Haberthür, 2005). Gleichsam kann von Eltern vorgelebt werden, dass auch schwierige Gefühle geäußert werden dürfen. Im diagnostischen Erstgespräch sollte eruiert werden, welche Gefühlslagen die Eltern bei dem Geschwisterkind beobachten oder spüren und wie in der Familie darüber gesprochen wird. Zu diesem Bereich schlagen wir die nun folgenden Fragen vor.

Diagnostische Fragen zu den geäußerten und gezeigten Gefühlen des Geschwisterkindes:
- Ist das Geschwisterkind oft traurig, bzw. zieht es sich zurück?
- Äußert das Geschwisterkind Ihnen gegenüber Traurigkeit oder Angst? Wie wird darüber in Ihrer Familie gesprochen?
- Äußert oder zeigt das Geschwisterkind ambivalente Gefühle gegenüber dem erkrankten Kind?

Das Geschwisterkind und sein soziales Umfeld:
Die erweiterte Familie aber auch der Freundeskreis (Peers) sind wichtige Ressourcen der Bewältigung für das Geschwisterkind. Solche Beziehungen können einerseits Freiraum bedeuten, in welchem die Erkrankung keine Rolle spielt und persönliche Entwicklungsprozesse und Autonomiewünsche gelebt werden können, und andererseits Quelle sozialer Unterstützung sein. Im Erstgespräch mit den Eltern sollte eruiert werden, über welche Ressourcen aus dem sozialen Umfeld das Geschwisterkind verfügt. Dafür bieten sich die nachfolgenden Fragen an.

Diagnostische Fragen zum sozialen Umfeld des Geschwisterkindes:
- Wie ist der Kontakt des Geschwisterkindes zu Freunden? Hat sich dieser im Verlauf der Erkrankung verändert?
- Welche Beziehungen zu erwachsenen Bezugspersonen (z. B. in der erweiterten Verwandtschaft) existieren und wie können diese gefördert werden?
- Welche Reaktionen des sozialen Umfeldes hat das Geschwisterkind erlebt? Wie ist es damit umgegangen?

Die Paarbeziehung und das Erziehungsverhalten der Eltern:
Grundlegend für die Bewältigung des kritischen Lebensereignisses im familiären System ist das emotionale Befinden der Eltern. Die sich gegenseitig unterstützende Paarbeziehung der Eltern ist für diese als zugleich Haltgebende und Haltsuchende eine der wichtigsten Bewältigungsressourcen. Daher sollten positive Aspekte der elterlichen Beziehung sowie Schwierigkeiten besonders im Kontext der Erkrankung erfragt werden. Dies beinhaltet sowohl die Art der Kommunikation zwischen den Eltern als auch ihre Art, Probleme zu lösen und Stress zu bewältigen. Zu beachten ist, dass Eltern bezüglich dieser Punkte Vorbild für das Bewältigungsverhalten ihrer Kinder sind. Auch die Einschätzung der eigenen Erziehungskompetenz ist eine persönliche Ressource der Eltern und sollte mitsamt Schwierigkeiten eruiert werden (Romer u. Haagen, 2007). Es folgen die Fragen.

Diagnostische Fragen zur Paarbeziehung und zum Erziehungsverhalten der Eltern:
- Wie geht es Ihnen als Paar?
- Wie pflegen Sie Ihre Beziehung?
- Wie erleben Sie sich als Erziehungspersonen? Gibt es Unsicherheiten, Ängste oder Schwierigkeiten?

Familiärer Zusammenhalt und Mehrgenerationenperspektive:
Ein ebenso wichtiger familiendiagnostischer Bereich wie das unterstützende elterliche Subsystem ist die damit eng verbundene Kohäsion der gesamten Familie. Auch hier wirkt die wertschätzende und offene Kommunikation wie ein Katalysator für emotionale Verbundenheit und Rückhalt. Zu erkennen ist das Familienklima beispielsweise an der Art und Weise, wie die Familie über die Erkrankung und die damit einhergehende Belastung jedes einzelnen Mitgliedes spricht. Besonderes Augenmerk gilt sowohl den Familien, welche die Erkrankung zum zentralen Thema familiärer Kommunikation machen und sich darüber nach Innen abschließen, als auch denjenigen, die nicht offen ihre Gefühle kommunizieren und sich in der kritischen Situation wenig gegenseitigen emotionalen Halt geben.

Sowohl die Frage nach der gemeinsamen Zukunftsperspektive und wie diese sich vor dem Hintergrund der Erkrankung gestaltet als auch die Frage nach in der Familiengeschichte erlebtem Krankheitsgeschehen und der Krankheitsverarbeitung gibt Aufschluss über die familiäre Bewältigung (Romer u. Haagen, 2007) – siehe die nachfolgend aufgeführten Fragen.

Diagnostische Fragen zum familiären Zusammenhalt und zur Mehrgenerationenperspektive:
- Wie wird innerhalb Ihrer Familie über die Erkrankung gesprochen?
- Werden positive oder negative Gefühle im Zusammenhang mit der Erkrankung und der damit einhergehenden Belastung verbalisiert?
- Werden Bedürfnisse einzelner Familienmitglieder geäußert und gemeinsam besprochen?
- Gibt es unbelastete Bereiche des gemeinsamen Familienlebens, in denen die Erkrankung keine Rolle spielt?
- Wie viel Zeit bleibt den einzelnen Familienmitgliedern neben der Alltagsbewältigung für selbstbestimmte Freizeitaktivitäten außerhalb der Familie?
- Wie sieht Ihr familiärer Zukunftsentwurf aus? Hat er sich mit der Erkrankung verändert?
- Welche familiären Vorerfahrungen bzgl. Krankheit (im Kindesalter) existieren in Ihrer Familie? Ist die Familie damals zusammengewachsen?

Inwieweit die einzelnen diagnostischen Fenster ausgeführt werden, wird im Verlauf des Gespräches durch die Eltern bestimmt. Die Eltern setzen den Fokus der Themen und der Berater sollte sich an ihrer Gewichtung orientieren. Werden die einzelnen diagnostischen Fenster zueinander in Beziehung gesetzt, entsteht ein Gesamtbild, welches ein Verständnis der elterlichen, kindlichen und familiären Krankheitsbewältigung ermöglicht und grundlegend für die Interventionsplanung (siehe das Kapitel »Festlegung der Interventionsstrategie«, S. 84 f.) ist (Romer u. Haagen, 2007).

Manchmal hilft es Betroffenen bereits, über die familiäre Situation sprechen und den Umgang mit ihren Kindern mit dem Berater reflektieren zu können. Oft sind weiterführende Gespräche gewünscht, welche das Einzelgespräch mit dem Geschwisterkind erfordern. Diesbezügliche Fragen sollten zum Abschluss des Elternerstgespräches gestellt werden. Sind diagnostische Gespräche mit Geschwisterkindern angezeigt, sollte thematisiert werden, in welcher Form diese darüber informiert werden. Wichtig ist, den Kindern offenzulegen, dass bereits ein Gespräch mit den Eltern und dem Berater stattgefunden hat. Ebenso sollten die Kinder erfahren, dass der Berater nicht für medizinische Belange zuständig ist, sondern sich um die Sorgen der gesamten Familie im Zusammenhang mit der Erkrankung kümmert (Romer u. Haagen, 2007).

Das Erstgespräch mit dem Geschwisterkind bzw. den Geschwisterkindern

Einzelgespräche mit Kindern werden in Absprache mit beiden Elternteilen in der Regel ab einem Alter von drei Jahren durchgeführt. Auch mehrere Geschwisterkinder werden zu jeweils getrennten Einzelgesprächen gebeten. Somit erhält jedes Geschwisterkind die so wichtige geschützte Atmosphäre und kann individuell und altersgerecht angesprochen werden. Das Einzelgespräch mit Geschwisterkindern bietet diesen zunächst einen geschützten Rahmen, in dem es möglich ist, eigene Ansichten, Gedanken und Gefühle zur Erkrankung und dem aktuellen familiären Geschehen auszusprechen. Neben der Öffnung eines tabu-freien Gesprächsraumes werden behutsame Anregungen gegeben, die Kommunikation innerhalb der Familie zu fördern.

Damit die Kontaktaufnahme gelingt und das Kind sich dem Berater gegenüber öffnen kann, ist eine vertrauensvolle Beziehung zu den Eltern maßgeblich (Romer u. Haagen, 2007). Teilweise betonen Eltern bereits vor dem Einzelgespräch, dass es für das Kind vermutlich schwierig sein wird, wenn sie den Raum verlassen. Hier ist die Einfühlsamkeit des Beraters gefragt, spielerische Methoden (z. B. die Squiggle Technik[7]) erleichtern die Kontaktaufnahme (Romer

---

7 Der Berater malt auf ein Blatt Papier einige Kritzel und bietet dem Kind an, weiter an dem Bild zu malen, wie es das möchte. Im Anschluss kann das Kind etwas malen und der Berater erweitert das Bild. Von der Form her ähnelt die entstehende Interaktion einem Dialog. Gleichzeitig ergibt sich nonverbal ein Eindruck des emotionalen Erlebens des Kindes. Die Technik wird von Günther (2012) ausführlich dargestellt.

et al., 2014). Die Kontaktaufnahme mit Jugendlichen ähnelt dem Vorgehen bei Erwachsenen. Zur Betonung der Selbstständigkeit sollten Jugendliche ab 16 Jahren gesiezt werden (Wiegand-Grefe, Halverscheid u. Plass, 2011).

Um den Rahmen und die Zielstellung des Gespräches zu klären, sollte im Anschluss an die Kontaktaufnahme erfragt werden, ob das Kind weiß, warum es in der Beratung ist. Falls nicht schon durch die Eltern erfolgt, kann an dieser Stelle erklärt werden, dass die Eltern bereits ein Gespräch geführt haben und es nun um die Sicht des Kindes auf die Situation in der Familie geht (Wiegand-Grefe et al., 2011). Zu betonen ist weiterhin die Rolle des Beraters und die Regeln der Schweigepflicht, auch gegenüber den Eltern. Die eigene Meinung des Kindes zur Beratung kann ebenfalls erfragt werden, um Erwartungen und Wünsche, aber auch etwaige Vorbehalte offenzulegen (Romer u. Haagen, 2007). Dabei ist auf ein entwicklungsbezogenes Vorgehen zu achten, eine spielerische Ausdrucksweise (z. B. mittels Handpuppen) erleichtert die Kommunikation.

Für das Gespräch eignen sich folgende Themenbereiche, welche wie beim Erstgespräch mit den Eltern auch, nicht der Reihe nach abzuarbeiten sind, sondern sich im Dialog mit dem Kind entwickeln können:
- das Krankheitsverständnis,
- der Umgang mit verminderter elterlicher Aufmerksamkeit,
- die Kommunikation von Ängsten und Sorgen,
- die Geschwisterbeziehung,
- Bewältigungsstrategien und soziale Unterstützung,
- Ressourcen und Zukunftsperspektiven.

Jeder dieser Themenbereiche wird nachfolgend näher beleuchtet und mit diagnostischen Fragen verbunden, die ein Vorschlag von uns sind und an denen Sie sich beim Erstgespräch mit einem Geschwisterkind orientieren können.

Krankheitsverständnis:
Um dem Geschwisterkind eine kognitive Orientierung bezüglich der Erkrankung zu bieten, ist zuerst das kindliche Krankheitsverständnis zu eruieren und gegebenenfalls im weiteren Verlauf der Beratung ein zusammenhängendes Narrativ zu erstellen (siehe das Kapitel »Förderung der offenen Kommunikation über die Erkrankung«, S. 103 ff.). Es sollte darauf geachtet werden, dass der Berater keine zusätzlichen Informationen zur Erkrankung und über den aktuellen medizinischen Stand gibt, sondern dies nur in Absprache mit den und/oder durch die Eltern geschieht (Romer u. Haagen, 2007). Jedoch können im Erstgespräch zutage tretende Missverständnisse bezüglich der Erkrankung korrigiert werden. Dafür eignet es sich besonders, nach der geglaubten Ursache für die Erkrankung zu fragen,

wobei entsprechend dem Entwicklungsstand des Geschwisterkindes besonders auf eventuelle irrationale Vorstellungen zu achten ist. Häufig drücken sich dabei auch vom Geschwisterkind empfundene Schuldgefühle in dessen Antworten aus. Die vorgeschlagenen Fragen, die folgen, sind auf diese Überlegungen abgestimmt.

Diagnostische Fragen zum Krankheitsverständnis:
- Um was machst du dir Sorgen?
- Was weißt du/denkst du über die Erkrankung deines Geschwisters?
- Was haben deine Eltern zur Erkrankung deines Geschwisters erzählt?
- Hast du manchmal Angst, selbst krank zu werden?

Umgang mit verminderter elterlicher Aufmerksamkeit:
Das Geschwisterkind sollte spüren, dass seine Sicht auf die Familie von großer Wichtigkeit ist und es eine bedeutende Position im Familiengefüge hat. Dies bestärkt es darin, die eigenen Gedanken und Gefühle bezüglich der familiären Situation wahrzunehmen und zu artikulieren sowie seine eigene Leistung als Geschwisterkind wertzuschätzen. Häufig ist dem Geschwisterkind seine besondere Situation nicht bewusst und das Zurückstellen eigener Bedürfnisse sowie die Übernahme von Verantwortung werden als selbstverständlich angesehen.

Der Berater sollte erfragen, wie das Geschwisterkind damit umgeht, dass die Eltern dem erkrankten Kind mehr Aufmerksamkeit widmen müssen, welche Gefühle dabei entstehen und wie die Zeiten ungeteilter elterlicher Aufmerksamkeit sowie Lob oder die Nichtachtung der Verantwortungsübernahme empfunden werden. Der Berater sollte dabei betonen, dass ambivalente Gefühle gegenüber dem erkrankten Kind oder den Eltern völlig normal und legitim sind. Wir empfehlen in diesem Zusammenhang die nachfolgenden Fragen.

Diagnostische Fragen zum Umgang mit verminderter elterlicher Aufmerksamkeit:
- Was hat sich für dich innerhalb eurer Familie verändert?
- Was machst, denkst und empfindest du, wenn sich deine Eltern sehr viel um deinen Bruder/deine Schwester kümmern müssen?
- Wie geht es dir, wenn deine Eltern mit dir Zeit verbringen und nicht mit deinem Bruder/deiner Schwester?
- Übernimmst du manchmal zusätzliche Aufgaben?
- Wie geht es dir, wenn du etwas unternimmst, aber dein Bruder/deine Schwester kann daran nicht teilhaben?

Kommunikation von Ängsten und Sorgen:
Geschwisterkinder trauen sich häufig nicht, ihre Ängste und Sorgen bezüglich der Erkrankung und den Auswirkungen auf den familiären Alltag zu artikulieren, da sie befürchten, vor allem ihre Eltern zu belasten. Auch Geschwister leiden unter dem Gefühl, ohnmächtig gegenüber der Erkrankung zu sein und haben möglicherweise Angst, das erkrankte Kind zu verlieren. Dem Geschwisterkind sollte an dieser Stelle aufgezeigt werden, dass es mit diesen Gefühlen nicht allein ist und Eltern sowie erkranktes Kind oft ähnlich empfinden. Hilfreich ist dabei die Frage, wie die Eltern mit Ängsten und Sorgen umgehen. Häufig ist es einleuchtend, dass ebenso, wie die Eltern miteinander reden, sich womöglich gegenseitig Trost spenden, dies auch für das Geschwisterkind hilfreich sein kann und dieses dabei keinesfalls zur Last wird. Die Anregung, solche Gefühle innerhalb der gesamten Familie zu kommunizieren, wird dabei meist interessiert aufgenommen (Romer u. Haagen, 2007). Dazu schlagen wir die nachfolgenden Fragen vor.

> **Diagnostische Fragen zur Kommunikation von Ängsten und Sorgen:**
> - Suchst du bei deinen Eltern Trost, wenn es dir schlecht geht, zum Beispiel weil du Angst hast um deinen Bruder/deine Schwester oder einfach nur traurig bist?
> - Wie glaubst du, gehen die anderen damit um, dass sie traurig sind, was hilft ihnen dann?

Geschwisterbeziehung:
Geschwisterkinder übernehmen häufig Verantwortung gegenüber dem erkrankten Kind. Sie möchten (ähnlich den Eltern) Trost spenden und möglichst etwas dafür tun können, die Situation zu verbessern. Vor allem bei langwierigen, schweren Erkrankungen können sie sich stark mit den Bedürfnissen des erkrankten Kindes identifizieren, ambivalente Gefühle – die angesichts der Ungleichverteilung elterlicher Aufmerksamkeit völlig legitim sind – wenig zulassen und das eigene Selbstbild stark am erkrankten Kind orientieren. Das Geschwisterkind sollte deshalb dazu ermutigt werden, auch negative Gefühle gegenüber dem Geschwisterkind wahrzunehmen und zu äußern sowie eigene und von der Erkrankung unabhängige Entwicklungsziele zu verfolgen. Dies ist vor allem relevant bei älteren Geschwisterkindern, welche in der Phase der Ablösung von der Kernfamilie durchaus Schuld- oder Schamgefühle entwickeln können. Wir bieten zu diesem Themenbereich die nachfolgenden Fragen an.

> **Diagnostische Fragen zur Geschwisterbeziehung:**
> - Wie hat sich seit der Erkrankung eure Beziehung verändert?
> - Spielt ihr zusammen oder tröstet ihr euch manchmal?
> - Bist du manchmal neidisch oder wütend auf dein Geschwister?
> - Hast du manchmal Schuldgefühle? Wenn ja, weswegen?

Bewältigungsstrategien und soziale Unterstützung:
Im diagnostischen Erstgespräch sollte ebenso der Umgang mit schwierigen Situationen erfragt werden. Auch kleinere Kinder benennen bereits konkrete Bewältigungsstrategien, wenn sie gefragt werden, was sie tun, wenn es ihnen schlecht geht oder sie traurig sind, zum Beispiel Trost bei Stofftieren suchen, sich gezielt ablenken oder die Nähe zu einer vertrauten Person suchen (Romer u. Haagen, 2007). Ebenso kann erfragt werden, welche Bewältigungsstrategien der Eltern bewusst wahrgenommen werden. Dies soll nicht nur das Geschwisterkind in seiner psychischen Arbeit der Angst- und Stressbewältigung wertschätzen, sondern auch mit Blick auf die Familie die entlastende Wirkung offener Kommunikation und gemeinsam geteilter Problembewältigung betonen (Romer u. Haagen, 2007).

Zudem sollte das Geschwisterkind gezielt nach Beziehungen gefragt werden, welche emotionalen Halt außerhalb der Kernfamilie bieten und damit die Bewältigung unterstützen. Großeltern, Tanten, Onkel oder Nachbarn können wichtige Ansprechpartner für Gefühle und Bedürfnisse im Zusammenhang mit der familiären Situation sein. Soziale Kontakte außerhalb der Kernfamilie können eine weitere wichtige Bewältigungsfunktion haben: Sie bieten unbelastete, krankheitsfreie Räume. Teilweise halten Geschwisterkinder bestimmte Lebensbereiche gezielt von der Erkrankung fern (z. B. Peergruppen, Schule), um dort eine Konfrontation mit der Erkrankung zu vermeiden. Das Geschwisterkind sollte darin bestärkt werden, hilfreiche soziale Kontakte sowie eigene Entwicklungsziele und autonome Räume zu erhalten und auszubauen.

> **Diagnostische Fragen zu Bewältigungsstrategien und sozialer Unterstützung:**
> - Wie hast du die Erkrankung/Behinderung deines Bruders/deiner Schwester bisher erlebt?
> - Worüber machst du dir am meisten Sorgen und Gedanken?
> - Was hat dir geholfen, mit den Sorgen und Gedanken, die du dir machst, klarzukommen?
> - Was machst du, wenn es dir schlecht geht, um dich besser zu fühlen?

- Weißt du, was dein Papa/deine Mama macht, wenn er/sie traurig ist, damit es ihm/ihr wieder besser geht?
- Mit wem kannst du sprechen, wenn es dir schlecht geht? Wer versteht dich? Gibt es noch andere Personen, mit denen du manchmal über die Situation zu Hause redest, zum Beispiel Oma, Opa, eine Tante oder ein Onkel?
- Was denkst du, denken andere Kinder über deinen Bruder/deine Schwester?
- Wissen deine Freunde von der Erkrankung deines Bruders/deiner Schwester? Redest du mit ihnen darüber?

Persönliche Ressourcen und individuelle Zukunftsperspektiven:
Neben den familiären Beziehungen sowie dem sozialen Umfeld können im Gespräch mit dem Geschwisterkind zudem persönliche Fähigkeiten und Stärken herausgestellt werden, welche die Bewältigung der Lebenssituation befördern. Diese Bewusstmachung der persönlichen Ressourcen steigert das Selbstwertgefühl und unterstützt damit die Bildung eines eigenständigen und positiven Selbstbildes. Ein Bild vom eigenen Selbst und damit von den Bedürfnissen und Wünschen in der eigenen Entwicklung kann ebenso über die Frage nach dem individuellen Zukunftsentwurf des Geschwisterkindes entwickelt werden. Wir haben zu diesem Themenbereich die nachfolgenden Fragen entwickelt.

Diagnostische Fragen zu persönlichen Ressourcen und individuellen Zukunftsperspektiven:
- Was kannst du besonders gut?
- Was machst du besonders gerne?
- Wofür schätzen dich die anderen Menschen?
- Was denkst du, wie du in zehn Jahren sein wirst?
- Wenn du drei Wünsche frei hättest, was würdest du dir wünschen?

Für den Berater sollte am Ende des diagnostischen Erstgespräches klar sein, was das Geschwisterkind hinsichtlich der Erkrankung und der familiären Situation am meisten beschäftigt und von ihm als subjektiv belastend erlebt wird (eine Übersicht zu den häufigsten Belastungen von Geschwisterkindern bietet das Kapitel »Die Rolle der Geschwister und ihre Beziehung«, S. 60 ff.).

Dem Geschwisterkind sollte bewusst sein, dass es mit seinen Sorgen, Nöten und Fragen an den Berater herantreten kann und es hier bei diesem den Raum gibt, eigene Bedürfnisse und Wünsche der Veränderung zu artikulieren. Die Verbalisierung kann durch spezielle Methoden erleichtert werden (z.B. durch

Gefühlskarten, siehe hierzu das Kapitel »Unterstützung der kindlichen Ausdrucksmöglichkeiten und Gefühle«, S. 117 ff.). Häufig bewirkt die Offenheit gegenüber dem Berater einen Anstoß für eine offene Kommunikation innerhalb der Familie, was eine wichtige Ressource für die Bewältigung aller Familienmitglieder darstellt.

Mit dem Ausblick auf den weiteren Verlauf der Beratung (z. B. durch das Angebot weiterer möglicher Einzelgespräche oder durch die Vereinbarung eines Familiengespräches) wird das Erstgespräch beendet. Dem Geschwisterkind sollte hier am Ende des Gesprächs die Möglichkeit gegeben werden, seine weiteren Wünsche zu artikulieren oder noch offene Fragen zu stellen.

Die fokussierte Interventionsphase

Ist die diagnostische Phase abgeschlossen, hat der Berater bereits eine vertrauensvolle Beziehung aufgebaut und einen wesentlichen Einblick in familiäre Strukturen, die familiäre Kommunikation und problematische Themen erhalten. Möglicherweise hatten die Erstgespräche bereits Interventionscharakter. Nun kann die fokussierte Interventionsphase geplant werden (zur Vorgehensweise siehe das Kapitel »Festlegung der Interventionsstrategie«, S. 84 f.) und die einzelnen Beratungsfokusse kommen zur Anwendung. Die Tabelle 5 bietet eine Übersicht über die Beratungsfokusse, ihre Einsetzbarkeit sowie die jeweils hier empfohlenen Settings (Familie, Eltern und/oder Kind). In den folgenden Unterkapiteln werden die Beratungsfokusse dann nacheinander genauer ausgeführt. Das, was in der Tabelle 5 nur kurz inhaltlich zusammengefasst und angesprochen ist, wird dann anhand von konkret aufgezeigten Ansatzpunkten, Hinweisen, wichtigen Informationen, Vorgehensweisen, Quellen, Methoden und Fallbeispielen dargestellt und erläutert.

Tabelle 5: Übersicht über die Beratungsfokusse (F = Familie, E = Eltern, K = Kind)

Setting	Beratungs-fokus	Inhalt
F/E/K	Förderung der offenen Kommunikation über die Erkrankung	Eine offene familiäre Kommunikation über die Erkrankung gilt als ein wesentlicher protektiver Faktor bei der chronischen Erkrankung eines Kindes (Visser, Huizinga, van der Graaf, Hoekstra u. Hoekstra-Weebers, 2004). Bei schweren, lebensbedrohlichen Erkrankungen fällt es Eltern jedoch oft schwer, vor allem jüngere Kinder zu informieren und über Ursachen, Behandlungsmethoden und Prognosen aufzuklären. Eine solche altersangemessene Psychoedukation ist zudem anspruchsvoll, da sie als dauerhafter Dialog gestaltet werden sollte. Es geht darum, in der Beratung die Angst, sich gegen-

Setting	Beratungs-fokus	Inhalt
		seitig zu belasten, zu thematisieren und einen offenen Dialog über die Erkrankung anzuregen.
K	Unterstützung des kindlichen Copings	Im Fokus stehen die kindlichen Bewältigungsbemühungen vor dem Hintergrund des jeweiligen lebensgeschichtlichen Narrativs des Geschwisterkindes. Diesem können bisherige Strategien im Umgang mit kritischen Lebenssituationen entnommen und auf die aktuelle Situation übertragen werden. Die Arbeit an förderlichen Problemlösestrategien steht hier ganz konkret an.
K	Unterstützung der kindlichen Ausdrucksmöglichkeiten und Gefühle	Häufig empfinden Geschwisterkinder eigene Gefühle als unangemessen, vor allem wenn sie den Eltern oder dem erkrankten Kind gegenüber ambivalent sind. Diese Form der vermeintlichen Rücksichtnahme kann jedoch zu einer schuldhaften Verarbeitung der Situation und damit zu erhöhtem psychischen Druck führen. Die differenzierte Wahrnehmung der Gefühle sowie ihre Legitimierung sind deshalb wichtige Bestandteile adaptiver Bewältigungsbemühungen. Die Thematik kann anhand von zahlreichen Methoden exploriert werden.
E	Stärkung der elterlichen Erziehungskompetenzen	Bei der chronischen Erkrankung eines Kindes sind Eltern mannigfachen Belastungen ausgesetzt. Vor allem bei Verhaltensauffälligkeiten der Geschwisterkinder empfinden sie häufig Schuldgefühle, da sie für diese weniger (emotional) verfügbar sind. Neben dem Aufzeigen von Wegen des Umgangs mit dieser Situation können auch allgemeine Hinweise Eltern in ihrer Erziehungskompetenz stärken.
E	Stärkung des elterlichen Copings und der Eltern als Paar	Die Paarbeziehung kann die wichtigste Quelle sozialer Unterstützung für die Eltern sein (Bodenmann, 2008) und damit das Familiensystem in seiner Anpassung an die Herausforderungen einer chronischen Erkrankung im Kindesalter entscheidend stärken. Die Beziehung wird gleichsam auf eine harte Probe gestellt und im Fall negativer Paardynamiken kann die Beziehung auch zur Belastung im Copingprozess werden (Bodenmann, 2008). Das Augenmerk ist daher darauf gerichtet, die partnerschaftliche Zufriedenheit anzuregen und das gemeinschaftliche Coping zu fördern.
F/E/K	Förderung funktionaler familiärer Strukturen und Rollen	Funktionale familiäre Strukturen bieten den einzelnen Familienmitgliedern sowohl familiären Zusammenhalt und emotionale Zuwendung als auch individuelle Autonomie, einen flexiblen Umgang mit divergenten Bedürfnissen und einen stabilen Orientierungsrahmen für das alltägliche Handeln. Diese Thematiken können in verschiedenen Settings aufgegriffen werden. Eng im Zusammenhang mit ihnen stehen die familiäre Rollenverteilung und vor allem die mögliche Parentifizierung von Geschwisterkindern.

Setting	Beratungs-fokus	Inhalt
F/E/K	Hilfen aus dem sozialen Umfeld und sozialstaatliche Hilfen	Im Rahmen der Beratung gilt es, die soziale Unterstützung der Kernfamilie als wesentliche Ressource der Anpassung an die Erkrankung zu aktivieren. Mögliche Hemmnisse der Inanspruchnahme von Hilfe sind abzubauen. Daher ist es wichtig, dass der Berater die verschiedenen zur Verfügung stehenden Quellen der Unterstützung kennt: das persönliche Umfeld, die psychosoziale Versorgung und sozialstaatliche Hilfen.
E	Geschwisterbezogener Umgang mit akuten Krankheitsphasen	Akute Krankheitssituationen werden von Betroffenen und Angehörigen immer wieder als Belastungsspitzen beschrieben. Dabei kann es hilfreich sein, diese im Vorfeld zu antizipieren und Möglichkeiten der Pufferung von Stress abzuklären. Dies betrifft vor allem die Organisation im Notfall, wie zum Beispiel die Betreuung und Unterbringung von Geschwisterkindern. Aber auch die Krankheitsaufklärung respektive der Vorbereitung von Geschwistern auf möglicherweise belastende Besuche im Krankenhaus oder die verminderte Verfügbarkeit der Eltern ist damit gemeint.
F/E/K	Familien in besonderen Lebenssituationen	Die psychosoziale Beratung sollte auf die spezielle Lebenssituation bestimmter Familien (gesellschaftlicher Gruppen) gesondert eingehen, da die Hilfestellung für Ein-Eltern-Familien, Familien mit Migrationshintergrund und mehrfach belastete Familien ein spezifisches Hintergrundwissen erfordert. In diesen Fällen ist es somit nötig, das Vorgehen auf die Zielgruppe abzustimmen und sich die dafür notwendigen Informationen anzueignen.
F/E/K	Umgang mit dem Tod und Unterstützung der Trauerbewältigung	Die Trauerbewältigung stellt besondere Anforderungen an die gesamte Familie und muss vor allem bezogen auf Kinder in einem entwicklungsbezogenen Kontext betrachtet werden. Es ist deshalb notwendig, sich als Berater gut mit dem Umgang mit Trauer sowie mit Möglichkeiten der Begleitung auszukennen.

Förderung der offenen Kommunikation über die Erkrankung

Das Kommunikationsverhalten innerhalb der Familie gilt nicht nur als Indikator ihrer Beziehungsqualität (Riesch, Jackson u. Chanchong, 2003), sondern steht auch in Verbindung mit der psychosozialen Anpassung der Kinder und Jugendlichen (Mangold, 1997). Eine offene familiäre Kommunikation ist ein wichtiger protektiver Faktor in Zeiten starker Belastungsproben (z. B. einer Krebserkrankung in der Familie; Visser, Huizinga, Hoekstra, van der Graaf u. Hoekstra-Weebers, 2006).

Wird in den diagnostischen Gesprächen deutlich, dass krankheitsspezifische Details, zum Beispiel zur Behandlung oder Prognose, von den Eltern unterschiedlich wahrgenommen werden bzw. dass die gesunden Kinder sehr wenig über die gesundheitliche Situation ihrer Geschwister wissen, kann die Familie in der Beratung dabei unterstützt werden, miteinander zu sprechen und sich über die Erkrankung, Ängste und Fragen auszutauschen.

Manchmal fällt es Eltern schwer, mit ihren Kindern über die Erkrankung oder den Gesundheitszustand von deren Bruder oder Schwester zu sprechen. Sie versuchen, sie dadurch vor schlechten Nachrichten zu schützen, sie nicht zu beängstigen und ihnen ein sorgenfreies Leben zu ermöglichen. Möglicherweise scheuen sie auch unangenehme Fragen ihrer Kinder (z. B. »Wird Moritz daran sterben?«) oder solche, auf die sie selbst keine Antwort haben. Kinder wiederum finden es manchmal schwierig, mit den Eltern das Gespräch über die Erkrankung ihres Geschwisters zu suchen, da sie sie nicht zusätzlich belasten wollen oder aufgrund des elterlichen Schweigens denken, dass man darüber nicht reden soll. Für die Familie ist es meist sehr schwierig, aus diesem schweigenden Bündnis herauszukommen. Leider bewirkt das Tabuisieren des Themas Krankheit oft, dass Kinder Gedanken und Vorstellungen von der Erkrankung oder dem Sterben entwickeln, die unter Umständen wesentlich belastender sind als die tatsächliche Sachlage. In der Beratung ist deshalb die Aufklärung und Kommunikation über die Erkrankung eines der zentralen Themen, welches im geschützten Rahmen angesprochen werden kann. Die folgenden Erläuterungen zu den Geschwister-, Eltern- und Familiengesprächen zeigen auf, wie in der Beratung eine derartige Aufklärung in Gang gesetzt, die Angst, sich gegenseitig zu belasten, thematisiert und ein insgesamt offener Dialog über die Erkrankung angeregt werden kann.

Geschwistergespräche:
In Gesprächen mit den Kindern kann exploriert werden, über welches Verständnis von Krankheiten und spezifisches Krankheitswissen sie bereits verfügen. Ebenso kann eruiert werden, welche Fragen die Kinder zur Erkrankung haben, über was sie sich wundern, ärgern oder weswegen sie womöglich häufig traurig sind. In der Beratungssituation fällt es den Kindern oft leichter, ihre Fragen zu äußern. Das Explorieren des kindlichen Krankheitsverständnisses impliziert auch, etwaige magische Phantasien respektive Schuldgefühle über die Verursachung der Erkrankung aufzudecken. Die so gewonnenen Fragen, Bedürfnisse und Gefühle des Kindes können bei Bedarf auch in einem Eltern- und Familiengespräch angesprochen werden.

Insbesondere bei jüngeren Kindern können angstauslösende Lebensereignisse wie die schwere Erkrankung eines Familienmitgliedes oft nicht kohärent in die eigene Lebensgeschichte eingefügt werden. Die vorhandenen Erinnerungsbruchstücke erschweren es, die Erkrankung in einen Gesamtzusammenhang zu bringen und auf diese Weise besser zu bewältigen. Eine mögliche Vorgehensweise, die vom Berater angewendet werden kann, besteht darin, die Erinnerungen durch Nachfragen zusammen mit dem Kind zu einer chronologisch stimmig erlebten Geschichte zusammenzufügen. Dieser Vorgang kann auch je nach Entwicklungsstufe durch einen aufgemalten Ereignisstrahl unterstützt werden. Das Narrativ von Geschwisterkindern orientiert sich dabei meist stärker an den familiären Veränderungen als am Krankheitsgeschehen selbst. Das Fallbeispiel illustriert, wie der Berater das kindliche Krankheitsverständnis erfragt.

BERATER: »Sag mal Benedikt, wie war das eigentlich, als deine Schwester krank wurde? Weißt du das noch?«
BENEDIKT: »Na klar, plötzlich sind Mia alle Haare ausgefallen und Mama hat immer geweint.«
BERATER: »O.k., so war das. Weißt du denn, warum Mia die Haare ausgefallen sind?«
BENEDIKT: »Weil die guten Monster in Mias Körper gegen die schlechten Monster gekämpft haben und dann geht immer ganz viel kaputt und so fallen auch die Haare aus.«
BERATER: »Genau. Weißt du auch, warum deine Mutter dann immer geweint hat?«
BENEDIKT: »Ja, weil sie sich so viele Sorgen um Mia gemacht hat, dass die bösen Monster gewinnen könnten.«
BERATER: »Genau, und weißt du noch, wie das davor war, als die Krankheit bei Mia anfing?«
BENEDIKT: »Ja, am Anfang hatte Mia immer ganz viel Bauchweh und war immer müde und dann konnten wir nie spielen. Und dann hat ein Doktor gesagt, dass da böse Monster in Mias Körper sind und seitdem waren Mia und Mama ganz viel im Krankenhaus.«
BERATER: »Und weißt du noch, wie es dir zu dieser Zeit ging?«
BENEDIKT: »Ich hatte auch Angst, dass die bösen Monster gewinnen und die Oma Renate war oft da oder ich dort. Und ich hab meine Mama und die Mia vermisst.«
BERATER: »Und weißt du noch, welche Krankheit die Mia hatte?«
BENEDIKT: »Ja, die Krankheit der bösen Monster, die Monsterkrankheit!«
BERATER: »Ja, so nennen es manche Kinder, die Erwachsenen nennen es Leukämie oder auch Blutkrebs.«

Elterngespräche:
Auf der Ebene der Eltern ist zunächst wichtig, zu klären, wie sie als Paar miteinander über die Erkrankung und die veränderte familiäre Realität kommunizieren. In Gesprächen mit den Eltern sollten beide Partner gleichermaßen zu

Wort kommen (zum Prinzip der Allparteilichkeit des Beraters siehe das Kapitel »Eigenschaften und Haltung des Beraters«, S. 76 ff.) und darüber sprechen, wie sie die Diagnose und Prognose des Arztes aufgefasst haben, wie sie den gegebenenfalls veränderten familiären Alltag empfinden und welche Ängste sie haben. Das offene Aussprechen von Ängsten und Belastungen im geschützten Rahmen der Beratung kann den Raum dafür schaffen, sich gegenseitig zu entlasten und eine partnerschaftliche Bewältigung der Situation zu realisieren (siehe auch das Kapitel »Stärkung des elterlichen Copings und der Eltern als Paar«, S. 129 ff.). Zeigen sich im Rahmen des Gesprächs Informationsdivergenzen bei den Partnern hinsichtlich der Krankheit, der Behandlung oder der Prognose, sollten diese gemeinsam geklärt werden. Bei einem Informationsdefizit der Eltern können diese bestärkt werden, sich weitere Informationen einzuholen. Sie sollten gegebenenfalls darüber hinaus dann auch bei der Informationsbeschaffung selbst unterstützt werden.

Die adäquate Psychoedukation von Eltern bzw. das Aufzeigen von Möglichkeiten der Informationsvermittlung über die Erkrankung ist Basis für die Krankheitsaufklärung ihrer Kinder. Die häufig auftretenden Unsicherheiten seitens der Eltern bezüglich altersangemessener medizinischer Informationen sollten daher verständnisvoll aufgegriffen und mit dem elterlichen Bedürfnis nach Information und Kommunikation im Fall einer bedrohlichen Situation abgeglichen werden. Häufig erscheint dann die angstmindernde und beruhigende Wirkung von Aufklärung und gemeinsamer Besprechung für die Eltern einleuchtend. Es kann gemeinsam mit dem Berater herausgearbeitet werden, auf welche Weise das Geschwisterkind über die Erkrankung informiert wird bzw. welche Hilfen zur altersangemessenen Psychoedukation in der Pädiatrie zur Verfügung stehen. Da Kinder oftmals noch Verbalisierungsschwierigkeiten haben, sollten dabei verschiedene Kommunikationsangebote ausprobiert werden (z. B. Rollenspiele mit Puppen, Märchen, Zeichnungen etc.). Wichtig ist dabei, den Eltern verständlich zu machen, dass sie ihren Kindern nicht nur rein sachliche Informationen zu der Erkrankung, Behandlung und deren Folgen liefern, sondern auch ihre eigenen emotionalen Zustände für die Kinder transparent und damit verständlich machen sollten (Romer et al., 2014). Dies hilft Kindern, elterliche Reaktionen einzuordnen und beugt etwaigen Verursachungs- oder Verschuldungsgedanken (z. B. auch der Vorstellung, an der Traurigkeit oder Wut der Eltern schuld zu sein) vor.

Durch eine Sachinformationen und emotionale Reaktionen umfassende Aufklärung der Kinder wird auch betont, dass Krankheitsaufklärung ein ständiger Prozess ist. Das Kind ist demnach nicht nur über die Erkrankung zu informieren, damit es nun Bescheid weiß, sondern sollte in einen kontinuierlichen

Dialog über den Fortgang und Verlauf der Erkrankung sowie den familiären Umgang damit eingebunden werden (Romer u. Haagen, 2007).

Eine offene Kommunikation mit den Kindern schließt auch die eigene Ansprechbarkeit ein (Romer et al., 2014). Da Eltern allerdings nicht permanent für jegliche Art von Fragen ansprechbar sein können, sollten in der Beratung Wege aufgezeigt werden, wie sie ihre Kinder vertrösten können, ohne ihnen ihr Kommunikationsangebot wieder zu entziehen. In diesem Zusammenhang können Eltern auch auf möglicherweise aufwühlende Fragen ihrer Kinder vorbereitet werden. Bezüglich der Informationspolitik gegenüber (Geschwister-)Kindern können Eltern bereits dadurch mehr Sicherheit erlangen, dass sie mit den entsprechenden entwicklungspsychologischen Grundlagen bzw. den altersabhängigen Krankheits- und Todeskonzepten vertraut gemacht werden. Auch vorbereitende Gespräche auf Krankenhausbesuche (siehe das Kapitel »Geschwisterbezogener Umgang mit akuten Krankheitsphasen«, S. 149 ff.) können eingeübt oder erörtert werden.

Wichtig ist auch, das Informationsverhalten der Eltern in Bezug auf nahestehende Personen außerhalb der Familie oder auf die erweiterte Familie zu explorieren. Dies zeigt einerseits bestehende Kommunikationsgrenzen der Eltern auf, die auch ihre Gespräche und die Gespräche anderer mit den Kindern betreffen (Romer et al., 2014). Es eröffnet andererseits Ansatzpunkte für die Beratung bezüglich der Aufrechterhaltung sozialer Kontakte, welche Bestandteil eines Helfersystems sein können (siehe auch das Kapitel »Hilfen aus dem sozialen Umfeld und sozialstaatliche Hilfen«, S. 143 ff.).

Familiengespräche:
Gemeinsame Gespräche mit Eltern und gesunden Geschwistern sind dann sinnvoll, wenn aufgrund massiver Unsicherheiten und Ängste eine offene familiäre Kommunikation nicht realisiert werden kann. In Einzelgesprächen kann der Berater vorbereitend wechselseitige Ängste der Überforderung thematisieren. Auch sollte Eltern und Kindern im Vorfeld klar gemacht werden, dass das Zeigen eigener Emotionen legitim und gewünscht ist (siehe das Kapitel »Unterstützung der kindlichen Ausdrucksmöglichkeiten und Gefühle«, S. 117 ff.).

Ein Ziel der Familiengespräche sollte zunächst sein, dass Eltern und Kinder eine gemeinsam geteilte familiäre Realität in Bezug auf die Erkrankung und ihre Auswirkungen auf die Familie entwickeln. Dies geschieht durch Klärung offener Fragen zum Beispiel über die Krankheit, deren Verlauf oder den möglicherweise veränderten familiären Zukunftsentwurf. Der Berater unterstützt die Einbindung aller Familienmitglieder sowie die möglichst offene Kommunikation von Ängsten und Befürchtungen bzw. etwaigen Verursachungsgedanken oder Verschuldungsphantasien durch Zirkuläres Fragen. So kann es Familienmitgliedern erleichtert werden, die Perspektive des jeweils anderen einzunehmen und Vorstellungen und Annahmen untereinander abzugleichen.

Kann keine gleichberechtigte und offene Kommunikation zwischen den Familienmitgliedern initiiert werden, ist es auch möglich, dass vorerst der Berater zentraler Kommunikationspartner für alle Familienmitglieder ist. Dies erleichtert womöglich die offene Kommunikation zu heiklen Themen und der Berater kann das Gespräch im Sinne gleicher Gesprächsanteile lenken. Häufig können sich Kinder nicht entsprechend artikulieren oder trauen sich nicht, Ängste, Bedürfnisse nach Aufmerksamkeit, aber auch Verschuldungsphantasien anzusprechen. Mit Themenkärtchen oder Visualisierungstechniken (wie z. B. dem Kreisdiagramm, mit dem sich Anteile von möglichen oder unmöglichen Einflussfaktoren auf die Erkrankung darstellen lassen) kann die offene Kommunikation im Familiengespräch zudem unterstützt werden.

Bestenfalls ist durch die größere Offenheit bezüglich Ängsten, Vorstellungen, aber auch Wünschen ein regelmäßiger Austausch der Familie initiiert, der wie nebenbei in Alltagssituationen realisiert wird. Familiäre Aktivitäten wie das gemeinsame Abendessen, der Spielplatzbesuch, aber auch ein Familienausflug können gute Gelegenheiten der vertrauten Kommunikation bieten. Kinder zeigen dabei, wann sie ein Bedürfnis nach Kommunikation über die Erkrankung haben. Eltern sollten solche Impulse aufgreifen und darauf eingehen. So signalisieren sie auch, dass Fragen und Austausch erwünscht sind und es keine Tabuthemen gibt. Gleichzeitig können in der Familie auch Räume festgelegt werden, in denen die Erkrankung explizit nicht thematisiert wird, sogenannte krankheitsfreie Räume. Diese bieten dann die Möglichkeit des Austausches über ganz andere Themen.

Eine offene Kommunikation innerhalb der Familie zu verankern bedeutet, in einem ganz individuellen Prozess schrittweise Ängste und Hemmungen abzubauen sowie Vertrauen zu schöpfen.

Unterstützung des kindlichen Copings

Die Bewältigung bzw. der Umgang mit einer chronischen Erkrankung oder Behinderung eines Geschwisters stellt Kinder und Jugendliche vor eine Herausforderung. Sie machen sich Sorgen und Gedanken über die Erkrankung und das Geschwister, erleben, wie belastet ihre Eltern sind und wie sich familiäre Routinen und alltägliche Abläufe verändern. Häufig müssen Geschwisterkinder zeitweilig oder langfristig auf familiäre Normalität und elterliche Aufmerksamkeit verzichten. Die Art und Weise, wie mit der chronischen Erkrankung umgegangen und diese bewältigt wird, hat Einfluss auf das emotionale Wohlbefinden sowie die zukünftige Psychopathologie (Folkman u. Greer, 2000) des Geschwisterkindes. Wesentlich für die Bewältigung sind unter anderem das Erleben von Selbstwirksamkeit sowie die erfahrene Effektivität der Coping-Strategien. Neben einem aktiven, problemfokussierten Bewältigungsstil, der beispielsweise eine offene Kommunikation oder die Suche nach sozialer Unterstützung beinhaltet, gibt es vermeidende oder verleugnende Bewältigungsformen, die unter anderem Ablenkung, Wunschdenken und sozialen Rückzug umfassen.

Dieses Kapitel zeigt Wege der Arbeit an förderlichen Problemlösestrategien. Es geht dabei um die Ermittlung und das Verstehen der Copingstrategien des Geschwisterkindes, um die Stärkung des kindlichen Copings und schließlich um die soziale Unterstützung und die Einbeziehung der Eltern anhand von Eltern- und Familiengesprächen.

Ermittlung und Verstehen der Copingstrategien:
In den Gesprächen mit dem Geschwisterkind geht es zunächst darum, herauszufinden, welche Bewältigungsstrategien vor welchem Hintergrund und mit welchem bewussten oder unbewussten Ziel entwickelt wurden (siehe das Kapitel »Das Erstgespräch mit dem Geschwisterkind bzw. den Geschwisterkindern«, S. 95 ff.). Dies ermöglicht, auch dysfunktional anmutende Bewältigungsstrategien, wie zum Beispiel die Leugnung vor dem Hintergrund akuter Erkrankung oder Lebensbedrohung, als sinnvolle psychische Stabilisierungsstrategie zu verstehen und anzuerkennen. Wichtig ist eine vorbehaltlos annehmende und respektierende Haltung, die der Sinnhaftigkeit der Bewältigungsbemühungen Rechnung trägt.

Neben dem individuellen Umgang spielen die elterlichen und familiären Bewältigungsstrategien eine wichtige Rolle, da sie sich direkt und indirekt auf das Kind auswirken. Eltern können das Geschwisterkind aktiv in der Bewältigung unterstützen und als Modell für einen hilfreichen Umgang fungieren. Ebenso bietet die Familie einen Halt gebenden Rahmen, der es dem Kind ermöglicht, sich aktiv mit der Situation, den damit einhergehenden Gefühlen und den Herausforderungen auseinanderzusetzen. Darf über bestimmte Gefühle und Realitäten in der Familie nicht gesprochen werden oder spürt das Kind, dass die Eltern mit bestimmten Problemen überfordert sind, wirkt sich das auf den eigenen Umgang unmittelbar aus.

Aus der Eruierung und Bewusstmachung der Ressourcen des Geschwisterkindes (siehe das Kapitel »Das Erstgespräch mit dem Geschwisterkind bzw. den Geschwisterkindern«, S. 95 ff.) ergeben sich die Möglichkeiten des Umgangs mit den Problemlagen, auf die der Berater dann konkret hindeuten und aufmerksam machen kann. In Bezug auf die Einschätzung der Ressourcen des Geschwisterkindes sind das Selbstwertgefühl und die Überzeugung der Selbstwirksamkeit von großer Bedeutung für die Bewältigung der Lebensereignisse. In diesem Sinne kann dezidiert herausgestellt werden, welche Situationen und Probleme gut bewältigt werden können bzw. in welchen Bereichen keine Probleme vorhanden sind. In diesem Zusammenhang ist es wichtig, über die aktuelle Situation hinausgehende Fragen zu stellen, die alle Lebensbereiche und auch frühere Zeiten umfassen. Nur so kann verstanden werden, in welchen Bereichen aufgrund von lebensgeschichtlichen Erfahrungen ein positives oder negatives Selbstwertgefühl sowie ein Gefühl der Selbstwirksamkeit entwickelt wurden. Das heißt: In welchen Bereichen auf ein vorhandenes Selbstvertrauen zurückgegriffen werden kann und in welchen Selbstwert und Selbstwirksamkeit erst noch gestärkt werden müssen, damit das Kind in der Lage ist, sich an die aktuelle Situation anzupassen und Strategien zu entwickeln. Jugendlichen können nachfolgende Fragen zur Selbstwirksamkeit und zu ihren Ressourcen gestellt werden:

- Hast du das Gefühl, dass du schwierige Situationen gut bewältigen kannst?
- Kannst du Probleme aus eigener Kraft gut meistern?
- Kannst du auch mit unerwarteten, schwierigen und komplizierten Situationen umgehen und Lösungen finden?
- Hast du das Gefühl, das erreichen zu können, was du willst/dir vornimmst, wenn du dich bemühst?
- Welche Hobbies hast du?
- Was gibt dir Kraft/tut dir gut?
- Was denkst du über dich als Mensch? Wie findest du dich?
- Was gelingt dir gut, was nicht?
- Hast du Freunde? Kannst du mit ihnen über deine Gefühle und Situation sprechen?

Die Exploration der Bewältigungsbemühungen sowie Ressourcen hilft, ein umfassendes Bild über die Belastungen, den Umgang mit Stressoren sowie die verfügbaren Ressourcen zu bekommen. Der Dialog soll das Kind anregen und ermutigen, sich damit bewusst auseinanderzusetzen, die eigenen Reaktionen und Gefühle sowie Schwierigkeiten wahr- und ernst zu nehmen. Hierzu gehört auch die Wahrnehmung der für das Kind möglicherweise als schwierig erlebten Gefühle wie Wut, Angst, Ohnmacht oder ambivalenten Gefühle (vgl. das Kapitel »Unterstützung der kindlichen Ausdrucksmöglichkeiten und Gefühle«, S. 117 ff.). In manchen Fällen treten Fragen, die das Kind bislang nicht gestellt hat oder stellen konnte, zutage. Es ist wichtig, diesen Raum zu geben und das

Kind zu ermutigen, sie den Eltern zu stellen. Begleitende Gespräche mit den Eltern bzw. der Familie können ebenfalls hilfreich sein (siehe das Kapitel »Förderung der offenen Kommunikation über die Erkrankung«, S. 103 ff.).

Die Stärkung des kindlichen Copings:
In einem weiteren Schritt kann mit dem Geschwisterkind ein *lebensgeschichtliches Narrativ entwickelt werden, das die Ereignisse bzw. die äußere Situation sowie die Bewältigungsbemühungen in einen sinnvollen und verstehbaren Zusammenhang stellt*. Hierzu gehört auch, sich gemeinsam mit dem Kind anzuschauen und zu überlegen, zu welchem Zeitpunkt welche Bewältigungsansätze hilfreich oder weniger hilfreich gewesen sind, sowie zu überprüfen, ob ein ausreichendes Repertoire an Bewältigungsstrategien und Ressourcen zur Verfügung steht, mit den Herausforderungen und Schwierigkeiten umzugehen, bzw. an welchen Stellen das Kind überfordert ist. Entscheidend hierbei ist die Passung zwischen der Situation und dem Bewältigungsverhalten unter Berücksichtigung der objektiven Merkmale der Situation sowie der subjektiven Einschätzung. Ziel ist, das Kind darin zu unterstützen, den Spielraum für alternative Copingstrategien zu erweitern. Neben dem flexiblen Umgang mit den Herausforderungen sowie der damit einhergehenden Ausweitung der Copingstrategien ist es sinnvoll, darauf zu achten, dass das Geschwisterkind genug Zeit und Raum für positive, Kraft und Selbstvertrauen spendende Aktivitäten (Hobbies, Sport, Kontakte zu Gleichaltrigen etc.) hat. Die Intention dabei ist, die vorhandenen Kompetenzen und Ressourcen zu nutzen und zu stärken.

Das Fallbeispiel von Clara veranschaulicht, wie die Entwicklung eines lebensgeschichtlichen Narrativs das Coping des Geschwisterkindes und damit zugleich den Umgang der gesamten Familie mit der Situation stärkt.

Die zehnjährige Clara musste miterleben, wie ihre achtjährige Schwester bei einem Autounfall schwer verletzt wurde und seitdem im Rollstuhl sitzt. Von einem zum anderen Tag veränderte sich die familiäre Realität dramatisch. Die Familie musste in eine behindertengerechte Wohnung umziehen, Clara und ihre Schwester mussten die Schule wechseln.
Der Vater macht sich, obwohl er an dem Unfall keine Schuld hatte, schwere Vorwürfe, weil er, um Zeit zu sparen, ausnahmsweise eine andere Strecke zum Kinderturnen gefahren war. Er ist für seine Familie kaum mehr ansprechbar, zeitweilig nicht mehr arbeitsfähig. Die Eltern streiten sich vermehrt, da die Mutter sich im Stich gelassen fühlt. Claras Schwester zieht sich in ihrer Verzweiflung in ihr verdunkeltes Zimmer zurück. Clara hat das Gefühl, ihre Schwester nicht im Stich lassen zu dürfen und verlässt nachmittags nicht mehr das Haus. Sie meint, dass es nichts

Gutes mehr gebe und alles keinen Sinn mehr mache, wird depressiv, fühlt sich leer und hat Alpträume, die sich um den Unfall drehen.

Mitarbeiter der sozialpädiatrischen Nachsorge, die die Not der Familie wahrnehmen, vermitteln Clara in eine Beratungsstelle. Ein Fokus der dortigen Gespräche ist die Unterstützung Claras in der Bewältigung der weitreichenden Erschütterungen. Da Clara überfordert und kaum in der Lage ist, die Ereignisse zu integrieren, ermuntert die Psychologin sie, auf einem Plakat ihre Lebensgeschichte zu erstellen. Dies ermöglicht Clara, äußere Ereignisse und Gefühle bzw. Erfahrungen zu verbinden, ihre Reaktionen sowie die ihrer Eltern und der Schwester besser zu verstehen, zwischen Phantasie und Realität zu differenzieren und wieder an gute Erlebnisse vor dem Unfall anzuknüpfen. Das entwickelte, lebensgeschichtliche Narrativ erleichtert es ihr, ins alltägliche Leben zurückzufinden und Kontakte, die sie aus Schuldgefühlen ihrer Schwester gegenüber nicht mehr eingehen konnte, wieder aufzunehmen. Begleitende Gespräche mit den Eltern ermöglichen diesen, sich mit ihren Gefühlen der Wut, Trauer und Schuld zu zeigen, wieder zueinander zu finden und sich gegenseitig zu unterstützen.

Die *Unterstützung des Umgangs mit der Erkrankung/Behinderung* ist ein weiterer Schwerpunkt hinsichtlich der Stärkung des kindlichen Copings. Sollten Unklarheiten und Fragen in Bezug auf die Erkrankung/Behinderung bestehen, ist es sinnvoll, das Kind zu ermutigen, diese zu stellen und sich aktiv Informationen zu besorgen. Die Beschaffung von Informationen und die Aufklärung ermöglichen es dem Kind, sich in seiner Selbstständigkeit bzw. als ein selbstständiges Subjekt zu erleben, das sich etwas aktiv aneignen kann, anstatt dass es den mit der Erkrankung/Behinderung verbundenen Ereignissen passiv ausgeliefert ist. Das Wissen schafft zudem eine Grundlage, sich aktiv mit der Realität auseinanderzusetzen, Zukünftiges (z. B. in Bezug auf Krankheitsverläufe) zu antizipieren und entsprechende Umgangsstrategien zu entwickeln.

Die Wahrnehmung und Benennung der eigenen Gefühle als Reaktion auf die Umstände und Ereignisse ist für den Umgang, das Sprechen sowie die Suche nach unterstützenden Gesprächspartnern wesentlich und somit ebenfalls ein Schwerpunkt bei der Stärkung des kindlichen Copings. Sollte dem Kind der Ausdruck der eigenen Gefühle nur schwer möglich sein, sollte es diesbezüglich unterstützt werden (siehe hierzu das Kapitel »Unterstützung der kindlichen Ausdrucksmöglichkeiten und Gefühle«, S. 117 ff.). Wichtig ist, dass das Geschwisterkind sich negative Gefühle erlauben kann. Denn nur, wenn es traurig, wütend oder geschockt sein darf, seine mit schwierigen Situationen verbundenen Gefühle kennt, kann es mit diesen auch in Krisen umgehen.

Die *Unterstützung ihrer Problemlösekompetenz* stärkt das Coping von Kindern, die bereits im Schulalter sind und über ausreichende kognitive Fähigkeiten (Selbstbeobachtung, schlussfolgernd-strategisches Denken, Wahrnehmung der emotionalen Reaktionen etc.) verfügen. Bei jüngeren Kindern liegt der Schwerpunkt darin, sie bei der Benennung und Bewältigung ihrer Gefühle und Schwierigkeiten zu unterstützen. Da jüngere Kinder eine noch unzureichend ausgebildete psychische Struktur aufweisen, sollte sich der Berater als Hilfs-Ich zur Verfügung stellen, das heißt, er sollte die Gefühle des Kindes aufnehmen, das Kind in seinen Gefühlen spiegeln, diese Gefühle benennen und dem Kind helfen, einen Umgang mit ihnen zu finden. Das Fallbeispiel von Lars verdeutlicht dies.

Die Eltern des fünfjährigen Lars kommen in die Beratung, weil ihr Sohn seit der Erkrankung des Zwillingsbruders vermehrt Wutausbrüche hat, die für die Familie schwer erträglich sind. Die Eltern sind ratlos und wünschen sich Hilfe. Im Erstgespräch spielt Lars mit Autos, die er gegen eine Wand fahren lässt sowie mit Drachen, die Feuer speien und die, wie Lars meint: »alles kaputt machen«. Die Psychologin sagt, dass sie den Eindruck habe, dass es hier um sehr viel Wut gehe. Lars nickt. Sie bittet ihn, zu erzählen, wie es für ihn im Moment zu Hause sei, worauf er ganz still und traurig wird. Er berichtet, dass sein Bruder im Krankenhaus sei. Auf die Frage, warum dies so sei, entgegnet Lars, dass sein Bruder sehr krank sei, es eine böse Krankheit sei, die ihn kaputt mache. Die Ärzte könnten nichts machen. Er vermisse seinen Bruder sehr, habe immer mit ihm gespielt.
 Die Psychologin findet im Kontakt mit Lars heraus, dass die Wut, die immer wieder so stark wird, ganz viele Facetten hat: Er ist wütend darüber, dass niemand seinem Bruder helfen und ihn gesund machen kann, er ist wütend auf die böse Krankheit und dass er nichts ändern kann, und manchmal wird er ganz wütend, obwohl er eigentlich traurig ist. Dann schützt ihn die Wut vor dem Schmerz, dass der Bruder nicht da ist, er mit ihm nicht spielen kann, es um ihn so schlecht steht. In mehreren Gesprächen mit Lars und seinen Eltern ist es möglich, Lars Gefühle zu verstehen und ihn im Umgang mit diesen bzw. mit der schwierigen Situation zu unterstützen.

Bei der Unterstützung seiner Problemlösekompetenz wird das Kind in einem ersten Schritt gebeten, wiederkehrende Schwierigkeiten bzw. ein Problem zu beschreiben. Nachfolgend werden verschiedene Alternativlösungen gesucht. Hierbei ist es wichtig, dass das Kind mit Unterstützung des Beraters verschiedene Lösungen entwickelt und diese gegebenenfalls in Stichworten notiert oder mit Puppen bzw. szenisch nachspielt.
 Die Lösungen können nun gedanklich mit ihren Konsequenzen durchgespielt und von möglichst vielen Seiten aus betrachtet werden. So kann zum Beispiel

darüber nachgedacht werden, ob es die Möglichkeit gibt, eine Situation aktiv zu verändern. Es kann herausgestellt werden, ob es besser ist, damit allein umzugehen oder jemand anderen um Unterstützung zu bitten. Bezogen auf spezifische Problemstellungen von Geschwistern könnte beispielsweise gefragt werden, ob die Möglichkeit der vorübergehenden aktiven Unterstützung eines kranken Geschwisters respektive der Übernahme weiterer Aufgaben im Alltag der Familie besser sei als die Ablenkung mit Gleichaltrigen, da Ersteres mit dem Gefühl verbunden sei, etwas aktiv tun zu können und sich folglich nicht so hilflos zu fühlen. Hierbei sollte auch die Alternative der Ablenkung beleuchtet werden. Denn manchmal ist es sinnvoll, sich nicht darum zu bemühen, eine schwierige Situation zu ändern oder zu verbessern, sondern sich abzulenken oder eine Auszeit zu nehmen. Das Abwiegen der unterschiedlichen Lösungsvarianten ermöglicht, die zu den Gegebenheiten subjektiv am besten geeignete zu finden. Diese sollte gedanklich oder mit Hilfe eines Rollenspiels (z. B. eine Szene zu folgender Fragestellung improvisierend: Wie wende ich mich an meine Eltern oder andere Erwachsene, um Unterstützung zu bekommen? Was sage ich?) möglichst konkret durchgeführt und ausgeschmückt werden, um etwaige, der Durchführung entgegenstehende Schwierigkeiten zu antizipieren und entsprechende Lösungen zu finden. Wichtig ist, dass die Lösungsansätze der Realität angemessen und mit realistischen Zielen verbunden sind. Zum Abschluss wird überlegt, ob das Problem – zumindest in wesentlichen Bereichen – damit gelöst ist. Die Anwendung der Strategien im Alltag sollte in nachfolgenden Gesprächen besprochen sowie – falls notwendig – noch verbessert werden.

Zum problemorientierten Coping gibt es Alternativen für Situationen, in denen eine aktive Problemlösung nicht möglich ist. Eine wichtige Frage im Umgang mit der Situation ist daher, ob das Kind Möglichkeiten hat, die Probleme aktiv anzugehen (problemlöseorientierte Strategien), oder die Situation unkontrollierbar und eine Lösung nicht möglich ist. Bei unkontrollierbaren Situationen ist häufig eine emotionsregulierende oder sozial unterstützungsorientierte Strategie notwendig. Sind beide nicht verfügbar, können vorübergehend problemausweichende bzw. vermeidende Strategien sinnvoll sein.

Beim emotionsorientierten Coping ist das Ziel, einen zuträglichen Umgang mit den Gefühlen zu finden, diese zu regulieren und zu bewältigen (siehe auch das Kapitel »Unterstützung der kindlichen Ausdrucksmöglichkeiten und Gefühle«, S. 117 ff.). Ähnlich wie beim problemorientierten Coping geht es zunächst darum, das Kind zu bitten, Gefühle zu benennen, die es als belastend und schwierig erlebt. Gibt es die Möglichkeit, durch aktive Änderung der Situation die Gefühle erträglicher werden oder verschwinden zu lassen, sollte der aktiven Problemlösung Vorrang gegeben werden. Geht es um wiederkehrende überwältigende Gefühle, Sorgen oder Ängste (z. B. bei vorübergehenden Krankenhausaufenthalten und gesundheitlichen Verschlechterungen des Geschwisters) ist es wichtig, Strategien zum Umgang mit den Gefühlen zu entwickeln. Diese können zum Beispiel eine Aufmerksamkeitslenkung in Form von Ablenkung (z. B. bewusst an etwas anderes denken, ein Buch lesen, fernsehen), Selbstberuhigungsstrategien (z. B. selbstberuhigende Rituale oder Gespräche, Trost durch ein Stofftier), kognitive Regulationsstrategien (z. B. internale Aufmerksamkeitslenkung, positive Selbstgespräche, kognitive Neu- oder Umbewertung der emotionsauslösenden Situation), externale Regulationsstrategien (z. B. Emotionen körperlich ausagieren, Sport), das Sich-Mitteilen und Sprechen über die Gefühle mit anderen und die Suche nach Unterstützung sein.

Wichtig ist, dem Geschwisterkind beim Einüben neuer Emotionsregulations- oder Problemlösekompetenzen positives Feedback auch für sehr kleine Schritte zu geben, behutsam vorzugehen, um Überforderung zu vermeiden, und die Grenzen der Möglichkeiten des Kindes anzuerkennen. Dies ermöglicht dem Kind, ein positives Selbstwertgefühl aufzubauen, eine realistische Wahrnehmung auf die äußeren Gegebenheiten und die eigenen Möglichkeiten zu bekommen sowie die Gefühle der Selbstwirksamkeit und des Selbstwerts zu stärken.

Werden Vermeidung oder Verleugnung als primäre Copingstrategien genutzt, sollte sich der Berater ein Bild von den dahinterliegenden Ängsten, Phantasien und Gefühlen machen und diese gegebenenfalls thematisieren. Offene Fragen, was besonders belastend daran wäre, sich mit dem auseinanderzusetzen, was vermieden würde, können helfen, sich den für das Kind schwierigen Gefühlen zu nähern. Das Fallbeispiel von Bernd verdeutlicht das.

Der 13-jährige Bernd möchte – so die Eltern – von der schweren neurologischen Erkrankung seiner Schwester nichts wissen. Immer wenn diese im Alltag Thema wird, verlässt er den Raum und zieht sich in sein Zimmer zurück. Gesprächen mit seinen Eltern weicht er aus und gibt an, dass es ihm gut gehe. Er verbringt die meiste Zeit am Computer. Seine Eltern machen sich Sorgen, da Bernd sehr still geworden ist und sie ihn nicht wiedererkennen.

In den Einzelgesprächen wird deutlich, dass Bernd verzweifelt bemüht ist, sein emotionales Gleichgewicht zu halten und sich vor schwierigen Gefühlen sowie beunruhigenden Informationen in Bezug auf die Erkrankung und ihren Verlauf zu schützen. Als dieser Selbstschutz von der Beraterin benannt wird, sie anspricht, dass sie sich vorstellen könne, dass er sich viele Gedanken mache, fängt er an zu weinen. Er habe Angst, dass er, wenn er an seine Schwester denke und Genaueres in Bezug auf den Krankheitsverlauf wisse, nicht mehr aufhören könne, zu weinen.

Soziale Unterstützung:
Soziale Ressourcen wie Freundschaften zu Gleichaltrigen (Peers), Kontakt zu Verwandten und Erwachsenen, Integration in soziale Gruppen, Vereine oder Gemeinden können in Krisenzeiten emotionale Belastungen abpuffern. Ein Fokus sollte deshalb darauf liegen, dem Kind zu helfen, die vorhandenen Unterstützungssysteme in Krisenzeiten zu aktivieren oder sich soziale Ressourcen aufzubauen. Die Eltern spielen hierbei eine wichtige Rolle, da sie das Kind darin unterstützen und derartige Aktivitäten fördern sollten. Voraussetzung ist, dass das Kind in der Lage ist, sich mitzuteilen und aktiv Hilfe zu suchen. Positive Erfahrungen, Hilfe zu bekommen und mit dem Problemen nicht allein zu sein, erleichtern die Kontaktaufnahme.

Ist das Geschwisterkind nicht mehr in der Lage, seine Probleme zu lösen und mit den Gefühlen umzugehen? Ist die äußere Situation zu belastend? Ist es notwendig, dass es Unterstützung bei der Bewältigung hat? In derartigen Fällen ist es gut, wenn dem Geschwisterkind soziale Ressourcen zur Verfügung stehen. Beispielsweise können wiederkehrende Krankenhausaufenthalte des kranken Geschwisters mit realer oder emotionaler Abwesenheit der Eltern es notwendig machen, dass ihm langfristig verlässliche Bezugspersonen zur Seite gestellt werden, die die Eltern in ihren wichtigen Funktionen vertreten (siehe hierzu das Kapitel »Hilfen aus dem sozialen Umfeld und sozialstaatliche Hilfen«, S. 143 ff.).

Eltern- und Familiengespräche:
Eltern bieten eine wichtige Unterstützung bei der Problemlösung der Kinder. Daher ist es wichtig, sie gleichermaßen mit einzubeziehen. Manche Eltern übersehen die Not und Schwierigkeiten des Geschwisterkindes, da es sich anpasst und von der stärksten Seite zeigt, um die Eltern nicht zusätzlich zu belasten. In diesem Fall ist es wichtig, die Eltern darin zu unterstützen, sich in ihr Kind einzufühlen und dieses in seinen Copingstrategien wahrzunehmen. Hierzu gehört, dass die Eltern sich zuerst einmal mit den eigenen Verarbeitungsweisen auseinandersetzen, um ihren Blick für den unterschiedlichen oder ähnlichen Umgang in der Familie und für die mit diesem einhergehenden Zusammenhänge (Lernen am Modell) zu schärfen. Sollte es den Eltern oder der Familie nicht möglich sein, offen zu kommunizieren, sollte die Familie darin unterstützt werden, eine Möglichkeit zu entwickeln, dieses zu tun (siehe das Kapitel »Förderung der offenen Kommunikation über die Erkrankung«, S. 103 ff.).

Sollte seitens des Geschwisterkindes der Wunsch bestehen, dass sich die Familie in der Bewältigung gegenseitig mehr unterstützt oder mehr über die Erkrankung und ihre Bewältigung spricht, können Familiengespräche angeboten werden. Sie dienen dazu, sich über die unterschiedlichen Bewältigungsformen und ihre Hintergründe auszutauschen und gegebenenfalls voneinander zu lernen. Der Austausch und das Verstehen können dazu führen, dass der Einzelne das Gefühl hat, von den anderen wieder mehr gesehen zu werden, und sich ihnen dadurch emotional näher fühlt. Gegenseitige Unterstützung und gemeinsame Copingstrategien können herausgearbeitet und der familiäre Zusammenhalt dadurch gefördert werden, was wiederum den Kindern Halt gibt.

Unterstützung der kindlichen Ausdrucksmöglichkeiten und Gefühle

Geschwisterkinder nehmen sich angesichts der vielfältigen Herausforderungen und Belastungen, denen die Familie gegenübersteht, in ihren Gefühlen und Bedürfnissen häufig zurück und zeigen sich von ihrer stärksten Seite. Manche entwickeln vor dem Hintergrund der Restriktionen, die der erkrankte Bruder/ die erkrankte Schwester erdulden muss, Schuldgefühle oder schränken sich in ihren außerfamiliären Freizeitaktivitäten aus Rücksichtnahme ein. Dies kann zu Entwicklungsrückschritten oder -verzögerungen führen. Manchen fällt es schwer, aggressive Gefühle oder Neid dem behinderten bzw. kranken Geschwister gegenüber in Hinblick auf die besondere zeitliche und emotionale Zuwendung durch die Eltern zuzulassen. Sie nehmen sich in ihren Gefühlen zurück, verarbeiten sie schuldhaft, verdrängen oder verleugnen sie. Zugleich sind die Gefühle (unbewusst) weiter präsent, was zu Konflikten, Gefühlen der inneren Zerrissenheit sowie andauernder psychischer Belastung führen kann.

Die differenzierte Wahrnehmung und der Ausdruck der vielfältigen, oft ambivalenten Gefühle sind für das Geschwisterkind äußerst wichtig, um einen guten Umgang mit diesen Gefühlen zu finden und angemessene Bewältigungsstrategien entwickeln zu können (siehe das vorherige Kapitel »Unterstützung des kindlichen Copings«, S. 108 ff.).

Nachfolgend werden daher zunächst die Wahrnehmung und der Ausdruck der Gefühle methodisch genauer beleuchtet. Im Anschluss werden dann noch einige ergänzende therapeutische Techniken beschrieben.

Wahrnehmung und Ausdruck der Gefühle:
In einem ersten Schritt werden die Gefühle und Bedürfnisse des Kindes eruiert. Zur Erleichterung des Einstiegs kann es sinnvoll sein, das Kind zu bitten, zu erzählen, wie die Situation zu Hause ist und wie es ihm damit geht. Eine wichtige Aufgabe des Beraters ist, dem Kind zu vermitteln, dass alle Gefühle berechtigt und erst einmal eine ganz normale Reaktion auf die entsprechende Lebenssituation sind. Eine empathische, unerschrockene Haltung ermöglicht dem Kind, auch schwierige Gefühle, die schuld-, scham- oder angstbesetzt sind, zu verbali-

sieren. Manchmal kann es hilfreich sein, wenn der Berater empathisch spiegelt, das heißt Gefühle, die im Gespräch wahrnehmbar sind, aber nicht benannt werden, anspricht, zum Beispiel: »Ich an deiner Stelle würde mich in dieser Situation zurückgesetzt fühlen oder vielleicht auch wütend werden. Geht es dir manchmal auch so?«, oder: »Ich kenne Kinder in ähnlichen Situationen, denen es manchmal ... geht. Kennst du diese Gefühle bei dir auch?« (siehe hierzu auch das Kapitel »Dialogische Psychoedukation und Gesprächstechniken«, S. 78 ff.). Mit jüngeren Kindern kann der Zugang auch durch das gemeinsame Spielen erfolgen, indem zum Beispiel typische Szenen nachgespielt oder während des freien Spiels besprochen werden – wie im Fallbeispiel von Melanie.

Die vierjährige Melanie spielt mit der Psychologin im Puppenhaus nach, wie ihr achtjähriger Bruder nach akuter Atemnot von einem Krankenwagen ins Krankenhaus gebracht wird. Die Psychologin erkundigt sich, was in der Szene passiert und wie es den einzelnen Figuren geht. Melanie erzählt, dass die kleine Babypuppe, die allein in der Ecke sitzt und zuschaut, »ganz dolle Angst hat«. Gemeinsam überlegen sie, was der Babypuppe helfen würde, weniger Angst zu haben. Melanie spielt, dass der Papa zu ihr geht, sie auf den Arm nimmt und tröstet.

Ein wichtiger Schwerpunkt bei der Unterstützung der kindlichen Ausdrucksmöglichkeiten betrifft die *Gefühle des Geschwisterkindes gegenüber dem erkrankten Kind*. Die Erkrankung eines Geschwisters, das damit verbundene körperliche Leid sowie einhergehende Einschränkungen der Lebensqualität werden emotional näher und unmittelbarer erlebt als beispielsweise die Erkrankung der Großeltern. Viele Kinder reagieren auf körperliche Veränderungen sowie medizinische Behandlungen und Eingriffe des kranken Geschwisters empfindsam, manche entwickeln psychosomatische Symptome oder sind in einer Identifikation mit dem Geschwister mit körpernahen Ängsten beschäftigt. In diesem Fall ist es wichtig, einen Raum für alle mit der Erkrankung und Behandlung in Zusammenhang stehenden Phantasien, Ängste und Fragen zu schaffen, diese eingehend zu besprechen bzw. zu klären (vgl. das Kapitel »Förderung der offenen Kommunikation über die Erkrankung«, S. 103 ff.). Gegebenenfalls kann das Vertrauen in den eigenen Körper und die eigene Unversehrtheit unter anderem durch Entspannungs- oder Achtsamkeitsübungen wiederhergestellt werden. Je älter das Kind ist, desto konkreter denkt es über mögliche Folgen der Erkrankung sowie genetische Risiken nach. Auch hier ist es wichtig, das Kind zu ermuntern, diesen Fragen nachzugehen, sich gleichzeitig damit aber nicht zu überfordern. Oftmals sind die Phantasien bedrohlicher als die Realität, so dass die Aufklärung und das offene Gespräch weniger belastend als die vorherigen Ängste und Vorstellungen sind.

Gerade bei jüngeren Kindern können magische Phantasien der Verursachung und Schuld, die diese häufig für sich behalten, entstehen und sehr quälend sein. Je jünger das Kind ist, desto weniger ist es in der Lage, diese Phantasien mit der äußeren Realität abzugleichen und zu ihnen innerlich Abstand zu bekommen. Bei jüngeren Kindern ist es daher ratsam, das Kind zu entlasten, mögliche Schuldgefühle zu explorieren und dem Kind deutlich zu machen, dass es keine Schuld an der Erkrankung/Behinderung trifft. Aber auch bei älteren Kindern kann es hilfreich sein, mögliche Schuldgefühle direkt anzusprechen. So können Schuldgefühle entstehen, wenn das gesunde Geschwisterkind ein einigermaßen freies und selbstbestimmtes Leben führen kann, während sein krankes Geschwister auf Unterstützung angewiesen und in seinen sozialen Möglichkeiten eingeschränkt ist. Die damit verbundenen Schuldgefühle können mit Wünschen nach Autonomie und Ablösung kollidieren und innere Entwicklungsblockaden zur Folge haben. Hier ist es wichtig, dem Kind deutlich zu machen, dass es sich entwickeln und sein eigenes Leben führen darf. Gegebenenfalls ist es sinnvoll, in begleitenden Gesprächen mit den Eltern zu erarbeiten, wie sie ihr Kind in seinen Entwicklungsschritten wie Ablösung, Kontakt zur Peergroup oder außerfamiliären Aktivitäten (z. B. Wahrnehmen von Sport- oder Freizeitangeboten, Treffen mit Gleichaltrigen) explizit unterstützen können.

Die Erkrankung/Behinderung eines Geschwisters kann beim gesunden Kind Gefühle der Einsamkeit und Isolation hervorrufen. Manche Geschwisterkinder wünschen sich, ein gesundes Geschwister zu haben, das sich ähnlich entwickelt wie sie, mit dem sie spielen, sich austauschen und auch mal heftiger auseinandersetzen können. Kinder, dessen Geschwister erst im Verlauf der Kindheit erkranken, erleben den Verlust eines einst vitalen und gesunden Geschwisters. Stirbt das Geschwister, kann es zu belastenden ambivalenten Gefühlen kommen. So fühlen manche Kinder neben der Trauer auch Erleichterung, weil die Eltern endlich wieder mehr Zeit für sie haben. Wichtig ist, diese Gefühle in den Gesprächen als normale Reaktionen aufzugreifen und zu besprechen bzw. das Kind zu entlasten. Ähnlich ist es mit Gefühlen der Scham, die zumeist in sozialen Zusammenhängen auftreten bzw. durch diese verursacht werden. Auch hier sollte dem Kind vermittelt werden, dass diese Gefühle da sein dürfen, und es sollte gemeinsam überlegt werden, wie damit umgegangen bzw. was verändert werden kann.

Einen weiteren Schwerpunkt bilden die *Gefühle gegenüber den Eltern*. Manche Kinder erleben seit der Erkrankung einen partiellen Verlust der emotionalen Zuwendung und Aufmerksamkeit der Eltern. Sie haben das Gefühl, mit ihren Emotionen, Bedürfnissen und Problemen nicht mehr ausreichend wahrgenommen zu werden. Hier kann es hilfreich sein, das Kind zu ermuntern, in einem

Brief an die Eltern aufzuschreiben, was ihm auf dem Herzen liegt bzw. was es am meisten bedrückt. So können die in der Situation und mit den Eltern verbundenen Gefühle, Wünsche und Bedürfnisse wahrgenommen und benannt werden. In einem zweiten Schritt kann überlegt werden, ob das Kind seinen Eltern den Brief gibt oder ein anderer Rahmen gefunden wird, sich mitzuteilen (z. B. ein Gespräch mit den Eltern oder durch den Berater begleitete Eltern-Kind-Gespräche). Begleitende Elterngespräche zur Stärkung der elterlichen Kompetenz und emotionalen Wahrnehmung der kindlichen Bedürfnisse (siehe das Kapitel »Stärkung der elterlichen Erziehungskompetenzen«, S. 122 ff.) können diesem Prozess ebenfalls förderlich sein.

Wenn sich der Alltag der Familie durch die Erkrankung eines Kindes so stark verändert hat, dass es nur noch wenige Räume gibt, in denen die Familie etwas Schönes oder Unbeschwertes machen kann, ist es wichtig, zu überlegen, wie krankheitsfreie Räume geschaffen oder re-etabliert werden können. Ähnlich verhält es sich mit den gemeinsamen Zeiten von den Eltern und dem gesunden Kind. Auch hier ist es wichtig, dass ausreichend Zeit füreinander bleibt und das Geschwisterkind seine Eltern bzw. seine Mutter oder seinen Vater auch mal ganz für sich allein hat (siehe das Kapitel »Stärkung der elterlichen Erziehungskompetenzen«, S. 122 ff.).

Manchmal ist es hilfreich, Rituale zu schaffen, die einen fortlaufenden emotionalen Austausch sowie ein Gesehenwerden sicherstellen (siehe das Kapitel »Förderung der offenen Kommunikation über die Erkrankung«, S. 103 ff.). Wichtig ist hierbei, dass die Eltern ihren Kindern offen begegnen und bei Jugendlichen, die sich von ihren Eltern ablösen und zunehmend mehr mit Gleichaltrigen austauschen, auch Grenzen der Bereitschaft, sich mitzuteilen, akzeptieren.

In jeder Geschwisterbeziehung gibt es Konflikte, Rivalitäten und Neid sowie positive und negative Gefühle (siehe das Kapitel »Die Rolle der Geschwister und ihrer Beziehung«, S. 60 ff.). Ist ein Geschwister aufgrund der Erkrankung oder Behinderung emotional geschwächt oder nicht in der Lage, sich den Auseinandersetzungen zu stellen, kann das dazu führen, dass sich das gesunde Geschwisterkind in seinen Gefühlsäußerungen zurücknimmt oder Schuldgefühle für diese entwickelt. Manche Eltern ermahnen ihre gesunden Kinder zur Rücksichtnahme und unterbinden jede Form aggressiver Auseinandersetzung. Hier ist es umso wichtiger, dass das gesunde Kind die Rückmeldung bekommt, dass Konflikte mit dem Geschwister sowie ambivalente Gefühle normal sind und es darum geht, einen für alle bestmöglichen Weg zu finden, diese auszutragen und damit umzugehen.

Das Sprechen über die Ursachen bzw. Auslöser können dem Kind helfen, seine Gefühle besser zu verstehen, zu akzeptieren und einen Umgang mit ihnen zu finden. Auch hier ist gegebenenfalls die Begleitung und Unterstützung durch die Eltern gefragt. Sie können ihren Kindern zu Hause Hilfestellung geben oder es kann in Elterngesprächen besprochen werden, dass die Möglichkeit zur konstruktiv-aggressiven Auseinandersetzung der Kinder untereinander entwicklungsförderlich und zugleich wichtig für ihre Beziehung ist.

Ergänzende Techniken:
Kinder, denen es schwer fällt, ihre Gefühle zu äußern oder wahrzunehmen, können durch ergänzende therapeutische Techniken unterstützt werden.

So können gemeinsam *Bücher oder Bildergeschichten*, in denen es um ein Geschwisterkind geht, gelesen und darüber gesprochen werden. Das Kind kann sich auf diesem Wege mit den Gefühlen des Protagonisten oder anderer Personen identifizieren und am Modell erfahren, wie mit diesen Gefühlen sowie den Schwierigkeiten und Problemen mit ihnen umgegangen werden kann. Entsprechende Literaturempfehlungen finden sich auf der Internetseite der Stiftung FamilienBande (2009–2014; siehe www.Stiftung-Familienbande.de).

Der Sorgensack kann symbolisch oder konkret auf ein Papier gemalt werden und bietet die Möglichkeit, in den leeren Sack alle Ängste, Sorgen und Phantasien zu packen, die herausgearbeitet und besprochen werden.

Gefühlskarten, auf denen unterschiedliche Gefühle vermerkt sind, dienen der Kommunikation über Gefühle, vor allem mit Jugendlichen. Sie werden aufgefordert, ihre spontanen Gedanken zu den jeweiligen Gefühlen zu äußern und zu überlegen, ob und wann diese in ihrem Leben eine Rolle spielen.

Jugendliche können gebeten werden, *für sie wichtige Musik mitzubringen und vorzuspielen.* Anhand der Texte und Musik sowie der Bedeutung, die diese für den Jugendlichen haben, kann man sich den Stimmungen und Gefühlen langsam nähern.

Anhand einer *Gefühlscollage* werden Gefühlsmomente (Bilder von Gesichtsausdrücken, Fotos von Menschen in Emotionen, Situationen mit bestimmten Stimmungen) gesammelt, um einen Überblick über Emotionen und den damit verbundenen Auslösern und Situationen zu erhalten. Nach dem Basteln wird besprochen, warum das Kind das Bild gewählt hat und welche persönlichen Erlebnisse mit ihm verbunden sind.

Mit Hilfe der *Gefühlswolke* sollen Gefühle bewertet und ihre Richtung kennengelernt werden. Als Pole für die Bewertung gibt es eine Wolke mit einer Sonne und eine Wolke mit Regentropfen. So können Kinder auch lernen, dass es Emotionen gibt, die nicht eindeutig einer Seite zuzuordnen sind.

Mit Hilfe der *Emotionssmileys* können die Kinder mitteilen, wie sie sich gerade fühlen. Dies hat den Vorteil, dass die Kinder sich nicht verbal ausdrücken müssen, sondern sich indirekt mitteilen können.

Beim *Gefühlsspiegel* sollen Kinder, während sie sich in einem Handspiegel betrachten, verschiedene Emotionen zeigen. Die verschiedenen Emotionen können verglichen und das Erleben dieser in ihren Facetten besprochen werden.

Durch das *Sammeln eines breiten Vokabelschatzes an Gefühlswörtern* können Kinder einen differenzierten Ausdruck im Hinblick auf Emotionen entwickeln.

Beim *Gefühlsthermometer* können durch den Vergleich mit einem Thermometer, auf dem die Intensität der Gefühlsschwere angegeben wird, Gefühle ausgedrückt und differenziert wahrgenommen werden.

Stärkung der elterlichen Erziehungskompetenzen

Eltern chronisch kranker Kinder sind häufig aufgrund mannigfacher Herausforderungen stark beansprucht. Womöglich sind sie nicht in der Lage, das Geschwisterkind in seinen Nöten, Sorgen und Gefühlen wahrzunehmen und diesen entsprechend auf es einzugehen. Auch Verhaltensauffälligkeiten von Geschwisterkindern können sich einstellen und geben Anlass für weitere Sorge. Nicht selten empfinden Eltern dann ein schlechtes Gewissen, das auf der Vorstellung beruht, nicht in ausreichendem Maße für das Geschwisterkind da gewesen zu sein oder da sein zu können. Häufig sehen Eltern einen direkten Zusammenhang zwischen ihren zeitlichen Ressourcen bzw. ihrer emotionalen Verfügbarkeit und dem auffälligen Verhalten des Geschwisterkindes. Es können Schuld- oder sogar Schamgefühle entstehen, welche Eltern in ihrem Selbstverständnis und ihrer Erziehungskompetenz verunsichern. Wenn Eltern mit diesem Anliegen eine Beratung aufsuchen, ist es kontraproduktiv, problemfokussiert heranzugehen und schnelle Lösungen von außen anzubieten (z.B.: »Stellen Sie Regeln auf«, oder: »Nehmen Sie sich mehr Zeit«). Viele Eltern würden dies gern machen, wenn sie nur könnten. Sie wissen um die Notwendigkeit von Verhaltensänderungen, sind aber aufgrund ihrer emotionalen Involviertheit mit dem erkrankten Kind teilweise handlungsunfähig. Ein nun implizit gegebener Hinweis auf ihr Defizit verstärkt an dieser Stelle das Problem, denn den Eltern wird damit suggeriert, dass sie gerade etwas verkehrt machen oder etwas nicht können. Dies setzt sie zusätzlich unter Druck.

Im Setting von Elterngesprächen können die elterlichen Erziehungskompetenzen auf verschiedenen Wegen gestärkt werden. Aufgabe des Beraters ist es zunächst, Eltern von eventuellen Schuld- und Schamgefühlen zu entlasten. Dies kann dadurch erreicht werden, dass gemeinsam der Anspruch der Eltern an sich als Erziehungs- und Bezugsperson kritisch reflektiert und im Kontext der Erkrankung neu bewertet wird (Reframing; siehe hierzu auch das Kapitel »Dialogische Psychoedukation und Gesprächstechniken«, S. 78 ff.). Des Weiteren können Ziele definiert und Optionen erarbeitet werden, wie das gewünschte Verhalten der Eltern tatsächlich umsetzbar ist (Zielorientierung). Darüber hinaus bietet sich eine Reflexion über vorhandene oder latente Erziehungskompetenzen an (Ressourcenförderung). Diese sind vor dem Hintergrund der besonderen familiären Situation einer chronischen Erkrankung zu beleuchten.

Reframing der Situation:
Um einen Zugang zur Familie zu erhalten und eine defizitorientierte Betrachtung zu vermeiden, ist es sinnvoll, die Hilfesuche als aktive Copingstrategie zu deuten (Reframing) und das aktuelle Verhalten in den Kontext der Erkrankung zu stellen: In ihrer schwierigen Lage nehmen Eltern, die eine Beratung aufsuchen, die emotionale und psychische Situation des Geschwisterkindes wahr und ernst. Dies zeugt von einem hoch zu achtendem Maß an Verantwortungsübernahme der Eltern für ihre Kinder und dem Wunsch, die Probleme zu lösen. Sie sind bereit, ihr eigenes Handeln kritisch zu hinterfragen, was bereits ein Teil der Lösung ist (z. B.: »Ich merke, wie wichtig Ihnen das Wohl Ihrer Kinder ist und in diesem Sinne tun Sie mit der Beratung genau das Richtige, obwohl es sicher kein einfacher Schritt ist, sich mit Ihrer familiären Situation hier zu öffnen.«).

Außerdem kann der oft hohe Anspruch der Eltern an ihr Erziehungsverhalten reflektiert und vor dem Hintergrund der Erkrankung neu bewertet werden. Viele Eltern erwarten von sich, aufmerksam zu sein, einfühlsam zu handeln und ihre Kinder möglichst gleich zu behandeln. Vor dem Hintergrund der besonderen Situation der Erkrankung ist dies jedoch oft nicht möglich, da ein Großteil der Aufmerksamkeit und emotionalen Involviertheit beim erkrankten Kind liegt. Ein solches Verhalten, bei dem Eltern Schuldgefühle empfinden, oder ein negatives Verhalten des Geschwisterkindes sind in der Regel ein natürliches Resultat der Belastungssituation der Gesamtfamilie und eher selten Folge von mangelnder persönlicher Kompetenz (»Angesichts der vielen Aufgaben und Herausforderungen, die Sie momentan bewältigen müssen, ist es völlig normal, dass sie dem Geschwisterkind weniger Aufmerksamkeit widmen können oder sich manchmal völlig überlastet fühlen.«). Eltern, die sich unsicher fühlen, ob sie in ihrer Elternrolle korrekt handeln, können zur kritischen Reflexion konkreter Verhaltensweisen angeregt werden, wobei verschiedene Handlungsoptionen unter dem Aspekt ihrer aktuellen Realisierbarkeit besprochen werden können. Den Eltern sollte mit dieser Umdeutung der Situation – »Sie tun bereits sehr viel, um für das Wohl Ihrer Familie zu sorgen« – die Möglichkeit gegeben werden, sich über die tagtägliche Belastung ohne Schuldgefühle auszusprechen, was direkt entlastend wirkt. Damit ist der nächste Schritt vorbereitet, welcher den Blick weg von den Defiziten auf vorhandene Kompetenzen richtet.

Zielorientierung:
Vor allem mit Eltern, welche ein positives Reframing der Situation ablehnen (z. B.: »Wir möchten konkret wissen, wie wir uns besser organisieren können, und nicht nur hören, dass es schwierig ist in unserer Situation. Das ist uns bereits bewusst.«), kann dazu übergegangen werden, dass die Beratung die Möglichkeit bietet, die familiären Strukturen bezüglich ihrer langfristigen Tragfähigkeit im Kontext der Erkrankung zu untersuchen. Zur zeitlichen Entlastung kann der Hinweis gegeben werden, dass eine Veränderung familiärer Strukturen aus vielen Einzelschritten besteht und nicht ad hoc umsetzbar ist bzw. ganz individuell gestaltet werden muss. Gemeinsam sind Veränderungswünsche und ihre möglichst konkreten Umsetzungsvarianten zu erarbeiten. In einem ersten Schritt sind diesbezüglich die bisherigen Hemmnisse sowie alternative Handlungsoptionen zu reflektieren. Eine gut überprüfbare und feingliedrige Zielsetzung, beispielsweise mittels der SMART-Methode, bietet sich hierzu an (Doran, 1981). Die SMART Methode dient der eindeutigen Definition von Zielen und wurde im Kontext des Projektmanagements entwickelt. Laut Doran steht das Akronym SMART für folgende Kriterien eindeutig definierter Ziele: spezifisch (Specific), messbar (Measurable), akzeptiert (Accepted), realistisch (Reasonable) und terminiert (Time-bound). In jedem Fall ist im weiteren Verlauf der Beratung eine Überprüfung der Wirksamkeit der getroffenen Maßnahmen ratsam (z. B. durch eine Skalierung; siehe das Kapitel »Dialogische Psychoedukation und Gesprächstechniken«, S. 78 ff.). Das nachfolgende Fallbeispiel demonstriert, wie eine Mutter ihr Ziel anhand der SMART-Methode reflektiert.

MUTTER: »Damit ich meinem gesunden Kind mehr Aufmerksamkeit widme, möchte ich einmal pro Woche für mindestens zwei Stunden nur mit ihm spielerisch Freizeit verbringen.«
BERATER: »Das ist ein sehr konkretes Ziel, das Sie formulieren, das ist sehr gut. Lassen Sie es uns noch auf die folgenden Kriterien überprüfen: Ist ihr Ziel spezifisch, messbar, akzeptiert, realistisch und terminiert? Das klingt zuerst kompliziert, aber oft lassen sich Ziele, die man zuvor genau von allen Seiten betrachtet hat, besser und einfacher erreichen.«
MUTTER: »Mh, na gut, also spezifisch meint konkret, das ist es bereits: zwei Stunden pro Woche spielerisch verbringen. Messbar ist es auch, weil ich es zeitlich festgelegt habe und wir zum Beispiel im nächsten Monat überprüfen können, ob es geklappt hat. Ich glaube, es ist sowohl von mir als auch von meinem Sohn akzeptiert, natürlich wünschen wir uns noch mehr Zeit, aber es ist besser als nichts. Ob es realistisch ist, das weiß ich ehrlich gesagt nicht, mein Zeitplan ist einfach zu eng gestrickt. Wenn wir wieder ins Krankenhaus müssen, dann

geht mein Plan zum Beispiel leider nicht auf. Vielleicht ist es eine gute Idee, das Vorhaben erst einmal auf den nächsten Monat zu beschränken und dann erneut drauf zu schauen bzw. vielleicht nochmal was zu verändern.«

BERATER: »Das finde ich, sind gute Vorschläge. Ich bin gespannt auf Ihre Schilderungen das nächste Mal und wir schauen dann, an welcher Stelle es einer Anpassung bedarf.«

Lassen sich aufgrund der elterlichen Beanspruchung durch die Erkrankung keine realistischen Ziele (häufig in Form von gemeinsam verbrachter Zeit mit dem Geschwisterkind) erreichen, so kann die Technik der Mikrohandlungen angewendet werden (Yeganeh u. Good, 2012). Dabei werden an Stelle des Vollzugs tatsächlicher Handlungen Signale gesetzt, welche symbolisieren, dass die Handlung seitens der Eltern gewünscht gewesen wäre. Damit können Eltern zum Ausdruck bringen, dass sie an das Geschwisterkind denken, sich wünschen, mit ihm Zeit zu verbringen, jedoch aufgrund der Umstände derzeit dazu nicht in der Lage sind. Dem Geschwister wird signalisiert, dass es nicht vergessen ist. Das Fallbeispiel macht dies deutlich.

Seit der extremen Verschlechterung des Gesundheitszustands des sechsjährigen Tims, der seit seiner Geburt an Mukoviszidose leidet, sind seine Eltern mit der intensiven Therapie und der finanziellen Absicherung der jungen Familie stark beansprucht. Ihnen bleibt kaum Zeit für den neunjährigen Bruder Martin, der immer häufiger auffälliges Verhalten zeigt und dessen Leistungen in der Schule stark abfallen. Martins Mutter ist klar, was ihr Ältester braucht: seine Eltern. Doch wie und wann sollen sie das realisieren? Tim braucht sie jede Minute und irgendwie müssen sie schließlich auch die Miete zahlen! Zunehmend beunruhigt wendet sich Martins Mutter an eine Beratungsstelle. Gemeinsam mit dem Berater setzt sie sich zuerst das Ziel, zwei Nachmittage in der Woche mit Martin zu verbringen, teils um mit ihm etwas für die Schule zu tun, teils um einfach etwas freie Zeit mit ihm zu verbringen. Doch Tim geht es so schlecht, dass die Großmutter nicht wie verabredet seine Betreuung übernehmen kann und stattdessen mit dem enttäuschten Martin Hausaufgaben macht. Nun trifft sich Martin dafür regelmäßig mit seiner Großmutter. Am Wochenende, so hatte er es sich gewünscht, soll die Mutter nun wenigstens zwei Stunden nur mit ihrem Sohn verbringen, was glücklicherweise einmal auch gelingt, dann jedoch von der Mutter zweimal hintereinander abgesagt werden muss, weil sie mit Tim im Krankenhaus ist, das 100 km entfernt liegt. Gemeinsam mit dem Berater überlegt sie nun, was realistisch ist:

KLIENTIN: »Also ich weiß nicht mehr weiter. Wenn ich Martin nochmal was verspreche und es nicht einhalten kann, das halte ich selbst nicht aus, das will ich nicht.«

BERATER: »Sie möchten das vermeiden, da Sie denken, Sie enttäuschen ihn dann?«
KLIENTIN: »Ja, auf jeden Fall, ich kann das auch verstehen, ich wäre auch enttäuscht an seiner Stelle.«
BERATER: »Was können Sie ihm gegenüber denn garantiert einhalten, ihm versprechen?«
KLIENTIN: »Puhh, da gibt es nicht viel, das haben wir ja gesehen. Ich mache mir einfach immer mehr Gedanken um ihn.«
BERATER: »Also Sie können ihm versprechen, dass Sie an ihn denken?«
KLIENTIN: »Ja, das stimmt, das kann ich versprechen.«
Nun sucht Martins Mutter Karten heraus, auf die sie immer dann, wenn sie an Martin denkt und Lust hätte, mit ihm ins Schwimmbad oder auf den Spielplatz zu gehen, aber keine Zeit dafür hat, ihm dieses schreiben wird. Als symbolisches Zeichen wird sie ihm diese Karten dann in den jeweiligen Situationen übergeben.

Ressourcenförderung:
Häufig haben Eltern aufgrund der Belastung durch die chronische Erkrankung eines Kindes wenig inneren Raum zur Beziehungsgestaltung mit dem Geschwisterkind zur Verfügung. Deshalb sollten Eltern, sobald die Umstände dies zulassen, im Kontakt mit dem Geschwisterkind begleitet werden. Grundlegend erweisen sich folgende Erziehungskompetenzen der Eltern als günstig und sollten in der Begleitung gefördert werden: eine empathische und einfühlsame Grundhaltung, eine offene Kommunikation eigener Gefühle, konsequente und konsistente Handlungen gegenüber dem Kind sowie ein ausgewogenes Maß an alltäglicher Struktur und in Bezug auf das Ausleben spontaner Bedürfnisse. In der Beratung können die Klienten zudem bezüglich besonders günstiger Erziehungskompetenzen in der speziellen Situation der chronischen Erkrankung eines Kindes beraten und gestärkt werden – so bezüglich der folgenden Kompetenzen:
- Die kindliche Erlebnisperspektive einnehmen – Eltern sollten dazu angeregt werden, sich in die Situation des Kindes hineinzuversetzen und ihren eigenen spontanen Einfällen und Gefühlen Gewicht zu geben (»Was sagt Ihnen Ihr Gefühl als Mutter oder Vater, was ist gerade das Beste für Ihr Kind?«). Dadurch erleben Eltern eine geringere Abhängigkeit von Fachmeinungen und lernen ihrer eigenen Einschätzung zu vertrauen.
- Verstehen der kindlichen Reaktion – Eltern sollten ihre Kinder in einem fortwährenden Prozess über das Krankheitsgeschehen aufklären (siehe das Kapitel »Förderung der offenen Kommunikation über die Erkrankung«, S. 103 ff.). Dabei ist es wichtig, dass Eltern nach ihrer Einschätzung bezüglich Umgangs,- Reaktions,- und Erlebnisweisen ihres Kindes gefragt werden, da es diese nachzuerleben und zu verstehen gilt.

– Emotionale Verfügbarkeit erhöhen – Grundsätzlich sollte die Beratung darauf abzielen, dass Eltern für die einfühlsame Wahrnehmung und Achtsamkeit bezüglich des Befindens und des Anliegens ihrer Kinder sensibilisiert werden. Zum Beispiel spricht ein dezentes und unauffälliges Verhalten nicht unbedingt dafür, dass das Kind unbelastet ist. Geschwisterkinder zeigen sich häufig von ihrer starken Seite und wollen keine zusätzliche Belastung darstellen. Eltern sollten sensibel auf Äußerungen, Spiele oder Träume ihrer Kinder achten und das Gespräch suchen. Dazu gehört auch, eigene Gefühle offen zu zeigen.

Um das elterliche Kompetenzerleben zu stützen, können die Eltern gefragt werden, was ihnen ihrer Meinung nach in der Erziehung ihrer Kinder besonders gut gelungen sei (»Was hat richtig gut geklappt?«, »Warum hat das so gut geklappt?«). Dies lenkt den Fokus auf die Stärken der Eltern und die Bereiche, in denen sie sehr stolz auf ihre Kinder sind. Gleichzeitig kann an positive Erziehungserfahrungen vor der Erkrankung erinnert und an diese angeknüpft werden. Eltern sollten dazu ermutigt werden, sich ihrer Kompetenzen und Stärken im erzieherischen Bereich auch im heutigen Alltag bewusst zu sein und diese häufig einzusetzen. Zum Beispiel kann ein Symbol für eine Erziehungskompetenz gefunden werden, das fortan gut sichtbar in der Wohnung platziert wird (zum Beispiel als Sprechblase: »Ich kann gut erklären, egal ob sachliche oder persönliche Dinge. Ich finde gute, einfache, kindgerechte Worte und komme mit meinen Kindern gut in einen Dialog.«).

Die Fokussierung auf die Stärken lässt die Herausforderungen und Probleme, vor denen die Eltern täglich stehen, jedoch nicht einfach verschwinden. Diese kommen in den Elterngesprächen daher häufig zur Sprache. Bereiche, in denen Eltern unzufrieden sind und sich nicht als besonders kompetent erleben, können zum Beispiel mit der »Frage nach Ausnahmen« bearbeitet werden (De Shazer, 2008). Dabei soll darüber nachgedacht werden, zu welchen Zeiten die aktuellen Probleme nicht vorhanden waren (z. B. im Urlaub) und an welche Verhaltensweisen sich die Eltern in diesem Zusammenhang erinnern. Damit werden Lösungen in den Blick genommen, die in der Vergangenheit bereits gelebt wurden. Das heißt: Indem das, was in der Vergangenheit anders war als heute und die Bedingungen, die zu der Zeit herrschten, ermittelt werden, kann der Blick darauf gelenkt werden, welcher Teil bereits gelebter Lösung heute reproduzierbar ist.

Konnten sich die Eltern dementsprechend reflektieren und sind bei diesem Schritt Themen bzw. Schwierigkeiten aufgekommen, welche einer tiefergehenden Reflexion bedürfen, kann an dieser Stelle die Methode des »Sokratischen

Dialogs« (Senf, Broda u. Wilms, 2013) genutzt werden. Diese ursprünglich philosophische Diskursmethode kann äußerst gewinnbringend bei explikativen Fragestellungen (Was ist das?) angewendet werden, so zum Beispiel bei der Frage nach den Eigenschaften bzw. dem Wesen bestimmter Erziehungskompetenzen. Häufig entwickeln Klienten durch die angeleitete Reflexion über starre oder negative Überzeugungen und Glaubenssätze neue hilfreiche Sichtweisen (vgl. Stavemann, 2002). So kann aus einer genaueren Betrachtung beispielsweise die Einsicht resultieren, dass eine dialektische Sichtweise auf Persönlichkeitseigenschaften von Vorteil ist, da jede Eigenschaft sowohl positive wie auch negative Aspekte besitzt. Zudem sollte besprochen werden, wie bestimmte von den Eltern erwünschte Kompetenzen im Alltag eingebracht und in ihrer Anwendung überprüft werden können. Mittels der Methode der Skalierung kann der Klient gegebenenfalls eine Verbesserung oder Verschlechterung eines Zustandes oder einer Empfindung relativ kleinschrittig feststellen und vergleichbar machen (Senf et al., 2013). Beispielsweise kann gefragt werden: »Wie gut konnten Sie die von Ihnen genannte Erziehungskompetenz in der letzten Woche auf einer Skala von 1 (sehr gut) bis 10 (gar nicht gut) einbringen?«

Das Fallbeispiel zeigt, wie eine Klientin in Folge der Fragen des Beraters eine eigene Überzeugung gemäß der Methode des Sokratischen Dialogs reflektiert und neu einschätzt.

BERATER: »Was ist Ihnen bei der Erziehung ganz besonders wichtig?«
KLIENTIN: »Eine Sache, auf die wir sehr achten ist, dass wir uns – zumindest vor den Kindern – immer einig sind.«
BERATER: »Was ist das Gute daran?«
KLIENTIN: »Dass wir vor unseren Kindern mit einer gemeinsamen Stimme sprechen. Das gibt ihnen Sicherheit und Klarheit.«
BERATER: »Ja, das leuchtet mir ein. Gibt es Ihrer Meinung nach weitere Aspekte?«
Klientin zuckt mit den Achseln.
BERATER: »Wie war es für Sie, wenn Ihre Eltern sich nicht einig waren? Wie haben Sie sich gefühlt, wenn sie vor Ihnen stritten?«
KLIENTIN: »Ich habe mich schrecklich zerrissen gefühlt. Ich hätte am liebsten geschlichtet. Das tu ich auch heute noch gern.«
BERATER: »Zu welchen Anlässen?«
KLIENTIN: »Zum Beispiel, wenn es Ungereimtheiten in der Familie gibt, dann bin ich immer diejenige, die beschwichtigt und versucht alle unter einen Hut zu bekommen. Ich kann so eine geladene Atmosphäre nicht ausstehen.«
BERATER: »Und Ihre Kinder, wünschen Sie sich das auch für sie?«

KLIENTIN: »Naja, es ist schon ziemlich anstrengend und manchmal ist ein klärendes Gewitter auch gut. Sie meinen, es wäre gut, wenn wir unseren Kindern auch mal zeigen, wie Streiten geht?«

BERATER: »Welche Form von Streit wäre denn für ihre Kinder in Ordnung, was sollten sie denn über Streit von Ihnen lernen?«

Stärkung des elterlichen Copings und der Eltern als Paar

Die Paarbeziehung kann für Eltern die mit Abstand wichtigste Quelle sozialer Unterstützung bei der Erkrankung eines Kindes sein (Jackson, 1999; Williams, 1997). Zugleich kann die Beziehung unter der erheblichen Stressbelastung leiden, da Ressourcen zur Beziehungspflege extrem rar sind. Unterschiedliche Bewältigungsstile können ein gemeinschaftliches Coping zusätzlich erschweren. Entsprechend ungünstig wirken sich Beziehungskonstellationen aus, in denen bereits vor der Erkrankung als schwerwiegend empfundene Konflikte nicht geklärt worden sind bzw. insgesamt eine negative Paardynamik vorherrscht. Dies kann dazu führen, dass die gegenseitige Unterstützung in der Partnerschaft ausbleibt oder negative Formen des dyadischen Copings vorherrschen, was eine erhebliche zusätzliche Belastung für die Eltern und das gesamte familiäre Gefüge darstellt und nach Möglichkeit in einem paartherapeutischen Setting bearbeitet werden sollte (Bodenmann, 2008).

Im günstigen Fall des dyadischen Copings bestärken sich die Partner auf emotionaler und problembezogener Ebene gegenseitig, sind sie doch in derselben Situation als Eltern (siehe das Kapitel »Die Rolle der Eltern«, S. 52 ff.).

Um Eltern als Paar zu stärken, ist eine Rückbesinnung auf positive Gefühle, die sie füreinander empfinden, sinnvoll. Das Positive am Partner und seine Stärken können vergegenwärtigt werden, indem der Berater nach der meist glücklichen Kennenlernphase des Paares fragt und sich jeweils beschreiben lässt, warum sich die Partner ineinander verliebt haben, was sie damals an dem anderen so sehr fasziniert hat und warum sie sich auch langfristig füreinander entschieden haben. Ziel dabei ist, dass die Partner deutlich sehen, was ihre positiven wie auch kritischen Seiten sind und wie die positiven im Alltag wertgeschätzt werden können bzw. wie mit den negativen umgangen werden kann.

Neben der Eruierung von Möglichkeiten der Entlastung der Eltern sowie der Erhöhung der zeitlichen Ressourcen für die Paarbeziehung ist eine Bearbeitung der tieferliegenden motivationalen Ebene der Paarbeziehung äußerst sinnvoll. Hilfreich ist, auf die emotionale Beziehung der Partner einzugehen sowie gedankliche Einstellungen zueinander zu ermitteln und möglichst zu verbalisieren. Auf einem derartigen gemeinsamen emotionalen Austausch basiert schließlich auch die Reflexion über individuelle oder möglicherweise gemeinsam geteilte Bewältigungsprozesse der aktuellen Lebenssituation. Nicht selten sind aktuelle Rollenverteilungen in der Beziehung oder der Familie als Ausdruck des emotionalen Befindens anzusehen und kommen an dieser Stelle teilweise konflikthaft zur Sprache.

Da negative Attributionen und unterschiedliche Bewältigungsstile der Eltern in diesem Zusammenhang als entscheidende Faktoren, die ihr elterliches Coping beeinträchtigen können, anzusehen sind, wird im Folgenden näher auf sie eingegangen.

Negative Attributionen:
Häufig sehen Partner überdeutlich Dinge, die sie aneinander stören und die ihnen als unüberwindbar erscheinen. Oft sind dies Eigenschaften, in denen sie sich als unterschiedlich empfinden. Diese als unangenehm wahrgenommenen Eigenschaften können jedoch wertvoll sein, denn sie spiegeln uns eigene Persönlichkeitsmerkmale, die wir bei uns selbst nicht wahrnehmen. Solche Eigenschaften verhalten sich wie ein blinder Fleck und sind daran zu erkennen, dass gegen ihre Ausprägung beim Partner eine beharrliche Ablehnung besteht. Aus psychoanalytischer Perspektive kann diese Ablehnung aus einer unbewussten Abwehr der Eigenschaften bei sich selbst und ihrer daraus resultierenden Projektion in eine andere Person entstehen (Kutter u. Müller, 2008). So sollten die Partner dazu angeregt werden, den inneren Widerstand gegen bestimmte Persönlichkeitsaspekte des anderen auf sich selbst zu beziehen und ihn zu hinterfragen. Erleichtert werden kann die Betrachtung der gespiegelten Eigenschaften dadurch, dass die einzelnen Persönlichkeitseigenschaften besprochen und in ihrer Dialektik verdeutlicht werden. Dies illustriert das Fallbeispiel:

KLIENT: »Meine Frau ist einfach unglaublich starr. Wenn sie einmal einen Plan gefasst hat, dann muss es auch genau – und zwar exakt – so laufen.«
BERATER: »Das größte Problem ist also, dass Ihre Partnerin nicht flexibel ist. Sie sitzt neben Ihnen, was denken Sie, was ist ihre Meinung dazu?«
KLIENT: »Sie wird mir widersprechen, sie wird sagen, dass sie flexibel ist und dennoch gewisse Abläufe benötigt, weil es sonst einfach nicht funktioniert. Die Struktur ist für sie essenziell.«
BERATER: »Und was halten Sie davon?«
KLIENT: »Ja, natürlich hat sie Recht, wir brauchen die Struktur auf jeden Fall. Ich würde mir trotzdem wünschen, wir könnten davon auch abweichen.«
BERATER: »Sie sagen also, dass Sie die Struktur brauchen?«
KLIENT: »Ja.«

BERATER: »Wozu?«
KLIENT: »Die Struktur hält die ganze Familie am Laufen und gibt den Kindern Sicherheit – ich kann das nicht so gut, das ist ihr Steckenpferd.«
BERATER: »Wünschen Sie sich, die Familie am Laufen zu halten und ihr Sicherheit zu vermitteln?«
KLIENT: »Ja, vielleicht, aber ich bin halt nicht so souverän darin.«
BERATER: »Was bräuchten Sie denn, um souverän zu sein?«
KLIENT: »Mehr Freiraum für Entscheidungen.«
BERATER: »Und noch etwas?«
KLIENT: »Wahrscheinlich mehr Mut und Selbstsicherheit, diese zu fällen.« Pause. »Ich habe das eigentlich immer sehr an ihr geschätzt, ihren Mut und ihr Selbstbewusstsein.«

Jede Eigenschaft hat demnach gleichzeitig positive wie negative Konsequenzen. So kann, wie das Fallbeispiel zeigt, das Festhalten an Strukturen auf der einen Seite als Starrheit und auf der anderen Seite als Sicherheit interpretiert werden, Spontanität bedeutet zum einen Sprunghaftigkeit, aber auch Lebendigkeit. Eine solche Bewertung beinhaltet, dass einem auch die positiven Konsequenzen der als negativ empfundenen Eigenschaften bewusst werden, und hilft einem auf diese Weise, die negativen Zuschreibungen umzudeuten und die Eigenschaften beim Partner und sich selbst wertzuschätzen.

Unterschiedliche Bewältigungsstile (Copingstile) der Partner:
In der Bewältigung der Erkrankung eines Kindes können sich Eltern idealerweise unterstützen. Dem stehen jedoch nicht selten unterschiedliche Bewältigungsformen – also Strategien, wie man mit dem durch die Beanspruchung ausgelösten Stress umgeht – entgegen. So können ganz unterschiedliche Bewältigungsstrategien aufeinandertreffen (z. B. Rückzug, Aggression oder übertriebenes Sicherheitsverhalten; Zander, 2011). Obwohl jede Bewältigungshandlung für sich möglicherweise (kurzfristig) funktional ist, kann sie sich aufgrund ihrer Unterschiedlichkeit negativ auf die Partnerschaft auswirken. Dies ist insbesondere der Fall, wenn die Partner die jeweils von ihnen angewandte Bewältigungshandlung nicht reflektieren und damit eine Verbalisierung der zugrunde liegenden Emotionen nicht möglich ist. Nicht selten wird das Bewältigungsverhalten des jeweils anderen als Kritik am eigenen Bewältigungsstil aufgefasst. Daraus können negative Interaktionszyklen resultieren (zum Umgang mit negativen Interaktionszyklen siehe Hertlein u. Viers, 2011).

Damit die Paarbeziehung als Ressource der Bewältigung stärker wahrgenommen wird, müssen unterschiedliche Bewältigungsstrategien der Partner ausgetauscht, verstanden und schließlich akzeptiert werden[8]. Grundlegend dafür ist, dass jeder Partner zunächst vor dem Hintergrund seiner individuellen Lebensgeschichte den eigenen Bewältigungsstil reflektiert und eigene Bedürfnisse artikuliert. Die Beratung sollte also zunächst auf die individuellen Bewältigungsstile eingehen. Sie sollte dabei darauf ausgerichtet sein, ein Verständnis für diese aufzubauen, das es ermöglicht, sie schließlich innerhalb der Partnerschaft angemessen zu kommunizieren. Denn in dem Moment, in dem die Partner sich in ihrer Geschichte und ihrem individuellen Copingstil verstehen können, ist auch eine Akzeptanz unterschiedlicher Bewältigungsstile möglich.

Der Film »The Broken Circle« von 2012 (Regie: Felix van Groeningen) stellt die Problematik unterschiedlicher Bewältigungsstile in der Partnerschaft dar und ist im Hinblick auf diese Thematik zu empfehlen. Seine beiden Protagonisten Didier und Elise können hier als ein Fallbeispiel dienen:

Didier und Elise sind sehr unterschiedlich und doch verbindet sie eine innige, leidenschaftliche Liebe. Als ihre Tochter Maybelle geboren wird, scheint ihr Glück perfekt. Doch das noch junge Familienglück wird zerstört, als Maybelle an Leukämie erkrankt und stirbt. Didier und Elise sind tief erschüttert und gehen jeder einen ganz eigenen Weg, um mit dem Verlust umzugehen. Didier möchte am liebsten von vorn anfangen und einen Schlussstrich ziehen. Er wünscht sich nichts mehr als ein Ende des Kummers um seine Tochter, zu sehr schmerzt ihn die Erinnerung. Elise hingegen spürt mit Hingabe, dass Maybelles Seele noch um sie weilt, zu traurig ist für sie der endgültige Abschied. Sie sieht überall Zeichen ihrer Tochter, sieht sie in allem lebendig.

Die Partner streiten darum, wessen Ansicht und Bewältigungsstil richtig und funktional ist. Sie bekämpfen sich somit in ihrer jeweiligen Art des Umgangs mit Tod und Trauer gegenseitig. Sie können sich ihren jeweiligen Stil nicht zugestehen, denn dann müssten sie ihre eigene Bewältigung hinterfragen. Dies führt dazu, dass sie sich in ihrer Trauer nicht gegenseitig unterstützen können.

In der Beratung können die Partner schließlich auf der Grundlage der gegenseitigen Anerkennung ihrer Bewältigungsbemühungen thematisieren, wie sie sich wechselseitig unterstützen können. Dabei sollten die Partner möglichst keine Forderungen aneinander stellen (diese können negative Interaktionszy-

---

8   Welche Möglichkeiten in der Akzeptanz eigener schwieriger Gedanken und Gefühle liegen, zeigt die Therapieform der Acceptance and Commitment Therapy nach Hayes, Strosahl u. Wilson (1999) auf. Diese greift unter anderem auf fernöstliche Achtsamkeits- und Meditationstechniken zurück, um Vermeidungsstrategien zu reflektieren, unangenehme Gedanken bewusst zuzulassen und sich aktiv mit (emotionalem) Schmerz auseinanderzusetzen.

klen befördern), sondern Vereinbarungen aushandeln, an welchen sie gleichberechtigt Anteil haben.

Förderung funktionaler familiärer Strukturen und Rollen

Unter den Strukturen des familiären Systems sind interne Regeln und Rollenverteilungen sowie gemeinsam geteilte Vorstellungen und Verhaltensweisen gemeint (siehe das Kapitel »Chronische Erkrankung im Familiensystem«, S. 36 ff.).

Grundlegend gilt es zu beachten, dass jedes (maladaptive) Verhalten innerhalb des familiären Systems einer Logik folgt bzw. eine Funktion im Bewältigungsprozess besitzt. Deshalb wirken maladaptive Verhaltensweisen in akuten Krisensituationen häufig kurzfristig positiv. Sie sollten somit anerkannt und wertgeschätzt werden. Langfristig können sie sich jedoch negativ auf das gesamte familiäre System auswirken und sind deshalb in der Beratung zu thematisieren. Besonders gründlich sind dabei die dem maladaptiven Verhalten zugrunde liegenden Bedürfnisse und Gefühle zu eruieren. Dadurch steigt die Bereitschaft der Klienten, langfristige Konsequenzen eines bestimmten Bewältigungsverhaltens zu reflektieren und dieses gegebenenfalls zu verändern bzw. Alternativen anzunehmen. Hilfreich dabei kann die Metapher der Bergmannsfichte sein:

»Die Fichte spricht, bevor sie bricht.«

Sie kann in der Beratung als Metapher der Flexibilität eines Systems genutzt werden: Über Jahrhunderte benutzten die Bergmänner aus dem Harz für den Bau von Stollengängen am liebsten Fichtenholz, da dieses eine besondere Eigenschaft hat. Gerät es unter Druck, so knarzt es heftig, bricht aber nicht sofort, sondern ist vorerst biegsam. Geschah dies, wussten die Bergmänner, dass der Stollen drohte einzubrechen und sie ihn so schnell wie möglich verlassen mussten. Das zu ihnen sprechende Holz diente ihnen als Warnzeichen vor einem drohenden Unglück. So rettete es vielen Bergmännern das Leben.

Mit Hilfe der Metapher der Bergmannsfichte lässt sich verbildlichen, dass jedes personelle und familiäre System flexibel ist und damit Belastungen und dysfunktionale Interaktionsmuster zeitlich begrenzt aushalten kann. Die bei starker Strapazierung auftretenden maladaptiven Verhaltensweisen sind gleichsam funktional, denn sie geben ein Warnzeichen dafür, dass das System belastet ist und mahnen den drohenden Kollaps an. Sie geben Raum, Zeit und Anstoß zum Entlasten des Systems. Das Warnsystem ist jedoch nicht unbegrenzt beanspruchbar und suboptimale Verhaltensweisen sollten keinesfalls als Dauerlösung angesehen werden.

Es geht also darum, die *familiären Strukturen und das Gewordensein der Familie im Kontext der Erkrankung* zu er- und vermitteln. Jede Familie verfügt über das Familienleben prägende Regeln und Rituale, welche explizit geäußert werden oder implizit – also unausgesprochen – gelten. Die Regeln wirken integrativ und bieten den Familienmitgliedern Vorhersehbarkeit und Kontrolle. Unter der Belastung einer chronischen Erkrankung können (besonders implizite) Regeln dysfunktional werden und einen zusätzlichen Stressor für die Familienmitglieder darstellen. Um sie in der Beratung grundsätzlich zu reflektieren, eignet sich die Methode »Ein zusätzliches Familienmitglied«. Bei dieser Methode erfragt der Berater, wie er sich im familiären Alltag verhalten müsste, um Teil der Gemeinschaft zu sein und dabei nicht aufzufallen (Hertlein u. Viers, 2011). Somit erlangt er einen Eindruck von den möglichen Problemstellungen in den Familienstrukturen, dabei kann es sich um rigide Strukturen bis hin zu chaotischen Strukturen, Losgelöstheit oder Verstrickungen handeln.

Um Strukturen zu veranschaulichen und für die Familienmitglieder begreifbar zu machen, eignen sich zudem die teilweise sehr komplexen Methoden des Familienbrettes (Ludewig, Pflieger, Wilken u. Jakobskötter, 1983) und der Familienaufstellung (von Schlippe u. Schweizer, 2014). Hier werden in szenischer Weise familiäre Konstellationen dargestellt, so dass es den Familienmitgliedern möglich ist, einen Blick von außen auf ihre Beziehungskonstellation zu werfen und diese damit aus einer meist neuen Perspektive zu reflektieren.

Im Folgenden werden Ansatzpunkte gegeben, um die möglichen Problematiken im Familiensystem in verschiedenen Settings aufzugreifen. Es wird nacheinander auf rigide Strukturen, chaotische Strukturen, verstrickte und losgelöste Familienstrukturen eingegangen. Am Ende dieses Kapitels zur Förderung funktionaler familiärer Strukturen und Rollen werden dann noch einmal gesondert die familiären Rollen im Kontext der Erkrankung mit speziellem Blick auf die Parentifizierung eines Geschwisterkindes verdeutlicht.

Rigide Strukturen:
Die rigide Ausgestaltung des familiären Alltags drückt sich in stark festgelegten Abläufen, Regeln und Rollenverteilungen aus, deren Veränderung als sehr stressreich erlebt wird. Rigide Strukturen, bei denen die Eltern ein besonders hohes Maß an Sicherheit bieten und allem ein subjektives Gefühl der Kontrolle verleihen, sind häufig Ausdruck der Verunsicherung von Eltern. Oft zeigen sie den Wunsch nach Vorhersehbarkeit und Beeinflussbarkeit der Situation. Vor allem vor dem Hintergrund der schweren chronischen Erkrankung eines Kindes, deren tägliche Belastungen ungewiss sind und deren Ausgang nicht bestimmbar ist, kann das tiefe Verlangen, etwas tun zu können, um die Situation kon-

trollierbar zu machen, als Ausdruck der elterlichen emotionalen Betroffenheit wertgeschätzt werden. Rigide Strukturen sind nur dann unproblematisch, wenn sie zeitlich begrenzt sind, sich also nach akuten Phasen wieder lockern. Ist dies nicht der Fall, ergeben sich für die betroffenen Familien meist neue Problemlagen, denn das zugrunde liegende Sicherheitsbedürfnis verlangt nach immer strikteren Strukturen. Übertragen auf die Metapher der Bergmannsfichte sind rigide Strukturen das Warnsignal, welches gleichsam einem permanent hohen Druck entspricht und auf Dauer zum Bruch – zur Krise – führt. Das Fallbeispiel aus unserer Praxis veranschaulicht diesen Vorgang.

Noch vor zwei Monaten hatte die Mutter das Familienleben vom Krankenbett ihres an einem angeborenen Herzfehler leidenden Sohnes getaktet. So geriet sie unter anderem, jedes Mal, wenn die beiden älteren Geschwister von der Schule zum Sportverein gefahren werden mussten, in Aufregung bei der Organisation der Fahrten. Diese Fahrten wären auch ohne ihre Anrufe zwischendurch vom Opa zuverlässig und gern erledigt worden.
Inzwischen ist ihr erkranktes Kind entlassen worden und die gesamte Familie kann erst einmal aufatmen. Trotzdem fühlen sich alle durch den nach wie vor straffen und unabänderlichen Zeitplan der Mutter gestresst und der älteste Sohn rebelliert zunehmend dagegen. Dem folgen heftige Diskussionen in der Familie und oft auch Tränen.

Verhalten sich Kinder wie im Fallbeispiel provozierend, kann dies zu einem regelrechten Kreislauf führen: je rebellischer das Kind, um so rigider die Regeln der Eltern und umso auffälliger das Verhalten des Kindes. Auch für die Kinder kann die Aufdeckung des emotionalen Hintergrundes eine Entlastung darstellen, denn je nach Alter sind sie in der Lage, die Eltern zu verstehen. Eine kindgerechte Vermittlung, zum Beispiel mittels eines spielerischen Dialogs, ist an dieser Stelle sehr hilfreich. In einer solchen Beratungssituation ist der Fokus der Betroffenen darauf zu richten, dass das zu besprechende Thema nicht das der Regeln und Pläne ist, sondern dass es um das zugrunde liegende Kontrollbedürfnis, dahinterliegende Ängste und Unsicherheiten sowie mögliche alternative Umgangsweisen geht. Die Frage lautet demnach: »Wofür braucht es Regeln und Pläne, wofür sind sie gut?« Eine solche Fragestellung hilft den Betroffenen meist, das Problem mit einer Perspektive, die das gesamte Familiensystem in den Blick nimmt, und damit lösungsorientiert anzugehen. Häufig spielen dann die Themen Vertrauen und Verlässlichkeit eine Rolle.
Im Einzelgespräch kann mit der Methode des Entkatastrophisierens der häufig mit großer Angst besetzte, subjektiv empfundene Kontrollverlust the-

matisiert und abgeschwächt werden. Durch die Frage nach dem Schlimmsten, was passieren kann, werden die den Kontrollversuchen zugrunde liegenden Ängste deutlich herausgestellt und damit bearbeitbar. Das Fallbeispiel macht dies deutlich; bei Damian, von dem die Klientin hier spricht, handelt es sich um das Geschwisterkind.

BERATER: »Welche Situation möchten Sie besprechen?«
KLIENTIN: »Ich bin letztens wieder völlig aus der Haut gefahren, als der Opa anrief und meinte, er schaffe es nicht, mit dem Damian wie verabredet zum Fußball zu gehen. Das war mal wieder so was von typisch und ich war so wütend, er kann doch das Kind nicht so einfach im Regen stehen lassen. Ich hatte mich gar nicht in der Gewalt und habe mich im Nachhinein sehr geärgert, dass ich auch den Damian und meinen Mann so angeblafft habe.«
BERATER: »Was ist denn das Schlimmste, was passieren kann, wenn der Opa nicht kommt?«
KLIENTIN: »Der Damian ist dann enttäuscht, der hat sich so gefreut.«
BERATER: »Und dann? Was passiert dann?«
KLIENTIN: »Er hat dann schlechte Laune, weil er zu Hause bleiben muss.«
BERATER: »Und dann?«
KLIENTIN: »Dann muss ich mich um ihn kümmern, mit ihm etwas machen, damit er wieder besser drauf ist. Da hab ich aber gar keine Nerven für, ich muss auch wirklich ins Krankenhaus, ich hab da gar keine Zeit.«
BERATER: »Also das Schlimmste ist, dass Damian merkt, dass Sie keine Zeit für ihn haben bzw. keine Nerven dafür haben, wenn er schlechte Laune hat. Möchten Sie darüber sprechen?«

Alternativ kann das Entkatastrophisieren auch mit der Metapher der Bergmannsfichte durchgeführt werden. Dabei ist zu fragen, ob das Resultat der Handlung so schwerwiegend sei, dass das Stollengerüst zusammenbreche. Ebenso ist deutlich herauszustellen, dass die Flexibilität des Systems Zeit zum Handeln lässt und Resultate nicht alternativlos sind (»Bricht der Stollen sofort, oder haben Sie noch Zeit, um nach draußen zu gehen und sich in Sicherheit zu bringen? Wenn der Stollen einstürzt, was spricht dagegen, einen weiteren Stollen aufzubauen?«).

In ähnlicher Weise wie im Einzelgespräch können im Familiensetting Möglichkeiten der Lockerung von Tagesabläufen und Strukturen besprochen werden, zum Beispiel in Form der Verabredung eines gemeinsamen freien Samstags, bei welchem die Sicherheit darin besteht, dass im Vorhinein nichts geplant wird. Dies kann positive Gefühle von Spontanität fördern und Ängste vor Ungeplantem mindern. Das Thema der krankheitsfreien Räume ist ein weiteres wichtiges Thema. Es kann sowohl in Einzel- als auch in Familiengesprächen aufgegriffen werden und bezieht sich auf Zeiten und Orte, an denen die Erkrankung und ihre Sachzwänge für die gesamte Familie keine Rolle spielen. Vor allem für Geschwisterkinder kann es entlastend wirken, wenn der familiäre Alltag zu bestimmten Zeiten einmal nicht wie sonst durchgängig durch die Thematik der Erkrankung bestimmt und strukturiert ist.

Chaotische Strukturen:
Chaotische Familienstrukturen gründen meist in einer inneren Haltlosigkeit und Überforderung der Erziehungspersonen, häufig spielen auch Schuldgefühle dem Kind gegenüber eine Rolle. Dies macht es den Familienmitgliedern untereinander – jedoch besonders den Eltern als Erziehungspersonen – schwer, Grenzen zu setzen und diese aufrechtzuerhalten, auch aus Angst, von dem Kind abgelehnt zu werden. Erschöpfung, Kraftmangel, Überlastung und Resignation bezüglich der Umstände können die Folge sein. Es kommt häufig zu impliziten (nicht offen kommunizierten) Regeln, die sich oft ändern und leicht anfechtbar sind, sowie zu ständig neuen Abläufen und Varianten. Der Alltag ist auf diese Weise wenig vorhersehbar und es herrscht keine bis wenig Klarheit darüber, wie sich die Familienmitglieder verhalten sollen.

Die Behandlung einer schweren Erkrankung erfordert von Eltern jedoch ein hohes Maß an Regelmäßigkeit, zum Beispiel in Bezug auf Arzttermine oder Medikamenteneinnahmen. Bei einem Krankenhausaufenthalt ist von ihnen in besonderem Maße die Anpassung an Strukturen und Abläufe sowie eine auf das Kind zu übertragende Compliance bei medizinischen Maßnahmen gefragt.

Grundlegend sind die Eltern zu stärken, indem ihnen Verständnis entgegengebracht und Halt in der aktuellen Situation vermittelt wird. Zunächst sollten sie in ihrer Erziehungskompetenz gefestigt werden (siehe das Kapitel »Stärkung der elterlichen Erziehungskompetenzen«, S. 122 ff.) sowie Zugang zu einer strukturgebenden Sozialarbeit (z. B. Betreuungsplanung, Versorgungsplanung, Finanzplanung; siehe das Kapitel »Hilfen aus dem sozialen Umfeld und sozialstaatliche Hilfen«, S. 143 ff.) erhalten. Dies führt im besten Fall zu einer Entlastung im Alltag, welche besonders durch die Aktivierung von Hilfen aus dem sozialen Umfeld entsteht. Beispielsweise kann es ratsam sein, für die Betreuung eines Geschwisterkindes nahe Verwandte (z. B. die Großeltern) einzubeziehen, welche diesem vorübergehend Zuwendung und Kontinuität bieten können. Insofern sich Eltern dadurch nicht in ihrer Elternrolle kritisiert fühlen, kann dies Geschwisterkind, Großeltern und Eltern gleichermaßen stärken. Ferner ist die Ursache der chaotischen Strukturen zu reflektieren und zu besprechen, wie vor dem Hintergrund der Wahrnehmung eigener Bedürfnisse Grenzen gesetzt und Konflikte geführt werden können. Dabei gilt, dass dort, wo dem Kind Grenzen gesetzt werden, kurzfristig negative Gefühle des Kindes auszuhalten sind. Langfristig können dafür Abmachungen und Strukturen aufgebaut werden, welche die konfliktfreie Interaktion fördern und damit auch mehr Ruhe in das Familienleben bringen. Ebenso ist herauszustellen, dass ambivalente Gefühle in der Eltern-Kind-Beziehung völlig normal und wichtiger Bestandteil der Entwicklung sind (siehe das Kapitel »Entwicklungspsychologische Grundlagen«, S. 23 ff.).

Verstrickte Familien:
Fühlen sich Familienmitglieder stark verantwortlich für die Gefühle des Gegenübers und herrscht somit ein Klima der undifferenzierten Gefühlsansteckung, spricht man von einer verstrickten Familie (Romer et al., 2014). Die einzelnen Familienmitglieder können nicht gleichzeitig und unabhängig voneinander eigene Gefühle empfinden, sondern tendieren dazu, ihre Gefühle anzugleichen – man spricht auch von einem Kohäsionsdruck. Durch die Absicherung der Ähnlichkeit im Denken und Handeln wird eine starke Kohäsion erzeugt, welche vor allem in zentrifugalen Phasen des Familienzyklus (z. B. die Pubertät der Kinder) zu vermehrten Spannungen führen kann (siehe das Kapitel »Familienzyklus und Entwicklungsphasen«, S. 40 ff.). Meist geht die wahrgenommene Unterschiedlichkeit von Gefühlslagen mit der Sorge einher, dass sich die Familienmitglieder voneinander entfernen. Die subjektiv empfundene Distanzierung löst dabei womöglich eine Angst davor, verlassen zu werden, aus, wodurch die Unterschiedlichkeit als höchst bedrohlich erlebt wird.

Von großer Bedeutung ist häufig die Thematik der Legitimität von Gefühlen. Es sind dabei oft eigene Gefühle, welche als nicht legitim wahrgenommen werden. Da ihr Empfinden Ängste auslöst, unterliegen sie einem starken Anpassungsdruck an das jeweilige System (Paarsystem, Familiensystem). Wenn eigene Gefühle keine Anerkennung finden, dann können jedoch auch die Gefühle des Gegenübers nicht als berechtigt angesehen werden und geraten innerhalb des Systems ebenso unter Anpassungsdruck.

Interventionen sollten darauf abzielen, dass die einzelnen Familienmitglieder eigene Gefühle wahrnehmen und anerkennen, ohne sie im selben Schritt zu bewerten und ihnen eine Handlung folgen lassen zu müssen. Zudem können interpersonelle Grenzen besprochen werden, welche verdeutlichen, dass individuelle Gefühle des Ich legitim sind und nicht die Gemeinschaft des Wir gefährden (So wie ich mich fühle, fühle ich mich. So wie du dich fühlst, fühlst du dich. Und dennoch gibt es ein Wir.). Beispielsweise kann herausgestellt werden, dass es legitim ist, wenn ein Familienmitglied Freude empfindet, während ein anderes trauert. Auch kann von Bedeutung sein, herauszuarbeiten, dass die Mutter für sich etwas Gutes tun darf, auch während ihr Kind im Krankenhaus ist. Die Thematik der personellen Grenzen sollte in Einzelgesprächen vorbereitet werden, da durchaus die Gefahr besteht, die anderen Personen des Familiensystems zu verletzen und damit implizit vorhandene Ängste zu bestätigen. Im Familiengespräch eignet sich die Methode der Arbeit am Lebensfluss, bei welcher die Lebenslinien der Einzelpersonen des Familiensystems gelegt werden sollen – so wie im folgenden Fallbeispiel aus unserer Praxis:

Mutter Miriam wird beim Familiengespräch darum gebeten, die familiäre Situation in der Zeit der Erkrankung und des Versterbens der Tochter mit Hilfe von Seilen symbolisch darzustellen. Ihr stehen verschiedenfarbige Seile zur Verfügung: ein rotes, ein blaues ein grünes und ein gelbes Seil sowie ein Seil, in dem vier verschiedene Farben verwoben sind. Miriam entscheidet sich für das verschiedenfarbige Seil und zeichnet die Hochs und Tiefs der Familie nach. Gleichsam bemerkt Miriam, dass sie womöglich doch unterschiedliche Seile hätte wählen sollen, denn ihr Mann ist mit manchen Situationen anders umgegangen als sie und sein Seil müsste folglich auch einen anderen Verlauf nehmen als ihres. Miriam reflektiert weiterhin, dass auch das Seil ihres Sohnes einen anderen Verlauf nehmen müsste, denn seine Art und Weise der Verarbeitung des Geschehens unterscheidet sich stark von der seiner Mutter. Damit kann Miriam den Konflikt reflektieren, der die Familie in die Beratung geführt hat: Miriams Sohn weigerte sich demonstrativ, um seine verstorbene Schwester zu trauern, jeder geht mit dem Verlust anders um. Im Anschluss legt Miriam vier Seile, welche vier individuell verschiedene Reaktionen auf den Tod der Tochter symbolisieren.

Um die jeweilgen Strukturen bewusst zu machen, ist die Methode des Lebensflusses, wie das Fallbeispiel zeigt, hilfreich. Ebenso förderlich ist es, ein gemeinsames Bild der Familie zu zeichnen (z. B. ein Haus oder eine Landschaft). Der Berater fordert dann beispielsweise dazu auf, die aktuelle Lage der Familienmitglieder zueinander abzubilden. Ebenso sind Bildnisse möglich, die die Situation vor der Erkrankung bzw. eine mögliche zukünftige Situation beschreiben. Eine solche Vorgehensweise spricht das emotionale Erleben und die kognitive Verarbeitung an und jüngere Kinder können sich sehr gut einbringen. Der Blick kann auf die Auswirkungen der Erkrankung auf das familiäre Zusammenspiel gerichtet werden und den einzelnen Familienmitgliedern fällt es womöglich leichter, diesbezügliche individuelle Bedürfnisse und Wünsche zu artikulieren.

Losgelöste Familien:
Sind die Grenzen des Familiensystems bei verstrickten Familien zu schwach ausgeprägt, ist bei losgelösten Familien das Gegenteil der Fall: Eine erhebliche Distanz zwischen den Individuen führt zu einem Familienleben in eher isolierten Subsystemen. Dies geht einher mit einem sehr niedrigen Niveau des Zusammengehörigkeitsgefühls und der gegenseitigen Loyalität (Textor, 1984) sowie einer gewissen Konfliktneigung. Individuelle Abweichungen werden weitgehend toleriert und nicht selten zeigen Kinder auffälliges Verhalten, welches als Versuch der elterlichen Aufmerksamkeitsgenerierung gedeutet werden kann (Textor, 1984). In der kommunikationsarmen Atmosphäre fällt eine Zusammenarbeit – vor allem im Krisenfall – schwer. In den Familien existiert nur wenig Wissen darüber, wer welche Aufgabe bzw. Verantwortung übernimmt und ein gemeinsames Überwinden der Krise scheint vor allem durch die familiäre Nonfunktionalität gehemmt zu sein.

In der Beratung sollte der Fokus darauf liegen, dass sich die einzelnen Familienmitglieder aus der Isolation herausbegeben und als Gemeinschaft erleben (Es gibt ein Ich, ein Du und ein Wir). Vor allem im Kontext der gemeinsamen Aufgabe der Bewältigung einer schweren Erkrankung eines Kindes kann eine Art Teamentwicklung durchgeführt werden, bei welcher die Familie vor fiktive Aufgaben gestellt wird, um sich als Gemeinschaft in der Lösung eines Problems zu üben und somit kooperatives Verhalten zu trainieren. Elementar für den dabei stattfindenden Gruppenprozess sind das Abbauen von Distanz und der Aufbau von gegenseitigem Vertrauen. Dies geschieht zum einen in Auseinandersetzungs- und Streitphasen, bei welchen der Konflikt über gemeinsame Regeln und Normen im Zentrum steht und zum anderen in Regelungs- und Übereinkommensphasen, bei welchen idealerweise ein Kompromiss gefunden wird (siehe Phasenmodell der Teamentwicklung von Tuckman, 1965). Schließlich befähigt dies die Familienmitglieder im besten Fall zu einem stärker kooperativen Verhalten. Gleichsam können Themenfelder angestoßen werden, welche die Hintergründe der Distanzierung berühren. Falls die aktuellen Problemlagen der Familie bewältigbar erscheinen, kann ein nächster Schritt gegangen werden und die Familienmitglieder können zur Reflexion bezüglich der Ursachen der starken Abgrenzung ermutigt werden. Möglicherweise kommen hier tieferliegende Konflikte zutage.

Familiäre Rollen im Kontext der Erkrankung:
Trotz der gemeinsamen Geschichte der Familienmitglieder und der großen Ähnlichkeiten im Gewordensein sind individuelle Unterschiede einzelner Familienmitglieder elementar. Sie haben im entwicklungspsychologischen Kontext eine wichtige Bedeutung, zeigen sie doch Autonomiebestrebungen der Kinder

an und begleiten damit deren Ablösungsprozesse. Auch in der Paarbeziehung oder der Geschwisterbeziehung sind klare Beziehungsgrenzen und Rollenbilder für die Konstruktion und Aufrechterhaltung des individuellen Selbstbildes wichtig. Bei kritischen Lebensereignissen können diese Beziehungsgrenzen unter dem Druck der Belastung vorübergehend verwischen (vgl. die Metapher der Bergmannsfichte weiter oben in diesem Kapitel). Nicht selten geht dies mit der Übernahme von Verantwortung bzw. einer Rolle einher, welche möglicherweise überfordernd ist bzw. auf Dauer als unangenehm erlebt werden kann. Vor allem die Anregung zur Wahrnehmung und offenen Kommunikation individueller Gefühle und Bedürfnisse (siehe das Kapitel »Unterstützung der kindlichen Ausdrucksmöglichkeiten und Gefühle«, S. 117 ff.) bildet eine verlässliche Basis, um dysfunktionale Rollenverteilungen zu erkennen und zu verändern. Besonders zu beachten ist, dass mit der in der Familie vorgenommenen Rollenverteilung stets eine Funktionalität verbunden ist, welche bei einer Rollenveränderung zu verbalisieren ist und deren Alternativen abzuklären sind.

Im Zusammenhang der familiären Rollenverteilungen gilt es, sich insbesondere mit den *funktionalen Generationengrenzen hinsichtlich einer eventuellen altersunangemessenen Parentifizierung des Geschwisterkindes* auseinanderzusetzen. In der Regel möchten Geschwister bei einer kritischen Lebenssituation in der Familie Hilfe leisten und sich einbringen. Oft steht dahinter das Bedürfnis, im Familiengefüge deutlich wahrgenommen zu werden und einen Beitrag zu den Bewältigungsbemühungen der Familie zu leisten. Teilweise wird die Hilfe des Geschwisterkindes als angenehm empfunden bzw. Eltern sind stolz auf die besondere Reife des Geschwisterkindes. Neben dieser an sich positiven Entwicklung besteht jedoch auch die Gefahr, dass die Not eines Geschwisterkindes übersehen wird oder die Aufgaben das kindlich Angemessene überschreiten und somit aus der Reife möglicherweise ein zu frühes Erwachsenwerden erwächst. Altersangemessene Entwicklungsaufgaben, zum Beispiel die Opposition und Ablösung vom Elternhaus, könnten dann übersprungen werden und das Geschwisterkind wird stattdessen zum zusätzlichen Versorger der Familie.

Die Verwischung sowohl von Rollen- als auch Generationengrenzen zwischen Erwachsenen und Kindern ist vor allem in der Ein-Eltern-Familie einfühlsam zu erkunden, denn möglicherweise wird das intrapsychische Gleichgewicht der primären Bezugsperson durch ein Kind stabilisiert (Romer et al., 2014). Dies ist der Fall, wenn ein Kind in eine Partnerfunktion rückt und beispielsweise den Elternteil bei Einsamkeit tröstet, zu schützen versucht oder für den Alltag bzw. die Freizeitgestaltung Verantwortung übernimmt.

Eine in diesem Zusammenhang therapeutisch nutzbare Metapher ist die vom Familienauto. Normalerweise sitzen Eltern im Auto vorn und Kinder hinten, die Eltern steuern, koordinieren und führen das Auto schließlich zum Ziel. Die Kinder können währenddessen ruhen oder spielen. Durch eine chronische Erkrankung passiert es, dass sich ein Geschwisterkind plötzlich auf dem Beifahrersitz befindet und die Karte liest oder schaut, wo man gut anhalten kann. Dort ist es im Moment unverzichtbar, aber auch nicht allein. Es kann sich an dem Elternteil am Steuer orientieren. Ihm sollte das Gefühl gegeben werden, dass es wohlwollend beobachtet wird, es macht seine Aufgabe nämlich sehr gut. Dass das Geschwisterkind das Fahrzeug steuert, sollte nur in äußersten Ausnahmesituationen und zeitlich sehr begrenzt vorkommen, denn es kann damit leicht überfordert sein.

Bestimmt merkt das Geschwisterkind, dass es ziemlich anstrengend ist, die ganze Zeit vorn zu sitzen und für die Geschicke der Familie (mit-)verantwortlich zu sein. Gemeinsam sollte daran gearbeitet werden, dass es wieder auf der Rückbank Platz nehmen kann. Was es auf jeden Fall zu vermeiden gilt, ist, dass sich das Geschwister dafür verantwortlich fühlt, wenn die Familie nicht am gewünschten Ort ankommt oder gar einen Unfall erleidet. Diese Verantwortung liegt bei den Erwachsenen.

Übernehmen Geschwisterkinder Aufgaben und Verantwortlichkeiten, die ihrem Alter nicht angemessen sind, stehen Eltern nicht selten im Zwiespalt. Einerseits spüren sie, dass ihr Kind möglicherweise überfordert wird, fühlen sich andererseits aber nicht in der Lage, das Geschwisterkind in seinen Bemühungen zurückzuweisen oder sind eventuell sogar auf dessen Hilfe angewiesen. Diese Situation sollte zuerst im *Elterngespräch* eruiert werden, wobei der Fokus auf der Normalisierung der Rolle des Geschwisterkindes liegt, was dem Rücksitz in der Metapher »Im Familienauto« entspricht. Dies kann erreicht werden, indem sowohl die Kind- als auch Erwachsenenperspektive beleuchtet und die ambivalente Situation benannt wird. Gleichsam sollte nicht die Parentifizierung an sich im Mittelpunkt des Gesprächs stehen, sondern deren zeitliche Ausdehnung. Eltern können dadurch entlastet werden, dass ihnen aufgezeigt wird, dass sie Verantwortung zeigen, wenn sie das Geschwisterkind (auch in schwierigen Situationen) unterstützen und ihm Beachtung schenken.

Sind organisatorische Lösungen gefunden, können gemeinsam weitere Alternativen für die problematische Rollenverteilung gesucht werden. Eltern können dem Geschwisterkind nun deutlich machen, dass sie seine Verantwortungsübernahme nur in Teilbereichen wünschen, sollten aber gleichzeitig signalisieren, dass sie sein Bedürfnis, einen bedeutenden Beitrag zu leisten, ernst nehmen. Sie können dabei betonen, dass sie sehen, dass sich das Kind einbringen möchte, und dies anerkennen. Gemeinsam (im *Familiengespräch*) kann nach altersangemessenen Aufgaben gesucht werden.

Im *Einzelgespräch* mit dem Geschwisterkind ist dieses dafür zu sensibilisieren, dass es eine schwere, da altersunangemessene Aufgabe übernimmt oder übernommen hat. Es kann reflektiert werden, was Aufgaben für Kinder und was Aufgaben für Erwachsene sind (z. B. anhand der Metapher »Im Familienauto«). In diesem Zuge kann dem Geschwisterkind großes Lob und Anerkennung für seine Leistungen entgegengebracht werden. Dies stärkt es in seiner Selbstwirksamkeit und öffnet es womöglich für die Frage nach den Anstrengungen und Beschwerlichkeiten, die diese Aufgaben mit sich bringen. Damit wird das Geschwisterkind für eigene (altersunangemessene) Anstrengungen sensibilisiert sowie die Legitimität der Bedürfnisse nach altersangemessenen Aktivitäten (z. B. Spiel, Freizeit oder Ruhe) unterstrichen. Gleichsam kann mit dem Geschwisterkind reflektiert werden, dass die altersangemessenen Aufgaben genauso wichtig sind und ebenso viel Wertschätzung verdienen wie die Aufgaben für Erwachsene.

Hilfen aus dem sozialen Umfeld und sozialstaatliche Hilfen

Die soziale Unterstützung aus dem persönlichen Umfeld der Kernfamilie kann sich sowohl positiv auf das erkrankte Kind auswirken als auch eine Entlastung für Eltern und Geschwister bedeuten (siehe das Kapitel »Soziale Unterstützung durch Dritte«, S. 44 f.). Das Helfersystem aus Verwandten, Freunden (der Eltern und der Kinder), Nachbarn oder Arbeitskollegen spricht dabei ganz verschiedene Bedürfnisse der Familie an. Diese reichen von finanziellen Hilfen über emotionale Stützen, Informationen, Ratschläge, und Betreuungsleistungen bis hin zu schlichtem Spaß und zur Ablenkung vom meist schweren Alltag.

Die *Metapher vom Marathonlauf* verdeutlicht den typischen Hilfebedarf einer Familie. Dass die Familie in verschiedenen Therapiephasen unterschiedliche Bedürfnisse hat, ist nämlich genau wie bei einem Marathonlauf: Am Anfang benötigt die Familie viel Zuspruch und Unterstützung, denn die Bewältigung der Diagnosestellung und des veränderten Alltags verlangt allen Familienmitgliedern viel ab. Wenn sich die Abläufe eingespielt haben und die Situation etwas gewohnter ist – die Beine laufen wie von selbst –, benötigt sie weniger Unterstützung, diese dafür kontinuierlich. Man braucht jetzt einen langen Atem, das heißt viel Geduld. Man muss die Kräfte aller Beteiligten und Helfer gut einteilen. Auch in der Phase der Rehabilitation und Nachsorge sind Anforderungen zu bewältigen, denn nun kehrt die Familie in einen nicht ganz normalen Alltag zurück und das Geschehene wird nach und nach aufgearbeitet und realisiert. Alles in allem ist es ein langer Weg, der zurückgelegt werden muss, wobei aufgeben keine wirkliche Alternative darstellt, zumindest nicht, wenn man sein Ziel erreichen möchte.

Bezüglich der Geschwisterkinder konkretisiert sich Hilfe häufig in Form einer Betreuung durch Verwandte, Nachbarn oder Freunde. Günstig ist dabei, eine möglichst verlässliche und stabile Bezugsperson aufzubauen, welche sich der Sorgen und Nöte des Geschwisterkindes annimmt bzw. dieses vorübergehend aufnimmt, wenn die Eltern keine Kapazitäten haben. Falls möglich, sind der Familie nahestehende Großeltern, Onkel und Tanten oder andere vertraute Personen einzubeziehen, welche das Geschwisterkind in der Bewältigung der schwierigen Lebenssituation unterstützen können, da mögliche Sorgen und Nöte – ohne eventuelle Befürchtungen der Belastung von zum Beispiel Mutter oder Vater – geäußert werden können und das Geschwisterkind viel Aufmerksamkeit erhält. Mit den Eltern sollte thematisiert werden, dass die Suche nach unterstützenden Beziehungen zu Dritten keinesfalls als Abwendung von der Kernfamilie zu verstehen ist, sondern für das Geschwisterkind einen wichtigen Schritt in der eigenständigen Bewältigung des kritischen Lebensereignisses bedeutet und möglichst von den Eltern gefördert werden sollte.

Eine solche konstante Betreuung entspricht einer Art beziehungsorientierter Patenschaft, deren Vermittlung mittlerweile in einzelnen Städten auch von Organisationen angeboten wird (Perzlmaier u. Sonnenberg, 2013). Eine Patenschaft hat den Vorteil, dass Eltern und Geschwister Sicherheit bezüglich der Betreuung haben. Durch das zugrunde liegende vertrauensvolle und konstante Verhältnis kann eine fürsorgliche und individuelle Unterstützung des Geschwisterkindes stattfinden. Durch die Ausrichtung auf einen mittel- bis langfristigen Zeitraum ist eine Kontinuität für das Geschwisterkind gewährleistet. Diese präventive Maßnahme ist lebenspraktisch und alltagsnah und findet ihre Anwendung bisher vor allem bei Kindern von psychisch kranken Eltern (Perzlmaier u. Sonnenberg, 2013).

Im Folgenden wird zunächst auf die Grenzen des Familiensystems, das heißt seine Abgrenzung nach außen, dann auf psychosoziale und schließlich auf sozialstaatliche Hilfen näher eingegangen.

Die Grenzen des Familiensystems:
Meist erleben Familien im Fall eines kritischen Lebensereignisses ein verstärktes Zusammengehörigkeitsgefühl. Diese Kohäsion ist äußerst funktional, sorgt sie doch dafür, dass die Familienmitglieder sich zur gegenseitigen Unterstützung einander zuwenden. Gleichzeitig grenzt sich die Familie nach außen ab, was sich meist nach akuten Phasen wieder lockert. Funktional sind die familiären Grenzen nach außen, wenn die Kernfamilie als Basis so viel Sicherheit und Schutz bietet, dass die intime Nähe Außenstehender (nahe Verwandte, Freunde) zur Unterstützung möglich ist. Werden Außenstehende im Kernbereich der Fami-

lie jedoch als Störung oder gar Bedrohung wahrgenommen, lehnt die Familie häufig jegliche Einmischung von außen und damit auch Unterstützungsangebote ab. Oft liegt die Ursache einer solchen Ablehnung in der Angst vor einer Abwertung oder Kritik durch Dritte. Hier gilt es, Eltern in der Selbstwahrnehmung, die ihre elterlichen Kompetenzen betrifft, zu stärken (siehe das Kapitel »Stärkung der elterlichen Erziehungskompetenzen«, S. 122 ff.) und aufzuzeigen, wie sie ihre Grenzen gegenüber der Einmischung von außen deutlich und offen kommunizieren und gleichzeitig Hilfe annehmen können.

Auch der kommunikative Umgang mit der Erkrankung spielt eine Rolle beim Einbezug Dritter. Nicht selten werden Freunde, Kollegen oder Nachbarn als überfürsorglich, bemitleidend oder einfach die Thematik ignorierend erlebt und Betroffene fühlen sich nicht verstanden, geschweige denn unterstützt. Die Hemmschwelle, mit Dritten offen über die Erkrankung zu sprechen und damit eine soziale Unterstützung von außen zu fördern, steigt. Das nachfolgende Fallbeispiel präsentiert eine Situationsanalyse zum Thema des offenen Kommunizierens: Die Klientin schildert eine ihr besonders negativ in Erinnerung gebliebene Situation, in der sie – vier Wochen nach dem Tod ihrer Tochter – auf eine Arbeitskollegin traf, zu der sie seit Jahren ein gutes Verhältnis hatte.

KLIENTIN: »Bereits bevor ein Wort gesprochen war, schnürte sich mir die Kehle zu, wenn ich sie schon sah und wie ihr der Horror im Gesicht stand und es ihr definitiv unangenehm war, auf mich zu treffen und mit mir zu reden.«
BERATER: »Hat Ihnen die Arbeitskollegin gesagt, dass es ihr unangenehm ist, auf sie zu treffen und mit ihnen zu reden?«
KLIENTIN: »Nein, ich hab es einfach in ihrem Gesicht gesehen.«
BERATER: »Wie hat sie denn ausgesehen? Was hat sie denn gesagt?«
KLIENTIN: »Sie sah gequält aus.« Pause. »Sie hat gesagt, dass sie mitbekommen hat, was passiert ist, und dass sie es ganz schlimm findet, sie kann gar nichts sagen.« Klientin weint. »Ihr tat es leid.« Pause. »Und wie ich damit fertig werde, fragte sie.«
BERATER: »Was haben Sie geantwortet?«
KLIENTIN: »Nichts, ich konnte nichts sagen, ich hab einfach mit den Schultern gezuckt. Was soll ich denn sagen. Ich werd halt damit nicht fertig!«
BERATER: »Dann ging es Ihnen und Ihrer Arbeitskollegen ja ähnlich – sie waren beide eher sprachlos. Was haben Sie sich in dem Moment gewünscht?«
KLIENTIN: »Dass sie das nicht fragt, kann sie sich doch denken, was soll ich auf so eine Frage antworten!«
BERATER: »Was dürfte sie denn sagen?«
Stille.

KLIENTIN: »Nichts, es gibt nichts, was sie mir sagen könnte. Zumindest nichts, was mich besser fühlen lässt.«
BERATER: »Könnte Sie etwas sagen, damit sie sich weniger schlecht fühlen?«
KLIENTIN: »Ja, sie könnte einfach sagen: ›Mein Beileid‹, und sonst nichts.«
BERATER: »Nun sitzt ihre Arbeitskollegin leider nicht hier und wir können ihr das nicht sagen. Haben Sie eine Idee, wie wir die Wahrscheinlichkeit erhöhen, dass sie weiß, was sie sagen kann, damit es Ihnen weniger schlecht geht?«

Teilweise blicken Eltern sorgenvoll darauf, dass Peers der Geschwisterkinder tendenziell weniger zu Besuch kommen. Dies spiegelt jedoch meist den elterlichen Umgang mit Freundeskontakten wider und zeigt, inwiefern es dem Familiensystem gelingt, sich Dritten gegenüber zu öffnen und zu Hause die Erkrankung als Normalität anzusehen, das heißt, welchen persönlichen Freiraum es zulässt.

Dabei ist es wichtig, dem Geschwisterkind Hilfen anzubieten, mit möglicherweise verunsichernden Reaktionen des sozialen Umfeldes umzugehen, zum Beispiel in der Schule. Die Kommunikation über solche problematischen Reaktionen und das Vorleben einer adäquaten und aufklärenden Reaktion können hilfreich sein. Die Fallbeispiele von Maja und Timo verdeutlichen, inwiefern die Kommunikation über problematische Situationen in der Schule die Geschwisterkinder zu entlasten vermag.

Die achtjährige Maja wirkt nach der Schule niedergeschlagen und zieht sich gleich in ihr Zimmer zurück. Ihre Mutter sucht das Gespräch mit ihr. In diesem vertraut sich Maja ihr an und erzählt, dass ihre Klassenkameraden nicht mehr mit ihr spielen wollten. Auf die Nachfrage, warum das denn so sei, antwortet Maja, dass die anderen Kinder Angst hätten, sich anstecken zu können. Da Majas Bruder ja nun Krebs habe, könne Maja die anderen mit dieser Krankheit anstecken oder selbst daran erkranken. Die Mutter versichert ihrer Tochter, dass dies auf keinen Fall möglich sei und die anderen Kinder dies einfach nicht wüssten und daher verunsichert seien. Sie verspricht Maja, morgen früh mit der Klassenlehrerin zu sprechen, damit diese die Mitschüler aufklärt.

Der zehnjährige Timo fällt seit einiger Zeit in der Schule negativ auf. Seine Lehrerin sorgt sich um seine Versetzung, da Timo in Gedanken oft woanders ist und bereits mehrmals ohne Hausaufgaben in den Unterricht gekommen ist. Auch die Mitschüler haben dies bereits bemerkt und ziehen Timo wegen seiner Träumerei auf. Die Lehrerin beschließt, das Gespräch mit Timo und seinen Eltern zu suchen. In diesem wird deutlich, dass Timo mit seinen Gedanken oft bei seinem krebskranken großen Bruder ist, der im Moment im Krankenhaus behandelt wird, sich Sorgen macht und sich deshalb nur schwer konzentrieren kann. Die Lehrerin zeigt sich sehr verständnisvoll. Die Eltern versuchen Timo zu versichern, dass es gut sei, wenn er an seinen Bruder denke, er aber kein schlechtes Gewissen zu haben brauche, wenn er während der Schule andere Dinge im Kopf habe. Seinem Bruder würde es dadurch auf keinen Fall schlechter gehen. Dies entlastet Timo.

Psychosoziale Hilfen:
Neben dem persönlichen Umfeld können andere Betroffene, die in der gleichen Lebenssituation sind, als hilfreich empfunden werden. Vor allem der gegenseitige Austausch und das Gefühl, mit der Situation nicht allein zu sein, geben emotionalen Halt. Aber auch der mögliche Informationsaustausch und die gegenseitige praktische Hilfe sind zu betonen. Häufig finden sich spezielle Selbsthilfegruppen oder Patientenorganisationen lokal zusammen. Im pädiatrischen Kontext sind dies vor allem Gruppen der Selbsthilfe oder Elternhilfevereine (ein umfassender Überblick über Selbsthilfegruppen findet sich auf der Internetplattform www.nakos.de, siehe NAKOS, 2015). Viele Krankenhäuser bieten darüber hinaus eine professionelle psychosoziale Versorgung durch Ärzte, Schwestern, Psychologen, Sozialpädagogen und Krankenhausseelsorger an. Hier werden meist psychosoziale Beratungen, aber auch Einzel- und Familientherapien angeboten.

Sozialstaatliche Hilfen:
Die öffentliche Jugend- und Familienhilfe bietet sozialpädagogische Hilfestellungen für betroffene Familien. Besonders wegen ihrer im Alltag entlastenden Wirkung werden sie häufig nachgefragt. Im Fokus stehen hier vor allem die Leistungen der Haushaltshilfe, der öffentlichen Jugendhilfe und der Hilfen zur Erziehung.

Nach § 38 SGB V haben versicherte Personen einen Anspruch auf eine *Haushaltshilfe,* wenn ihnen aus gesundheitlichen Gründen die Weiterführung des Haushalts nicht möglich ist, zum Beispiel bei einem Krankenhausaufenthalt. Dies trifft auch dann zu, wenn aus medizinischen Gründen die Mitaufnahme eines Kindes im Krankenhaus notwendig ist. Voraussetzung ist, dass ein Kind bis zum vollendeten zwölften Lebensjahr im Haushalt lebt und keine weitere Person die Aufgaben übernehmen kann. Der Antrag ist bei der jeweiligen Krankenkasse zu stellen, welche Bedarf, Umfang und Dauer prüft. Aufgrund der hohen Praktikabilität erfolgt meist eine Kostenerstattung von der Krankenkasse, selten stellt diese direkt die Haushaltshilfe. Lehnt die Krankenkasse den Antrag ab oder läuft der Zeitraum aus, kann der Versuch einer alternativen Finanzierung, basierend auf § 20 SGB VIII (Betreuung und Versorgung des Kindes in Notsituationen) beim Jugendamt oder basierend auf § 70 SGB XII (Hilfe zur Weiterführung des Haushaltes) beim Sozialamt unternommen werden.

Was die öffentliche Jugendhilfe betrifft, können zur Ressourcenstärkung der Kinder und zur Entlastung der Eltern die nach Kinder- und Jugendhilfegesetz (KJHG) im SGB VIII geregelten Hilfe- und Unterstützungsmöglichkeiten für Familien mit Kindern in Anspruch genommen werden. Diese sind häufig in Form örtlicher, relativ niedrigschwelliger Angebote vorzufinden, in welchen Kinder betreut oder versorgt werden, zum Beispiel in Form von pädagogischen Mittagstischen, Horten oder Gruppenangeboten für Kinder- und Jugendliche (Romer et al., 2014). Das örtliche Jugendamt kann einen Überblick über das Hilfsangebot bieten, aber auch Schulen oder Kindertagesstätten sind die Angebote häufig bekannt.

Die Hilfen zur Erziehung nach Abschnitt 4 SGB VIII, § 27–41 (siehe SGB, Achtes Buch 2015) stellen eine fallbezogene und bei Bedarf durch einen Hilfeplan festgesetzte Unterstützung bei der Erziehung, Betreuung und Versorgung von Kindern dar. Voraussetzung ist ein sogenanntes Erziehungsdefizit, welches sich nicht automatisch aus einer Mangellage in der Erziehung ergeben muss, sondern auch aus einem Ausfall der Erziehungsleistungen, zum Beispiel durch Berufstätigkeit, Krankheit oder Krise (Kunkel, 2007) resultieren kann. Zu beantragen ist diese Hilfe beim Allgemeinen Sozialen Dienst des Jugendamtes, wo sowohl die Beratung erfolgt als auch die Ansprüche überprüft werden. Kommt es zu einer Unterstützung, wird deren Form meist in einem Hilfeplan festgehalten, welchen das Jugendamt unter Mithilfe der Eltern erstellt. Eine gute Übersicht über die Kinder- und Jugendhilfe bietet die Broschüre vom Bundesministerium für Familie, Senioren, Frauen und Jugend zu diesem Thema (2014). Im Hinblick auf Familien mit Geschwisterkindern chronisch kranker Kinder sind folgende drei Hilfeplan-Maßnahmen am hilfreichsten:

- Die Erziehungsberatung nach § 28 SGB VIII ist eine niedrigschwellige, kostenfreie, nicht zwingend über das Jugendamt und ein (sehr aufwendiges) Hilfeplanverfahren zu vermittelnde Leistung. Sie bietet Beratung, Prävention, Therapie und Vernetzung bei familiären Problemen und ist damit eine gute erste Anlaufstelle.
- Die Sozialpädagogische Familienhilfe nach § 31 SGB VIII umfasst eine längere ambulante Maßnahme, welche durch ein Hilfeplanverfahren festgesetzt und kostenfrei ist. Die Familie wird bei der Bewältigung von Erziehungs- und Alltagsproblemen, Krisen, Konflikten und dem Umgang mit Ämtern intensiv betreut und begleitet.
- Die Vollzeitpflege nach § 33 SGB VIII umfasst die in einem Hilfeplanverfahren festgesetzte kurz- oder langfristige Unterbringung eines Kindes/Jugendlichen außerhalb des elterlichen Haushalts. Diese kann bei Verwandten, befreundeten Familien oder in Pflegefamilien erfolgen. § 44 SGB VIII regelt,

dass die Pflegeperson eine Pflegeerlaubnis braucht, in welcher überprüft wird, ob eine dem Kind entsprechende Erziehung gewährleistet ist. Nicht nötig ist die Pflegeerlaubnis bei Verwandten bis zum dritten Grad oder bei kurzzeitiger Unterbringung bis zu acht Wochen.

Insgesamt ist zu beachten, dass die Beantragung und die Bewilligung der Hilfen einige Zeit in Anspruch nehmen können (Münder, Meysen u. Trenczek, 2009) und die Eltern bei der Ausgestaltung der Hilfen ein Wunsch- und Wahlrecht haben.

Manchmal besteht bei Eltern dem Jugendamt gegenüber ein Vorbehalt oder die Angst, dass dieses als behördliche Instanz in die elterlichen Rechte eingreifen oder sich einmischen könnte. Gegenüber Eltern mit Vorbehalten gegen diese Art der sozialstaatlichen Hilfen ist es wichtig, die Ängste sowohl ernst zu nehmen und zu besprechen als auch aufzuzeigen, dass das Jugendamt kompetenter Ansprechpartner sowie unterstützende, beratende Instanz und damit in einer hilfegebenden Position ist. Für manche Familien ist es eine große Hilfe, wenn Termine zunächst begleitet werden.

Geschwisterbezogener Umgang mit akuten Krankheitsphasen

Akute Krankheitsphasen stellen für betroffene Familien eine besondere Belastung dar und sind deshalb, wenn mit großer Wahrscheinlichkeit davon auszugehen ist, dass sie im Verlauf der chronischen Erkrankung auftreten werden, im Rahmen der Beratung möglichst vorbeugend aufzugreifen. Durch die Vorbereitung auf akute Krankheitsschübe bei periodisch-rezidivierenden Erkrankungen, welche durch einen ständigen Wechsel zwischen stabilen Phasen und akuten Beschwerdezunahmen (Rolland, 2000) gekennzeichnet sind, können psychosoziale Belastungen im Vorfeld antizipiert und damit abgemildert werden. Dies trifft ebenso auf die Möglichkeit einer Wiederkehr (Rezidiv) einer in Remission (Phase der Symptomfreiheit) befindlichen Erkrankung zu. In beiden Fällen können Familien auf die organisatorische Umstellung des Alltags sowie die große Diskrepanz der psychischen Belastung in Phasen der Normalität und bei (periodischen) Rückfällen vorbereitet werden (Rolland, 2000).

Häufig sind Eltern in einer akuten Krankheitsphase vor allem für ihr erkranktes Kind emotional verfügbar. Hinzu kommen eigene Ängste und Sorgen der Eltern sowie zusätzliche organisatorische Anforderungen. Oft bleibt nur noch ein sehr begrenztes Maß an Aufmerksamkeit für Geschwisterkinder übrig. Doch auch diese haben in Zeiten akuter Krankheitsphasen einen erhöhten Bedarf an emotionaler Nähe und Austausch, machen sich Sorgen und leiden darunter, dass nur noch wenig Zeit für sie bleibt. Manche Geschwisterkinder übernehmen zusätzliche Aufgaben in Haushalt oder Pflege, einige überfordern sich damit (siehe das Kapitel »Förderung funktionaler familiärer Strukturen und Rollen«, S. 133 ff.). In diesem Sinne sollte das Augenmerk der Beratung sowohl darauf gerichtet sein, das Geschwisterkind in der Wahrnehmung seiner Bedürfnisse und Gefühle zu unterstützen (siehe das Kapitel »Unterstützung der kindlichen Ausdrucksmöglichkeiten und Gefühle«, S. 117 ff.) als auch die Entlastung und Unterstützung der Eltern zu fördern, damit diese die Situation bewältigen können und weiterhin emotional für das Geschwisterkind zur Verfügung stehen.

Bei periodisch-rezidivierenden Erkrankungen (z. B. Asthma, Rheuma oder Neurodermitis) ist eine gründliche Auseinandersetzung mit der stetig wiederkehrenden Belastung durch die Erkrankung anzuraten. In speziell auf einzelne Erkrankungen zugeschnittenen Schulungen für Eltern und Kinder (z. B. der »Luftikurs« für an Asthma Bronchiale erkrankte Kinder, siehe Theiling, Szczepanski u. Lob-Corzilius, 2012) werden Möglichkeiten aufgezeigt, ein Gefühl der Kontrolle über die Erkrankung zu erarbeiten. Beispielsweise können Auslöser akuter Schübe identifiziert und damit vermieden oder Möglichkeiten der Abschwächung von Symptomen kindgerecht vermittelt werden. Dies gibt meist der gesamten Familie mehr Sicherheit im Umgang mit akuten Phasen der Erkrankung.

Bei Rezidivsituationen im onkologischen Kontext (z. B. bei malignen Erkrankungen) kann von einer speziellen Belastung für Patient und Familie gesprochen werden, da sie meist als schwererer Rückschritt in der Genesung wahrgenommen werden (Northouse, Kershaw, Mood u. Schafenacker, 2005). Häufig existieren bereits Ängste vor einem Rückfall in der Zeit der Remission, welche eine konstruktive Auseinandersetzung mit der Möglichkeit eines Rezidivs verhindern und ein aktives Coping in der Situation erschweren. Eine gründliche Auseinandersetzung mit der Rezidivsituation kann die Ängste möglicherweise reduzieren und die häufig gefühlte Ohnmacht und Hilflosigkeit durch eine Perspektive trotz Rezidiv mindern (Northouse et al., 2005).

Meist hat ein Rezidiv dann dennoch eine lähmende Wirkung auf die Familienmitglieder und führt zu großer Sprachlosigkeit. Das offene Gespräch über das Wiederauftreten der Erkrankung innerhalb der Familie fällt vor allem Eltern oft schwer, denn ihre Hoffnung auf eine dauerhafte Heilung ist empfindlich geschwächt und die Ängste vor einem Versterben des Kindes sind präsenter als zuvor. Auch verschiedene Verschuldungsphantasien sind nicht selten. Sowohl die Förderung der Kommunikation über die Erkrankung (siehe das Kapitel »Förderung der offenen Kommunikation über die Erkrankung«, S. 103 ff.) als auch die kognitive Orientierung der gesamten Familie sollten nun im Zentrum stehen. Bei einer Verschlechterung des Gesundheitszustandes des erkrankten Kindes kann außerdem eine Intervention zur antizipierenden Trauerarbeit (siehe das Kapitel »Umgang mit dem Tod und Unterstützung der Trauerbewältigung«, S. 163 ff.) angezeigt sein.

Möglicherweise muss das Setting im Fall eines Rezidivs zu einem therapeutischen umgestaltet werden. Ein solches erweist sich vor allem dann als sinnvoll, wenn die Hoffnungslosigkeit als Reaktion auf die Rezidivmitteilung so sehr überwiegt, dass daraus eine Depression oder der Rückzug eines Familienmitgliedes resultiert.

Da die Vorbereitung und Begleitung akuter Krankheitsphasen wesentlich zur Beratung von Familien mit Geschwisterkindern von chronisch kranken Kindern gehört, wird im Folgenden genauer auf sie eingegangen.

Akute Krankheitsphasen vorbereiten und begleiten:
Ein Eckpunkt der Begleitung von Familien vor und in akuten Krankheitsphasen ist die umfangreiche Psychoedukation zu den Hintergründen der Erkrankung, bzw. zum periodischen bzw. erneuten Auftreten von Symptomen. Diese Psychoedukation der Familie sollte zu einer offenen und kontinuierlichen familiären Kommunikation über die Erkrankung führen (siehe das Kapitel »Förderung der offenen Kommunikation über die Erkrankung«, S. 103 ff.).

Die *Organisation im Notfall* gehört zur Vorbereitung einer akuten Krankheitsphase und ist daher, sofern möglich, vor dem Eintritt einer solchen Phase zu thematisieren. Eltern sollten intensiv auf akute Krankheitsphasen vorbereitet werden und beispielsweise soziale Unterstützung akquirieren, Arbeitszeiten für den Notfall besprechen bzw. die entsprechenden Anlauf- und Unterstützungsstellen kennen. Auch die Organisation von krankheitsfreien Zeiten und Räumen ist zur Aufrechterhaltung der Alltagsnormalität im Krisenfall wichtig.

Akute Krankheitsphasen bzw. Rezidivsituationen erfordern nicht selten einen Krankenhausaufenthalt, zu welchem von der Familie möglichst im Vorfeld eine Vorgehensweise abgesprochen und konkretisiert werden sollte. Bei der Erstellung eines Notfallplans ist neben der Organisation einer regelmäßigen Betreuung des erkrankten Kindes bzw. des Geschwisterkindes die eventuell angezeigte Fremdunterbringung von Geschwisterkindern ein zentraler Punkt. Dabei kann vor allem auf Ressourcen aus dem sozialen Umfeld zurückgegriffen werden, zum Beispiel in Form einer sogenannten Patenschaft (ein vertrauter Mensch aus dem engeren familiären oder sozialen Umfeld) oder staatlicher Hilfen (siehe das Kapitel »Hilfen aus dem sozialen Umfeld und sozialstaatliche Hilfen«, S. 143 ff.).

Die Fremdunterbringung des Geschwisterkindes (vor allem bei Ein-Eltern-Familien) ist sorgsam vorzubereiten. Sie sollte in einem möglichst vertrauten

Rahmen stattfinden und so nah wie möglich am Alltag des Geschwisterkindes orientiert sein. Das Geschwisterkind sollte darüber aufgeklärt werden, warum der Krankenhausaufenthalt sowie die Fremdunterbringung notwendig sind, um etwaigen Verursachungsgedanken oder Schuldgefühlen vorzubeugen.

Des Weiteren sind die Besuche *im Krankenhaus vorzubereiten*, dies gilt vor allem für die Besuche der Geschwisterkinder. Die Psychoedukation zur Erkrankung umfasst hier vor allem Aspekte des möglicherweise veränderten Aussehens des erkrankten Kindes, der medizinischen Geräte, der Hygiene- oder Isolationsbedingungen. Geschwisterkinder sind über mögliche Folgen von schweren Behandlungen aufzuklären. Dies betrifft häufig Krebsbehandlungen, die toxische Nebenwirkungen wie Haarausfall, Übelkeit, Erbrechen, physische und psychische Probleme zur Folge haben. Aber auch die Umgebung im Krankenhaus, zum Beispiel auf einer Intensivstation, mit einem eventuellen Anschluss des Patienten an Beatmungsgeräte, kann thematisiert werden.

Das nachfolgende Beispiel aus der Praxis zeigt, wie der Berater mit der siebenjährigen Lara spricht, deren dreijähriger Bruder Max auf der Intensivstation liegt:

Laras kleiner Bruder Max ist seit einer Woche im Krankenhaus. Erst vor kurzem hatten die Ärzte den Scheidewanddefekt zwischen rechter und linker Herzkammer entdeckt. Dann ging alles ziemlich schnell und Max wurde operiert. Nun liegt der Junge nach wie vor auf der Intensivstation und wird beatmet. Lara würde ihren Bruder gern sehen, ihre Eltern befürchten jedoch, dass Lara die vielen Geräte und Schläuche zu sehr beängstigen und wollen ihr den schweren Anblick lieber ersparen. Lara ist verwirrt und oft auch traurig. Was wohl mit ihrem Bruder los ist?
BERATER: »Hast du eine Idee, warum deine Eltern nicht wollen, dass du mit ins Krankenhaus gehst?«
LARA: »Na ich soll nicht sehen, wie mein Bruder dort liegt.«
BERATER: »Aha, was könnten denn deine Eltern damit vermeiden wollen? Was könnten denn gute Gründe sein, warum du nicht sehen sollst, wie dein Bruder dort liegt?«
LARA: »Ich soll mich nicht gruseln und keine Albträume bekommen.«
BERATER: »Also machen sich deine Eltern eigentlich Sorgen um dich?«
LARA: »Ja. Aber ich hab schon mal einen Albtraum gehabt, wo ich meinen Bruder dort liegen sehen habe.«
BERATER: »Wie sah das dort denn genau in deinem Albtraum aus?«
LARA: »Da waren riesige Maschinen und mein Bruder sah aus wie ein Roboter. Ein bisschen wie in dem Film.«
BERATER: »Also im Krankenhauszimmer deines Bruders sind Maschinen, die dein Bruder braucht, damit er weiter atmen kann und die ihm helfen zu überle-

ben. Dein Bruder selbst sieht nicht aus wie ein Roboter, es führen aber einige Schläuche und Kabel von seinem Körper zu den Maschinen, damit zum Beispiel gemessen werden kann, wie schnell sein Herz schlägt. Was hast du denn noch in deinem Traum gesehen?«
LARA: »Es war ein ziemlich enger, dunkler Raum.«
BERATER: »Manche Krankenhausräume sind so, dein Bruder liegt allerdings in einem ganz normalen Zimmer mit einem großen Fenster, da scheint dann genau so die Sonne rein wie in jedes andere Zimmer auch. Willst du mal ein Bild oder einen Comic von so einem Krankenhauszimmer sehen?«

Der Berater des Fallbeispiels bietet Lara die Möglichkeit, sich Illustrationen zum Thema Intensivstation anzusehen. So kann beispielsweise das »Kinder-Klinik-Karten-Memospiel« aus dem Manfred Vogt Spieleverlag zur Ressourcenstärkung in der Psychotherapie, Pädiatrie und Onkologie eingesetzt werden. Dem Geschwisterkind sollte allerdings zudem vermittelt werden, dass es sein Geschwister während eines langwierigen Krankenhausaufenthaltes besuchen und den Kontakt zu ihm halten kann. Dabei ist vor allem auch den Eltern gegenüber zu betonen, dass diese Entscheidung dem Geschwisterkind offen stehen muss. Das heißt, der Besuch im Krankenhaus sollte für das Geschwister optional möglich sein. Denn wie im Beispiel von Lara sind die Bilder, Vorstellungen und Alpträume, die ein Kind, dem die Eltern den Anblick des erkrankten Geschwisters im Krankenhaus ersparen wollen, entwickelt, oft sehr viel beängstigender als der wirkliche Anblick es wäre.

Bei der Vorbereitung und Begleitung akuter Krankheitsphasen ist, was das Setting betrifft, eine Kombination aus *Einzel- und Familiengesprächen* sinnvoll.

Im Einzelgespräch mit dem Geschwisterkind sollte vor allem die Möglichkeit der Kommunikation über die aktuelle familiäre Situation im Fokus stehen. Das Geschwisterkind sollte dazu ermutigt werden, eigene Gefühle und Bedürfnisse wahrzunehmen und zu artikulieren (siehe das Kapitel »Unterstützung der kindlichen Ausdrucksmöglichkeiten und Gefühle«, S. 117 ff.). Dem Geschwisterkind ist damit ein Raum für seine Ängste und Sorgen gegeben und es können eventuelle Verschuldungsphantasien eruiert werden. Mögliche aktive Bewältigungsstrategien sollten im Sinne der Unterstützung des Copings (siehe das Kapitel »Unterstützung des kindlichen Copings«, S. 108 ff.) fokussiert werden.

Einzelgespräche mit den Eltern ergeben nicht selten, dass es im Fall eines Rezidivs zum Zusammenbruch der bisherigen Bewältigungsmöglichkeiten kommt. Im Sinne der Unterstützung des elterlichen Copings ist es in dieser Situation hilfreich, zu erarbeiten, was den Eltern in der ersten Erkrankungsphase geholfen hat und wie es sich auf die aktuelle Situation übertragen lässt.

In den Familiengesprächen ist vor allem der familiäre Zusammenhalt zu fördern, denn er gehört zu den wichtigsten Prädiktoren in der Bewältigung bei akuten Krankheitsphasen (Northouse et al., 2005). Deshalb sollten Familiengespräche intensiv zum gegenseitigen Austausch über die aktuelle Erkrankungs- und Behandlungssituation beitragen, gegebenenfalls eine Rollenverteilung und Unterstützungsmöglichkeiten anregen. Ebenso sollten die subjektiven Krankheitstheorien der Familienmitglieder ausgesprochen werden, wobei besonders auf kindliche magische Vorstellungen bezüglich der Verursachung der Erkrankung bzw. erneuten Symptome zu achten ist (siehe das Kapitel »Förderung der offenen Kommunikation über die Erkrankung«, S. 103 ff.).

Familien in besonderen Lebenssituationen

Familien in besonderen Lebenssituationen können häufig in hohem Maße von einem psychosozialen Beratungsangebot profitieren, erhalten sie doch eine Unterstützung, welche ihre womöglich niedrigen Ressourcen nachhaltig stärkt. Gleichzeitig ergeben sich oft spezifische Hemmschwellen, ein psychosoziales Angebot anzunehmen. Die gründliche Klärung des Auftrages sowie die intensive Beziehungsarbeit können hier einen Zugang schaffen. Im Folgenden sind daher speziell zu Ein-Eltern-Familien, Familien mit Migrationshintergrund und mehrfach belasteten Familien Informationen zusammengetragen und auf die jeweilige Zielgruppe abgestimmte Vorgehen skizziert.

Ein-Eltern-Familien:
Für alleinerziehende Elternteile ist die chronische Erkrankung eines Kindes angesichts der mannigfachen Belastungen eine große Herausforderung. Vor allem Elternteile, welche die alleinige bindungsrelevante Fürsorgefunktion haben, können von der Beratung bzw. der Hilfestellung durch psychosoziale Angebote profitieren. Dabei hängt das Maß der Dringlichkeit meist damit zusammen, wie sich die Beziehung zu dem anderen Elternpart gestaltet und dieser sich in die Betreuung einbringt bzw. ob der alleinerziehende Elternteil auf weitere soziale Ressourcen zurückgreifen kann (z. B. auf Großeltern zur Kinderbetreuung oder eine finanzielle Unterstützung).

Grundsätzlich zielt die Beratung auf die Ressourcenfeststellung und -förderung unter den besonderen Voraussetzungen vielfältiger Belastungen von Alleinerziehenden ab. Diese Zielsetzung bedingt, dass vor allem die persönlichen Ressourcen der Selbstwirksamkeit und Problemlösekompetenz als essenzielle Grundlagen stets betont werden sollten. Auch die Entlastung von häufig auftretenden Verunsicherungen und Schuldgefühlen alleinerziehender Eltern bildet eine Grundlage für die Beratung. Insofern sind die enormen Leistungen Alleinerziehender zu unterstreichen und bisherige Erfolge sowie positives Verhalten möglichst feingliedrig sichtbar zu machen und zu verbalisieren.

Einen wichtigen Schwerpunkt stellt in der Beratung von Ein-Eltern-Familien die *Kinderbetreuung* dar. Wie bereits in den vorherigen Kapiteln deutlich wurde, spielt das soziale Netzwerk im Alltag mit Kindern oft eine herausragende Rolle, dabei sind es häufig die Großeltern oder auch andere nahe Verwandte oder Freunde, welche soziale Unterstützung bieten und vor allem bezüglich der Kinderbetreuung als äußerst hilfreich wahrgenommen werden (Pinhard u. Schutter, 2012). Im plötzlichen Krankheitsfall (mit Krankenhausaufenthalt) wird diese Unterstützung umso mehr notwendig, besitzt doch die Absicherung einer zuverlässigen und flexiblen Kinderbetreuung eine besondere Priorität. Vor allem für Geschwisterkinder in Ein-Eltern-Haushalten muss daher dringlich eine tragfähige und möglicherweise langfristige Betreuungslösung gefunden werden, welche verlässlich ist und die gewohnten Alltagsbezüge aufrechterhalten kann. Hier bietet sich auch ein Patensystem an. Die Betreuungspersonen sollten entsprechend ihres Engagements in die Beratung einbezogen werden. Sie können zum einen die Sicht auf das Geschwisterkind enorm erweitern und zum anderen selbst durch die Situation belastet sein und Unterstützung benötigen.

Falls keine zuverlässige Betreuungsperson für das Geschwisterkind aus dem privaten sozialen Netzwerk verfügbar ist, sollten möglichst frühzeitig psychosoziale Hilfen, zum Beispiel Sozialdienste, eingeschaltet werden, um eine konkrete Notfallversorgung zu planen (z. B. die Kurzzeitpflege und Verhinderungspflege des ASD, das heißt des Allgemeinen Sozialdienstes). Das Geschwisterkind sollte bezüglich der Betreuung in akuten Krankheitsstadien intensiv aufgeklärt werden, um die Situation (Trennung von der Haupterziehungsperson, Betreuung durch eine Ersatzperson, Unterbringung in einer Einrichtung) einordnen zu können und nicht als selbstverschuldet wahrzunehmen. Dabei ist es wichtig, dass dem Geschwisterkind die Möglichkeit gegeben wird, negative Gefühle auszusprechen, denn auch wenn ein Kind die Notwendigkeit eines solchen Schrittes versteht, ist dem kindlichen Ausleben von der Situation angemessenen Gefühlen der Trauer, des Ärgers oder der Wut Raum zu geben. Vor allem die Haupterziehungsperson sollte darauf vorbereitet werden, dass sie eventuell belastende Gefühle des Geschwisterkindes aushalten muss. Eine diesbezügliche Stärkung der Elternposition ist ratsam (siehe das Kapitel »Stärkung der elterlichen Erziehungskompetenzen«, S. 122 ff.).

Ein weiterer wichtiger Schwerpunkt bei der Beratung von Ein-Eltern-Familien ist der *Einbezug beider leiblichen Elternteile*. Häufig geht dem Leben in der Ein-Eltern-Familie eine Trennung voraus, welche mit Konflikten der

Eltern verbunden ist. Im Krankheitsfall können jedoch oft Vereinbarungen getroffen werden, welche eine Unterstützung zu Gunsten der Kinder bewirken oder gar den Ex-Partner in die Betreuung und Beratung integrieren (Romer et al., 2014). Dabei sollte es vor allem um Möglichkeiten gehen, sich als Eltern gegenseitig zu akzeptieren und jedem Elternpart seine Art Elternsein zuzugestehen (Romer et al., 2014). Doch der Dialog ist nicht immer herzustellen, vor allem bei entfremdeten und strittigen Elternteilen. Notfalls kann die Beratung dann in einem getrennten Dialog fortgeführt werden. Die Ablehnung einer gemeinsamen Vorgehensweise der Ex-Partner ist anzunehmen und gleichzeitig in den Beweggründen nachzuvollziehen – nicht selten werden gegenseitige Vorwürfe und Schuldgefühle beschrieben. Möglicherweise können gemeinsam mit dem Klienten Vor- und Nachteile der Beziehungsgestaltung zum Ex-Partner reflektiert werden, für das Geschwisterkind kann es schließlich eine entscheidende Rolle spielen, eine eigenständige Beziehung zum anderen leiblichen Elternteil zu führen. Diese gelingt leichter, wenn dem Kind bewusst ist, dass die Hauptbindungsperson mit dieser Beziehung einverstanden ist (Romer et al., 2014). Auch sind Wünsche der Kinder nach einer intakten Mutter-Vater-Kind-Beziehung in Krisensituationen vermehrt präsent, was im Angesicht schwieriger Trennungsgeschichten häufig schmerzlich für die Eltern ist. Diese realen Bedürfnisse und legitimen Wünsche der Kinder werden häufig in Phantasien über die intakte Familie ausgedrückt. Dies sollte als Bewältigungsverhalten des Kindes verstanden werden, welches es zu akzeptieren gilt. Es ist nicht mit einem konkreten Wunsch nach Umsetzung gleichzusetzen (Romer et al., 2014).

Auch die *Ressourcenförderung für Alleinerziehende* ist in der besonderen Lebenssituation einer Ein-Eltern-Familie einer der wesentlichen Beratungsschwerpunkte. So ist das Thema der persönlichen Freiräume und der kinderfreien Zeiten mit den Eltern zu thematisieren. Häufig vernachlässigen besonders alleinerziehende Elternteile aufgrund ihrer alleinigen Verantwortung für die Familie diesen Aspekt. Dabei stellen sie ihre individuellen Bedürfnisse (z. B. nach Partnersuche) aufgrund des Pflichtgefühls, für ihre Kinder da sein zu müssen, zurück. In der Beratung können diese individuellen Bedürfnisse legitimiert und in ihrer Wichtigkeit für die persönliche Ausgeglichenheit betont werden. Günstig ist es, möglichst konkret darüber zu besprechen, wie Unternehmungen ohne Kinder (z. B. Ausgehen, Hobbies, Sport) praktisch umgesetzt werden können.

Übernimmt zum Beispiel ein Geschwisterkind eine partnerähnliche Funktion, kann an dieser Stelle darauf eingegangen werden. Im Zentrum sollte bei einer Parentifizierung des Geschwisterkindes die Suche nach alternativen Handlungsmöglichkeiten stehen, um bisherige altersunangemessene Rollenübernahmen des Kindes in Zukunft zu vermeiden (siehe das Kapitel »Förderung funktionaler familiärer Strukturen und Rollen«, S. 133 ff.).

Familien mit Migrationshintergrund:
Die kompetente psychosoziale Versorgung blickt mit respektvoller und wertschätzender Haltung auf die unterschiedliche kulturelle Herkunft und den unterschiedlichen kulturellen Habitus der Patienten und beachtet gleichzeitig deren individuellen lebensgeschichtlichen Hintergrund. Dabei wirken sich Kenntnisse kulturspezifischer Symptomwahrnehmungen und Behandlungserwartungen sowie ein Verständnis davon, welche Beratungsziele in welchem spezifischen kulturellen Kontext bedeutsam sind, günstig aus (Lindert et al., 2008; Romer et al., 2014). Dies erfordert eine Reflexion und möglichst neutrale Betrachtung der eigenen kulturellen Prägung des westlichen (bio-) medizinischen Gesundheitsverständnisses. Grundlegend sollten die Berater beachten, dass sie im Positiven wie im Negativen als Vertreter der dominanten Gruppe der Gesellschaft erlebt werden können (Horn, 2005; Möller, Paulus, Adam u. Lucas, 2005).

Um eine in diesem Sinne kulturell kompetente Beratung und Versorgung zu realisieren, sind Supervision und Intervision sowie Gespräche mit Menschen aus anderen Kulturen ebenso wie ein interdisziplinäres Arbeiten mit einem Team aus Psychiatern, Psychologen, Ethnologen und Sozialwissenschaftlern von Vorteil. Der Kontakt zu einer interkulturellen Beratungsstelle ist an dieser Stelle daher äußerst sinnvoll (Romer et al., 2014). Falls Ressourcen vorhanden sind, eignet sich ein multikulturelles Team bzw. ein Sprach- und Kulturmanager (ggf. für den psychosozialen Bereich ausgebildet) hervorragend, um die kultursensible Beratung zu realisieren (Möller, 2006).

Die folgenden Beratungsinhalte sind für Familien mit Migrationshintergrund konzipiert, welche erst seit kurzer Zeit in Deutschland leben und/oder bisher wenig integriert sind. Diese werden häufig von medizinischen Helfern überwiesen und weisen eine kulturell bedingte Distanz zum Thema Krankheit und zum hiesigen medizinischen System auf. Nicht selten ist ihnen das Gespräch über Krankheit und Behandlung völlig unvertraut. Daraus resultiert eine gesteigerte Bedeutung der Beziehungsarbeit vor der eigentlichen Beratung. In dieser Beziehungsarbeit sollte ein gegenseitiges Verständnis für die Herangehensweisen an die medizinische Problembehandlung erzeugt werden.

Die häufig vorhandene Sprachbarriere ist das offenkundigste Anzeichen für die Schwierigkeiten, die mit der kulturellen Fremdheit einhergehen und sich zum einen in Kommunikationsproblemen und zum anderen in Hindernissen, eine gemeinsame Sprache hinsichtlich persönlicher und emotionaler Angelegenheiten zu finden, ausdrücken. Die Sprachbarriere zu überwinden bietet dem Berater gleichsam eine Möglichkeit des Beziehungsaufbaus bzw. der Beziehungsintensivierung und ist bestenfalls mittels eines sprachkundigen Mitarbeiters oder Dolmetschers zu realisieren. In der Regel sollte nicht auf Familienmitglieder als Dolmetscher zurückgegriffen werden, da gerade bei emotional belastenden Themen der Dolmetscher »nicht nur als Übersetzer, sondern auch intuitiv als Überbringer und Filter der geäußerten Botschaften agiert« (Möller, 2006, S. 172). Dies überfordert vor allem Kinder. Auf der Basis der sprachlichen Verständigung kann ein gemeinsames Problemverständnis herbeigeführt werden. Erwartungen, Wünsche und Befürchtungen sind dabei gründlich zu eruieren, wobei ihre kulturspezifische Prägung zu beachten ist (Möller, 2008). Hilfreich für diesen Prozess sind Hintergrundinformationen zu spezifischen kulturellen Besonderheiten im Zusammenhang mit Krankheit, Tod oder familiären Konflikten und ihrer Kommunikation innerhalb und außerhalb der Familie (Romer et al., 2014). Daher besteht unser Tipp aus der Praxis darin, sich als Berater per indirekter Fragen mehr Hintergrundinformation zu verschaffen:

- Wie gehen die Menschen in Ihrer Heimat damit um, wenn ein Kind chronisch krank ist?
- Wird darüber gesprochen?
- Wer spricht mit wem darüber?
- Wo würde die Familie Unterstützung und Hilfe bekommen?

Die Erwartungen an die Beratung sollten besonders sorgfältig exploriert werden. Teilweise sind schnelle und effiziente Lösungen von Problemen gewünscht, zum Beispiel eine Medikamentengabe oder Empfehlung konkreter Handlungsanweisungen bei psychiatrischen Belastungen. Gleichsam sollte der Berater an dieser Stelle über das Beratungsangebot, seine Möglichkeiten und die Struktur der Beratung aufklären. Besonderes Augenmerk sollte dabei den Grenzen des Beratungsangebotes zukommen, um falschen Hoffnungen und Enttäuschungen vorzubeugen.

Das Angebot einer Hilfestellung in Form sozialpädagogischer Unterstützung ist oft ratsam, da möglicherweise der Zugang zu und das Wissen um staatliche Hilfen und psychosoziale Einrichtungen, zum Beispiel aufgrund der Sprachbarriere, nicht vorhanden ist (Romer et al., 2014). Damit sind zum Beispiel Hilfen und Informationen in Bezug auf Haushaltshilfen, Kinderbetreuung, Kur, Selbsthilfegruppen, kulturelle Vereine oder Sprachkurse sowie die Begleitung zu Ämtern (Romer et al., 2014) gemeint. Die Hilfestellung bei der Lösung konkreter Probleme ist darüber hinaus förderlich für den Beziehungsaufbau, sie wirkt vertrauensbildend.

In der Beratung von Familien mit Migrationshintergrund ist ein Setting, das Familiengespräche und Einzelgespräche beinhaltet, zu empfehlen.

Familiengespräche, in denen die erweiterte Familie in die Beratung mit eingeschlossen wird, ist oft sinnvoll, da die Einbindung der Familienmitglieder in eine Großfamilie bzw. einen Familienverband sehr stark sein kann (Möller, 2006). Dieser Familienverband ist dabei nicht nur einzubeziehen, um ihn als soziale Ressource nutzbar zu machen, sondern auch, um mögliche Konflikte und Schwierigkeiten im Zusammenhang mit den familiären Strukturen zu vermeiden. Die familiären Strukturen sind dabei häufig nach Alter und Geschlecht hierarchisch geordnet und Großeltern oder Brüdern des Vaters fällt manchmal eine bedeutende Rolle im Familienverband zu (z. B. Fürsorger oder Familienoberhaupt mit Entscheidungskompetenz). Wichtig ist demnach zu eruieren, wer die zentralen Personen in der Familie sind. Nach Yilmaz (2006) sollte die Schlüsselfrage: »Ohne wen läuft nichts?« (S. 281), immer gestellt werden.

Möglicherweise werden familiäre Probleme mit Außenstehenden aus kulturellen Gründen nicht besprochen oder nur indirekt angedeutet (Wesselmann, 2005). Hier ist mit Dolmetschern bzw. Menschen mit gleichem kulturellem Hintergrund behutsam ein Zugang zu erarbeiten. Es kann hilfreich sein, von den Familien benutzte Ausdrucks- und Redewendungen sowie Metaphern zu übernehmen, aber auch nonverbale Kommunikationsmittel einzusetzen. Zum Teil schotten sich die Familien jedoch in Krisen gegenüber Hilfsangeboten ab, was vor allem die Kinder in ihren Entwicklungsmöglichkeiten beschränken kann. In diesen Fällen ist das familiäre Coping im Familiengespräch wertschätzend anzuerkennen und die Eltern sind in ihren Bewältigungsmöglichkeiten und Ressourcen zu stärken (Romer et al., 2014).

Kindern in der zweiten Generation gelingt die Integration häufig leichter als ihren Eltern. Damit können innerfamiliäre Spannungen – auch im Zusammenhang mit einer chronischen Erkrankung und ihrer Behandlung – auftreten. Im Gespräch sind im Kontext der divergierenden Lebenswelten die unterschiedlichen Einstellungen, Werte und Wünsche zu benennen. Es ist ein Umgang mit diesen Differenzen zu erarbeiten, der für alle Familienmitglieder respektabel ist bzw. Tradition und Veränderung gleichermaßen berücksichtigt (Romer et al., 2014).

Im *Einzelgespräch* kann das individuelle Denken, Erleben und Verhalten vor dem kulturellen und familiären Hintergrund exploriert werden. Dabei gilt es, sensibel mit dem Spannungsverhältnis zwischen dem oft hohen Anspruch an Loyalität gegenüber der Familie als sozialer Gruppe und den individuellen Gefühlen und Bedürfnissen der einzelnen Familienmitglieder umzugehen. Oft kommt dem Familienverband eine besonders hohe Bedeutung zu. In manchen

Kulturen gilt Individuation als Abweichung von der sozialen Norm und kann mit starken Ängsten belegt sein, da möglicherweise Sanktionen der sozialen Gruppe folgen (Yilmaz, 2006). So können Frauen manchmal in Gegenwart ihres Mannes nicht offen über ihre Gefühle, Bedürfnisse und Ängste sprechen. Dann ist das Gespräch mit den Eltern möglichst als Einzelgespräch zu führen. Im Familiengespräch können die Sichtweisen der Familie dann erneut zusammengetragen und ein gemeinsames Verständnis entwickelt werden. Auch können Freunde oder Vertraute einbezogen werden, welche bei der Krisenbewältigung hilfreich sein können und eventuell den Widerstand gegen anstehende Veränderungen innerhalb der Familie überwinden helfen (Yilmaz, 2006).

Außerdem sollten bei Familien mit Migrationshintergrund folgende *weitere Aspekte der kultursensiblen Beratung* unbedingt beachtet werden: Ein nicht zu vernachlässigender Aspekt im Kontext der chronischen Erkrankung eines Familienmitgliedes sind *kulturgebundene Erklärungsmodelle von Gesundheit und Krankheit*. Divergierende Erklärungsmodelle sollten nebeneinander existieren und gegenseitig anerkannt werden, ihre jeweiligen Vorteile können in der Beratung nutzbar gemacht werden. So sind kulturspezifische Heilungsrituale (Möller et al., 2005) bzw. religiöse Ressourcen in den Beratungsprozess einzubinden (Horn, 2005). Generell gilt, dass *Religion* für viele Menschen von großer Bedeutung und Teil der individuellen und familiären Identität ist. Die Religion gibt Deutungs- und Interpretationsmöglichkeiten für grundlegende Lebensfragen, kann Hoffnung und Selbstwert stärken, Fremdheitsgefühle verringern und in Krisen Halt geben (Horn, 2005). Der Glaube ist oft im Zusammenhang mit der Bewältigung einer Krankheit oder des Todes eines nahestehenden Menschen eine wichtige Ressource und daher in seiner gesundheitsförderlichen Wirkung zu betrachten. Allerdings können ein Patient und seine Familie auch im Glauben erschüttert werden, was Ängste, Stress und Depressivität zusätzlich fördert (Brzoska u. Razum, 2009).

Zudem kann die Familie im Verlauf der Beratung möglicherweise von der *Einbeziehung der migrationsspezifischen Erfahrungen* profitieren. Diese Erfahrungen werden dabei teilweise als ängstigende Belastung, teilweise als Handlungsspielräume eröffnende Ressource erlebt (Erim u. Senf, 2002). Zur familiären Migrationsgeschichte gehören die damit verbundenen Wünsche und Erwartungen sowie das Motiv der Migration, aber auch Rückkehrabsichten und damit zusammenhängende Gefühle (Möller, 2006). Zu thematisieren ist außerdem die durch Migration möglicherweise hervorgerufene schwierige soziale Situation der Familie, insofern diese eine zusätzliche Belastung darstellt. Bisherige Erfahrungen mit dem Gesundheitswesen sind ebenso zu eruieren, dabei sind sowohl Befürchtungen als auch hilfreiche Anknüpfungspunkte herauszufiltern.

Mehrfach belastete Familien:
Die typischerweise angewandten Settings in der psychosozialen Arbeit sind bei mehrfach belasteten Familien nahezu wirkungslos bzw. stoßen zum Teil auf erheblichen Widerstand der Klienten. Nicht selten sind Berater mit einer Ablehnung der Beratung sowie »hektischen, konflikthaften und chaotischen Familiendynamiken« (Kofler, 2009, S. 27) konfrontiert. Entsprechend ist die Arbeit an einer vertrauensvollen und tragfähigen Beziehung extrem zeitintensiv und benötigt zuerst eine eingehende Betrachtung der sozialen und ökonomischen Problemstellungen und der emotionalen Kompetenzen der Klienten, welche nicht isoliert von den psychischen Problemlagen gesehen werden dürfen (Kofler, 2009). Gleichsam zeigt die Auseinandersetzung mit beispielsweise den Wohnverhältnissen, der gesundheitlichen Situation oder Aspekten des Kindeswohls, dass sich der Berater der Sorgen der Klienten tatsächlich annimmt. Dabei ist die hohe Spezialisierung der Professionen in diesem Hilfesetting eher kontraproduktiv und vernetzte Hilfeleistung sowie interdisziplinäre Fallkonferenzen sind notwendig (Kofler, 2009).

Viele mehrfach belastete Familien sehnen sich nach Orientierung, starkem Halt und einem hoffnungsvollen Blick in die Zukunft (Kofler, 2009). Vor allem im Angesicht einer Erkrankung wünschen sie sich eine Person, die für kurze Zeit »das Steuer in die Hand nimmt und garantiert, dass sie als Familie nicht wieder mit ihrem Boot am Felsen zerschmettert« (S. 23). Sichere Strukturen und Rahmenbedingungen lassen dann auch im Beratungssetting Vertrauen und Ruhe bzw. eine konstruktive Arbeitsatmosphäre entstehen. Gleichzeitig ist die Zielstellung für die Familien nicht aus den Augen zu verlieren. Diese orientiert sich nicht an einer dynamischen Persönlichkeitsentwicklung und dem Wachstum an schwerwiegenden Lebenssituationen, sondern vielmehr daran, verlustfrei »brauchbare Zwischenlösungen« (Schuster, 2004, S. 13) zu finden. Der Berater muss dabei die Unaufhebbarkeit bestimmter Probleme akzeptieren und die Lebensleistung der Familie wertschätzen, welche trotz der mannigfachen Belastungen realisiert wurde.

Gemeinsam sollte angestrebt werden, die Familienmitglieder mit minimalen Interventionen und kleinen Zielen ein Stück weit von der massiven Lebenslast zu erleichtern. Erstaunlicherweise werden dabei zum Teil Ressourcen freigesetzt, welche einen enormen Lebenswillen zeigen und konstruktiv eingesetzt werden, so dass die Berater manchmal sehr überrascht werden können.

Das nachfolgende Fallbeispiel der Familie Meynhardt macht deutlich, wie eine Beratung dazu beitragen kann, dass eine mehrfach belastete Familie mit einem chronisch kranken Kind zu Möglichkeiten der Entlastung kommt.

In der Paarbeziehung zwischen Frau und Herrn Meynhardt kam es bereits seit Jahren zur ständigen Eskalation. Vor drei Jahren erreichte Frau Meynhardt schließlich mit

Unterstützung einer Familienhelferin, dass Herr Meynhardt auszog und ein Besuchsrecht sowie Unterhaltszahlungen vereinbart wurden. Doch Herr Meynhardt verzog unbekannt und meldet sich seitdem nicht mehr bei der Familie.

Ohne die Unterhaltszahlungen gerät Frau Meynhardt, welche von Sozialtransfers abhängig ist, zunehmend in eine Schuldenfalle. Zusätzlich zu der Überlastung mit der finanziellen Situation ist sie mit der Kindererziehung stark überfordert. Die Diagnose Epilepsie ihres ältesten Sohnes ist somit eines von vielen Problemen. Frau Meynhardt meldet sich mit Schulproblemen ihres zweitältesten Sohnes beim örtlichen Elternhilfeverein, wo in der Beratung zunächst die massiven Lebensprobleme der Familie thematisiert werden. Als hilfreich erweist sich zum einen die Schuldnerberatung für Frau Meynhardt. Glücklich ist diese zum anderen darüber, dass sich der Kindsvater meldet. Auch er wird nun in die Beratung einbezogen und gemeinsam kann erreicht werden, dass er eine Unterkunft unweit der Wohnung der Familie bezieht. Diese Lösung schafft genügend Distanz für die ursprünglich hoch strittigen Eltern, bietet jedoch auch die Möglichkeit des Kontakts zu den Kindern und der Unterstützung der Mutter. Die Beziehungsqualität steigt allmählich. Für den zweitältesten Sohn wird eine Nachhilfe installiert und der älteste Sohn kann nach der medikamentösen Einstellung einen fast normalen Alltag leben. Die Situation der Familie entspannt sich.

Als Setting spielen bei mehrfach belasteten Familien vor allem Geschwistergespräche und Elterngespräche eine Rolle, aber auch Familiengespräche, was weiter unten noch näher ausgeführt wird.

Ein Fokus der *Geschwistergespräche* sollte darauf liegen, für die Kinder vor allem nach verlässlichen sozialen Kontakten zu suchen, welche das Kind in seinen Bedürfnissen wahrnehmen und seine Ressourcen stärken. Am günstigsten sind Personen aus dem persönlichen Umfeld, falls es jedoch nicht möglich ist, solche zu finden, kann eine langfristige Beziehung zu einem psychosozialen Mitarbeiter aufgebaut werden. Im Rahmen dieser gefundenen sozialen Beziehungen der Geschwisterkinder ist die möglicherweise schwierige Alltagsrealität des Kindes anzuerkennen und dies in der eigenen Wahrnehmung seines Lebens zu bestätigen sowie für seine Leistungen wertzuschätzen. Für die Kinder ist es zudem wichtig, verschiedene (Problem-)Ebenen auseinanderhalten zu können und ihre Einflussmöglichkeiten realistisch einzuschätzen. So sind sie nicht verantwortlich für Probleme der Erwachsenen- und Familienebene, zum Beispiel in der Paarbeziehung der Eltern, aber durchaus zuständig bei eigenen Thematiken, zum Beispiel den Leistungen in der Schule.

Im *Einzelgespräch mit Elternteilen* ist ebenso die schwierige Situation der Familie anzuerkennen. Gleichzeitig gilt es, Möglichkeiten und Wege der Lösung von Problemen zu eruieren. Häufig erscheinen die Problemlagen sehr komplex und erst eine sorgfältige Sortierung schafft Überblick. Zur Anregung eigenständiger Problemlösungen eignet sich beispielsweise die Wunderfrage (siehe das Kapitel »Dialogische Psychoedukation und Gesprächstechniken«, S. 78 ff.), wobei kleinste Ziele zu setzen sind. Dies ist insbesondere wichtig, da die Klienten häufig ungeduldig sind und unrealistische Erwartungen haben. Die Betonung und Hervorhebung kleiner positiver Schritte und Verhaltensweisen ist zum Beispiel bezüglich des Erziehungsverhaltens sehr wichtig. Häufig reagieren Eltern mit Konfrontation und Ablehnung, wenn sie in ihrem Erziehungsverhalten kritisiert werden, da sie Angst haben, dass ihre Bemühungen nicht gesehen werden (Kofler, 2009). Ist eine vertrauensvolle Beziehung aufgebaut, sollten im Elterngespräch außerdem Familienbeziehungen reflektiert werden, wobei der Fokus auf der Wahrnehmung von Gefühlen und Bedürfnissen sowie der Förderung der Empathiefähigkeit liegt.

Familiengespräche sind aufgrund der bereits beschriebenen, oft hektischen und chaotischen Familiendynamiken eine besondere Herausforderung für Berater von mehrfach belasteten Familien. Sie sind wegen ihres Anspruchs an die Wahrung von Allparteilichkeit angesichts der konflikthaften Beziehungsgestaltung eher im familientherapeutischen Setting anzutreffen. Eine dezidierte Vorgehensweise bietet Kornelia Kofler (2009), welche die Notwendigkeit von intensiver Beziehungsarbeit in Form der akuten Krisenintervention betont, um eine tragfähige therapeutische Beziehung aufzubauen. Zuerst sind demnach grundlegende Kommunikationsstrukturen, klare Zeitstrukturen und Sitzungstermine, die Ordnung und Sortierung der familiären Probleme, die Schaffung von stabilen Rahmenbedingungen und der »Schutz bzw. die Sicherheit für Minderjährige« (S. 22) sicherzustellen. Erst nach diesem langwierigen Prozess können Ziele definiert, Perspektiven ausgemacht und familiäre Beziehungsdynamiken besprochen werden bzw. ist eine klassische therapeutische Intervention erfolgversprechend.

Umgang mit dem Tod und Unterstützung der Trauerbewältigung

In diesem Kapitel sollen Möglichkeiten aufgezeigt werden, Familien, in denen ein Kind stirbt oder verstorben ist, angemessen zu begleiten und zu unterstützen. Neben der aktuellen Gesundheitssituation des chronisch kranken Kindes, den Geschehnissen im Krankheitsverlauf sowie der Situation der Eltern ist das Entwicklungsalter und die damit verbundenen Konzepte von Tod und Sterben des gesunden Geschwisters, die im Kapitel »Entwicklungspsychologische Grundlagen« weiter oben beschrieben werden, mit zu beachten.

Die Trauer um einen geliebten verstorbenen Menschen ist als lebenslanger Prozess der Loslösung einerseits und der lieben Erinnerung andererseits zu verstehen. Daher kann es in der Trauerbegleitung nicht darum gehen, mit Kindern oder Erwachsenen, die um ihre Geschwister bzw. Kinder trauern, eine Loslösung im Sinne einer abschließenden Trennung zu forcieren. Das Ziel der Trauerbegleitung kann vielmehr in der Unterstützung des Prozesses gesehen werden, in dem der Tod des oder der Verstorbenen in die eigene Geschichte und Persönlichkeit integriert wird. Für die Trauerbegleitung bedeutet dies, eher aus der zweiten als aus der ersten Reihe heraus koordinierend, vermittelnd, bestätigend und beruhigend tätig und wirksam zu werden (Fischinger, 2014).

Im Folgenden wird zunächst auf die Eltern und die damit verbundenen Elterngespräche, dann auf die Geschwister und damit verbundenen Geschwistergespräche und schließlich auf die Familiengespräche ausführlich eingegangen.

Elterngespräche:
Eltern sind nach dem Tod ihres Kindes nicht nur in tiefer Trauer und dadurch beansprucht, dass sie ihren schmerzlichen Verlust verarbeiten, sie müssen auch weiterhin für die Familie sorgen, arbeiten gehen, für die anderen Kinder da sein, die Beerdigung organisieren, ihre eigene Partnerschaft aufrechterhalten und nicht zuletzt selbst wieder ins Leben zurückfinden. In den Elterngesprächen geht es daher darum, sich mit all diesen Dingen behutsam auseinanderzusetzen.

Zunächst bedeutet das, auf die *Eltern als Paar* und ihren *Umgang mit divergenten Trauerreaktionen* einzugehen. Es kommt häufig vor, dass beide Elternteile sehr unterschiedlich mit ihrem Verlust umgehen. Während manche Elternteile sich zurückziehen und schweigend ihre eigene Trauer verarbeiten, stürzen sich andere zurück in die Arbeit, reagieren mit heftigen Gefühlsausbrüchen oder haben ein starkes Bedürfnis nach Nähe und intensiven Gesprächen. Wenn sich diese Reaktionen innerhalb der Partnerschaft widersprechen (Annäherung vs. Rückzug), kann dies zu starker Verunsicherung, Enttäuschung oder Wut führen. Nicht selten werden Schuldvorwürfe geäußert oder Anschuldigungen, nicht adäquat mit der Situation umzugehen. In der Beratung ist es daher wichtig, die Eltern als Paarsystem zu stabilisieren (siehe das Kapitel »Stärkung des elterlichen Copings und der Eltern als Paar«, S. 129 ff.). Dabei geht es zunächst um die Anerkennung der jeweiligen Verhaltensweisen als individuelle Bewältigungsstrategien dieser besonderen Situation. Zudem sollten gemeinsam mit den Eltern Wege der Annäherung gefunden werden, damit diese sich gegenseitig in Zeiten des Schmerzes stützen können.

Dann geht es in der Beratung darum, zu verdeutlichen, dass es wichtig ist, *trauern zu können, um für das Kind diesbezüglich als Vorbild wirken zu* können.

Viele Eltern nehmen sich aus Angst, ihre Kinder mit den elterlichen Emotionen zu überfordern zurück, sprechen nicht über den Tod ihres Kindes und versuchen ihre eigenen Emotionen zu verbergen. Kinder sind jedoch bekümmert und verwirrt, wenn ihre Eltern ihre Trauer im Innern verschließen. Eltern sollten deshalb ermutigt werden, ihre Gefühle offen zu zeigen und mit ihren Kindern zu teilen, die sich dadurch in ihren eigenen Gefühlen bestätigt sehen. Ein Schweigen und Überspielen der Emotionen von Seiten der Eltern ist für Kinder sehr viel schwerer zu ertragen, da sie diese Verhaltensweisen in ihrer Phantasie auf sich beziehen (siehe hierzu auch die Ausführungen zur Trauerreaktion der Auslöschung weiter unten). Der elterliche Umgang mit Trauer dient den Kindern zudem als (positives wie auch negatives) Modell bei der Verarbeitung des Verlustes ihres Bruders oder ihrer Schwester. Vier häufig auftretende besondere elterliche Trauerreaktionen, mit denen sich die Beratung zu befassen hat, werden aus diesem Grund nachfolgend genauer in den Blick genommen: *die Idealisierung und die Auslöschung des verstorbenen Kindes, die übermäßige Behütung und die Vernachlässigung der Geschwisterkinder.*

Viele Eltern neigen dazu, *ihre verstorbene Tochter oder ihren verstorbenen Sohn zu idealisieren* (»Er war unser ein und alles«, oder: »Sie war immer eine Einserschülerin. Alle Lehrer mochten sie.«). Werden diese Idealisierungen lang anhaltend geäußert, verletzt dies das Selbstwertgefühl der überlebenden Kinder, insbesondere wenn Vergleiche angestellt werden (»Deine Schwester hat ihren Teller immer aufgegessen.«). Derartige Äußerungen sind somit insbesondere in Gegenwart der Kinder zu vermeiden. Diese sollten stattdessen in ihrer eigenen Persönlichkeit von den Eltern wertgeschätzt und anerkannt werden.

Eine entgegengesetzte Trauerreaktion stellt die *Auslöschung* dar. Manche Eltern vermeiden jedes Wort über das verstorbene Kind oder ihre Trauer, schließen das alte Kinderzimmer ab oder verbannen alle Erinnerungsstücke aus der Wohnung. Mit diesem Verhalten löschen die Eltern ihr verstorbenes Kind nicht nur plötzlich aus der Familie aus, sondern legen auch ihren überlebenden Kindern unbewusst eine Schweigepflicht auf. Dies führt zum Abbruch der familiären Kommunikation. Der Verlust bleibt so Privatangelegenheit, soziale Kontakte werden von ihm abgekapselt und die eigenen Gefühle müssen zurückgehalten werden. Das überlebende Kind kann dieses Schweigen der Eltern beispielsweise als schuldhafte Anklage verstehen, insbesondere wenn die Geschwisterbeziehung zuvor sehr konflikthaft war. Kinder können dies auch im Sinne einer Unfähigkeit und Überforderung der Eltern auffassen, sich selbst aus der Angst heraus, die Eltern zu überfordern und zu verletzen, zurückziehen und ebenfalls den Mantel des Schweigens annehmen. In diesem Fall sollten die Eltern zu einer offenen Kommunikation untereinander und mit den Kindern angeregt werden (siehe das Kapitel »Förderung der offenen Kommunikation über die Erkrankung«, S. 103 ff.).

Eine weitere Reaktion von Eltern nach dem Tod eines Kindes ist die *übermäßige Behütung* der Geschwisterkinder. Oft haben Eltern nach dem Tod eines ihrer Kinder besondere Angst um das Leben der überlebenden Kinder. Sie verbieten diesen möglicherweise Dinge (z. B. Autofahren, spät abends unterwegs sein) aus Angst, ihnen könnte etwas zustoßen. Diese Tendenz zur Überbehütung sollte in der Beratung benannt und langfristig vermieden werden, da sie die Bewegungsmöglichkeiten und das Streben nach Autonomie der Kinder einschränkt.

Auch die *Vernachlässigung* der überlebenden Kinder gehört zu den Verhaltensweisen, die um ein Kind trauernde Eltern entwickeln. Die Tendenz trauernder Eltern, ihre Gefühle und Liebe auf das verstorbene Kind zu richten und dabei zeitweise ihre überlebenden Kinder zu vernachlässigen, ist nachvollziehbar und verständlich. Allerdings sollte den Geschwisterkindern in dieser Situation versichert werden, dass die Tiefe der elterlichen Trauer nicht ihre Liebe zu ihnen mindert. Überlebende Kinder haben häufig ein besonders ausgeprägtes Bedürfnis, zu erfahren, ob sie von ihren Eltern genauso geliebt werden wie das tote Geschwister (»Würden sie ebenso tief trauern, wenn ich es gewesen wäre?«).

Geschwistergespräche:
Nach dem Tod eines Kindes kann sich für die Geschwister vieles verändern. Sie leiden nicht nur unter dem Verlust, sondern auch unter dem veränderten Verhalten der zurückgebliebenen Familienangehörigen und dem aus den Fugen geratenen Alltag, wodurch ihnen auch ein Stück Sicherheit, Stabilität und Verlässlichkeit verloren geht. Die Stabilisierung des Kindes im gewohnten Umfeld ist in der Palliativsituation ebenso wichtig wie nach dem Tod des Geschwisters. Da die Eltern verständlicherweise nur bedingt emotional verfügbar sein können, sollten Berater in Gesprächen ebenso behutsam wie gründlich erfragen, welche vertrauensvollen Ansprechpartner außer den Eltern für das Kind noch existieren. Es können zum Beispiel Freunde, Verwandte, Nachbarn, Trainer oder Lehrer sein, die dem Kind emotionalen Halt geben, Fragen beantworten, einen mehr oder weniger normalen Alltag gewähren oder auch Möglichkeiten zur Ablenkung schaffen. Die Aktivierung eines solchen Unterstützungsnetzwerks kann nicht nur die emotionale und kognitive Stabilisierung des Kindes bewirken, sondern auch die Eltern etwas entlasten.

Das Aufrechterhalten der vertrauten Umgebung und der gewohnten Tagesabläufe ist für Kinder sehr wichtig, da es ihnen Gefühle der Stabilität und Vorhersagbarkeit bietet. Es sollte daher gewährleistet werden, dass die Kinder zum Kindergarten, zur Schule oder zum Hort gebracht werden. Alltagsroutinen, wie das gemeinsame Frühstück und Abendessen, sollten ebenso zur gleichen Uhrzeit wie bisher stattfinden. Außerdem ist die Aufrechterhaltung der gewohnten Freizeitaktivitäten (z. B. Training in der Volleyballmannschaft) von Bedeutung, da diese unter anderem die Vernetzung nach außen fördert. Die Erhaltung von familiären Routinen kommt dabei nicht nur den Kindern zugute, sondern auch den Eltern.

Bereits in der *palliativen Phase* ist den Geschwistern eine *antizipierende Trauerarbeit zu ermöglichen*. Um sie auf den bevorstehenden Tod ihres Bruders oder ihrer Schwester vorzubereiten, ist es zunächst wichtig, sie ehrlich und umfassend über den gesundheitlichen Zustand zu informieren. Dabei sollten auch Wörter wie Tod oder Sterben bewusst genannt werden (z. B. »Du weißt ja, dass es deinem Bruder schon längere Zeit nicht sehr gut geht. Nun sagen die Ärzte, dass er wohl bald sterben wird.«). Das bedeutet jedoch nicht, sämtliche Umstände und krankheitsspezifischen Prozesse schonungslos darzulegen. Vielmehr sollten die Kinder altersangemessen informiert werden sowie weitere Fragen oder Sorgen mitteilen können. Diese offene Kommunikation gibt den Kindern Sicherheit, da sie die Geschehnisse besser einordnen können. Sie haben zudem die Möglichkeit, Abschied von ihrem Geschwister zu nehmen – eine Möglichkeit, die sie unbedingt haben sollten. Das kann auch bedeuten, dem Geschwister Beistand zu leisten, ihm nahe zu sein (z. B. seine Hände zu streicheln oder ihm über den Kopf zu streichen) oder ihm Blumen mitzubringen.

Auf Besuche im Krankenhaus sollten Kinder behutsam vorbereitet werden, insbesondere wenn der Anblick ihres Geschwisters sie verstören könnte (z. B. durch viele angeschlossene Maschinen; siehe das Kapitel »Geschwisterbezogener Umgang mit akuten Krankheitsphasen«, S. 149 ff.). Die Vorbereitung auf einen Krankenhausbesuch kann beispielsweise durch das Anfertigen von Skizzen oder das Zeigen von Fotografien geschehen. War die Geschwisterbeziehung möglicherweise durch starke Rivalitäten und Streit geprägt, kann dies im Gespräch ebenfalls thematisiert werden. Indem betont wird, dass Streit und Ärger genauso zur Geschwisterbeziehung gehören wie Liebe und Zuneigung und dass diese nicht mit der Erkrankung in Verbindung stehen, kann Schuldgefühlen vorgebeugt werden. Es sollte dem Kind freigestellt werden, ob es im Krankenhaus bleiben oder in die Schule bzw. den Kindergarten gehen möchte. In jedem Fall sollte ihm zuvor versichert werden, dass es sofort informiert wird, wenn etwas passiert, und dass es keine Schuldgefühle haben muss, wenn es nicht im Krankenhaus bleiben möchte.

Der *Umgang mit einem unerwarteten Tod* ist besonders schwierig. Er stellt andere Anforderungen an die Beratung im Geschwistergespräch als ein bevorstehender Tod. So erfährt das Kind im Falle eines plötzlichen Geschwistertodes auf der einen Seite nicht über eine lange Krankheits- und Sterbephase hinweg den Abzug der elterlichen Aufmerksamkeit und Zuwendung. Es kann auf der anderen Seite aber auch keine antizipierende Trauerarbeit leisten und auf den Verlust vorbereitet werden. Hier ergibt sich die starke Belastung ja gerade aus dem Umstand, dass die Kinder und Jugendlichen der Tod ihres Geschwisters ebenso wie die Erwachsenen völlig überraschend und ohne die Möglichkeit trifft, sich zuvor kognitiv und emotional darauf vorzubereiten. Deshalb müssen die Geschwister so bald wie möglich über den Tod sowie die Ursachen und Hintergründe informiert werden, um im Begreifen des Todes unterstützt zu werden. Für das Abschiednehmen vom Geschwisterkind bleiben nun die Trauerfeierlichkeiten sowie eine Vorstellung von Abschied, die durch eingeführte Rituale unterstützt wird und hilft, die Realität des Todes zu begreifen und den Verlust zu bewältigen.

Da die Eltern in dieser Situation oftmals zu stark belastet oder nicht mehr in der Lage sind, mit ihren Kindern über den Tod zu sprechen, sollte dafür das weitere Unterstützungssystem aktiviert werden. Je jünger die Kinder beim Tod des Geschwisters sind, desto eher sind Missverständnisse möglich. Jüngere Kinder neigen zu magischen Phantasien über das tote Geschwister und ihre eigene Rolle (z. B. zu der Auffassung, durch den Wunsch, Einzelkind zu sein, den Tod hervorgerufen zu haben), wenn sie mit der Verarbeitung des Todes alleingelassen werden. Es ist wichtig, mögliche Phantasien im Gespräch zu explorieren oder anzusprechen. Da Kleinkinder den Tod noch nicht vollständig begreifen, fällt es ihnen schwer, den Abschied als andauernden Zustand und nicht als tiefen Schlaf oder lange Reise wahrzunehmen. Entsprechende Metaphern der Erwachsenen laufen Gefahr, das kindliche Bild zu verstärken. Für eine gelingende Trauerarbeit der Kinder ist es wichtig, den Kindern immer wieder mitzuteilen, dass das Geschwister nicht mehr lebt und daher nicht mehr wiederkommt.

Kindliche Trauerreaktionen sind sowohl individuell als auch von denen der Erwachsenen verschieden. Der Berater sollte wissen, wie mit ihnen umzugehen ist und sich diesbezüglich vor allem *mit häufig auftretenden besonderen Reaktionen wie Verleugnung, Bagatellisierung oder Überlebensschuld* auskennen.

Eine häufige Reaktion von Kindern auf den Tod eines Geschwisters ist *Verleugnung*. Möglicherweise erzählen Kinder scheinbar emotional unbeteiligt vom Tod ihres Geschwisters oder beteuern, dass sie gerade mit ihrer Schwester oder ihrem Bruder gesprochen oder gespielt haben. Diese Verleugnung bzw. Bagatellisierung stellt einen Abwehrmechanismus dar, der das Kind vor einer emotionalen Überwältigung schützt. Entsprechende Aussagen des überlebenden Geschwisters sollten auf keinen Fall bestraft oder verbessert werden. Vielmehr sollten Erwachsene die Kinder emotional auffangen, ihr Verhalten interpretieren und ihnen in gemeinsamen Gesprächen zur Verbalisierung verhelfen (Leist, 1993). Ein Zitat des Romanautors Martin Suter (2010) zur Trauerreaktion seiner Tochter auf den Tod seines dreijährigen Adoptivsohns kann hier als Fallbeispiel dienen:

»Der Tod meines Sohnes war ein Schlag aus dem Hinterhalt. Es wird nie wieder so sein wie früher. Ich glaube nicht, dass man das verwinden kann. Es bleibt eine offene Wunde, an die man sich vielleicht gewöhnt, die aber nie verheilen wird. [...] Wir haben auch eine kleine Tochter, die mich und meine Frau weiterhin auf Trab hält. Sie hat einen anderen Umgang damit. Sie ist auch dreieinhalb, wie ihr Bruder. Sie bezieht ihn in all ihre Spiele ein, er lebt für sie weiter. Wir wohnen ja an drei Orten und überall steht sein Bettchen noch. Aber im Hotel in den Winterferien war es weg. Das konnte sie nicht ganz verstehen. Das ist eine ganz andere Art, damit umzugehen – und ich weiß nicht, ob das uns hilft oder es schwerer macht, auf alle Fälle hindert es uns daran, ihn aus dem Leben zu verdrängen. Er ist immer da« (S. 2).

Einige Kinder leiden auch unter der Vorstellung, zu Unrecht auf der Welt zu sein, weil ihr Bruder oder ihre Schwester tot sind, während sie weiterleben. Sie empfinden also eine *Überlebensschuld*. Bestärkt werden sie in diesem Gefühl durch die tiefe Trauer der Eltern und deren zeitweilige Vernachlässigung ihres überlebenden Kindes. Die Geschwisterkinder stellen die Liebe ihrer Eltern in Frage und manche stellen sich vor, dass es den Eltern lieber gewesen wäre, wenn sie anstelle ihres Geschwisters gestorben wären. Möglicherweise entwickeln sie selbst Todeswünsche, in der Hoffnung, dann dieselbe aufopferungsvolle Zuwendung der Eltern zu erhalten (Bank u. Kahn, 1989). Das Fallbeispiel von Michael verdeutlicht dessen Gefühl der Überlebensschuld.

Michael (16 Jahre) entwickelt nach dem Tod seines elfjährigen Bruders, der nach vielen leidvollen Jahren schwerer Erkrankung gestorben ist, starke Schuldgefühle, als er die Gelegenheit bekommt, in einer Jugendauswahlmannschaft des Deutschen Fußball-Bundes zu spielen. Er hat das Gefühl, dass ihm dieses nach dem Tod seines Bruders, der selbst gerne Fußball gespielt hat und überhaupt vieles nicht hat (er-)leben können, nicht zustehe.

Michael erlebt, dass seine Eltern im tiefen Schmerz ihrer Trauer nicht mehr in der Lage sind, sich über seine Erfolge zu freuen. Er entwickelt die Phantasie, dass sie sich gewünscht hätten, dass der Bruder Leistungssport gemacht hätte. Michael zieht sich immer mehr zurück, wird depressiv und verliert die Lust am Fußballspielen. Die Eltern suchen Hilfe bei einer Psychotherapeutin. Um mit der Familie zusammen die Hintergründe von Michaels Gefühlen und Phantasien zu verstehen, bietet diese den Eltern klärende Familiengespräche an.

Entwickelt ein Geschwisterkind Todeswünsche, sollten Berater und auch die Eltern genau abklären, wie konkret die Suizidgedanken ausgeprägt sind und gegebenenfalls psychotherapeutische Unterstützung in Anspruch nehmen. In jedem Fall sollten Kinder darüber aufgeklärt werden, warum ihre Eltern im Moment so wenig Zeit zum Reden oder auch Spielen haben und dass sie alle ihre Kinder in gleicher Weise lieb haben. Da die Eltern meist durch ihre eigene Trauer zu belastet sind, sollte ein weniger involviertes Familienmitglied oder eine andere enge Vertrauensperson für das Kind und seine Fragen da sein.

Kinder können gänzlich anders trauern als Erwachsene und jedes Kind trauert anders. Auch wenn manche Reaktionen und Verhaltensweisen merkwürdig erscheinen, sollten sie respektiert und keinesfalls bestraft werden. Kinder sollten darin unterstützt werden, traurig sein zu dürfen, wenn sie traurig sind, und fröhlich sein zu dürfen, wenn sie fröhlich sind. Sie sollten weder ihre Trauer verstecken, um für die Eltern stark und tapfer zu sein, noch ihre Freude, aus Angst, die Eltern dadurch zu verletzen. Die Eltern spielen dabei als Vorbildfunktion eine wichtige Rolle. Wichtig ist auch die körperliche Nähe und Zuwendung der Eltern, die für die Vermittlung von Trost gerade in jungen Jahren von hoher Bedeutung ist. Da jüngere Kinder altersbedingt noch mehr Schwierigkeiten bei der Verbalisierung ihrer Gedanken und Gefühle haben als Erwachsene, brauchen sie neben der körperlichen Nähe weitere Möglichkeiten, ihre Trauer zu zeigen und auszuleben (z. B. Malen, Tanzen, Lesen, Rollenspiele).

Das Fallbeispiel der dreijährigen Tochter von Martin Suter weiter oben und ihr Umgang mit dem Tod des Bruders verdeutlichen, dass kindliches Trauerverhalten immer auch vor dem entwicklungspsychologischen Hintergrund einzuordnen ist. Suters Tochter hat in einem Alter von drei Jahren noch kein Konzept von der Endgültigkeit des Todes aufgebaut und kann deshalb noch nicht verstehen, warum ihr Bruder nicht mehr wiederkommt.

Familiengespräche:
Auf der Ebene der Familie sollte die Trauerbegleitung dabei helfen, dass die Familienmitglieder gegenseitig an ihrer Trauer Anteilnahme zeigen und sich somit auch emotional aufeinander einstellen, miteinander sprechen und sich gegenseitig stützen. Die Aktivierung der familiären Ressourcen kommt dabei sowohl den Kindern als auch den Eltern zugute. Die folgenden Punkte können dabei helfen.

Ein Schwerpunkt im Familiengespräch sollte die *Gestaltung des gemeinsamen Abschieds* sein. Der Abschied vom geliebten Menschen ist wichtig, um die Realität des Todes zu akzeptieren und die Trauer zu verarbeiten, insbesondere für Kinder. Indem die Familie diesen Abschiedsprozess gemeinsam gestaltet und durchlebt, kann die familiäre Kohäsion als wichtige Ressource in dieser schweren Zeit gestärkt werden.

Eltern fragen sich oft, ob Kinder ihr verstorbenes Geschwister noch einmal sehen sollten, ob dieser Anblick ihnen zugemutet werden kann. Auch der Besuch der Trauerfeier wird für jüngere Kinder oftmals in Frage gestellt. Pauschal kann diese Frage nicht beantwortet werden. Generell ist es wichtig, die Wünsche und Bedürfnisse der Kinder zu erfragen und zu berücksichtigen. Kindern sollte die Möglichkeit des Abschiednehmens nicht vorenthalten werden. Sowohl die Kinder als auch die Eltern können in der Beratung auf das, was sie erwarten wird, Schritt für Schritt vorbereitet werden. Spätestens ab dem Vorschulalter sollten Kinder selbst entscheiden können, welche Abschiedsrituale sie mit begleiten möchten.

Ein weiterer Schwerpunkt sollte den *Umgang mit divergenten Trauerreaktionen* betreffen. Wie auf der Ebene der Eltern so ist es im Familiensystem wichtig, mit unterschiedlichen bzw. gegensätzlichen Trauerreaktionen umgehen zu können. Insbesondere Kinder trauern meist nicht auf die Art, wie es Erwachsene erwarten (siehe das Kapitel »Entwicklungspsychologische Grundlagen«, S. 23 ff.), was zu Konflikten führen kann. Wie jeder Einzelne mit der Trauer umgeht und was ihm von den anderen Familienmitgliedern helfen würde, kann in Familiengesprächen exploriert und diskutiert werden.

Ein weiteres wichtiges Thema im Familiengespräch sollten *Abschieds- und Erinnerungsrituale* sein. Zeremonien und Rituale ermöglichen Kontinuität, erhalten Bindungen und lassen den verstorbenen Menschen in der Lebensgeschichte der Kinder mitwachsen. Es können beispielsweise jährliche Familienfeste genutzt werden (z. B. zum Geburtstag des verstorbenen Kindes eine Kerze anzünden) oder regelmäßige gemeinsame Grabbesuche stattfinden. Kleidung oder andere symbolische Gegenstände (z. B. Kuscheltiere) lassen sich als Übergangsobjekte verwenden. Eine Möglichkeit, die Familie im gemeinsamen Abschiednehmen zu unterstützen, bietet die Anregung, eine Erinnerungskiste zu packen. Darin kann von jedem Familienmitglied ein schönes Erinnerungsstück verpackt werden. Die Erinnerungskiste kann dann zukünftig hervorgeholt werden, um sich gemeinsam an den geliebten Menschen zu erinnern.

Abschluss der Gespräche und Ausblick

Den Abschluss einer Beratung sollte möglichst das bilanzierende und alle Familienmitglieder integrierende Familiengespräch bilden. Alternativ kann zum Abschluss auch ein Elterngespräch geführt werden. Im Abschlussgespräch werden Perspektiven zusammengetragen, Veränderungen festgestellt und gewürdigt sowie Wünsche für die Zukunft artikuliert (Romer et al., 2014). Dabei helfen Fragen danach, wo die Familie vor der Beratung stand, nun nach ihr steht und wo sie noch hin möchte. Der Berater sollte an dieser Stelle auf die Möglichkeiten und Konditionen einer erneuten oder weiteren Inanspruchnahme der Beratung hinweisen. Oft wirkt dabei die Möglichkeit, je nach Bedarf, zum Beispiel in der Nachsorge, die Beratung in Anspruch nehmen zu können, beruhigend. Häufig wird ein solches Angebot dann später auch tatsächlich genutzt, zum Beispiel bei problematischen Entwicklungsschritten der Kinder oder auch bei einer Verschlechterung des Gesundheitszustandes des Geschwisterkindes (Romer et al., 2014).

Manchmal treten Schwierigkeiten beim Abschluss der Gespräche auf. Beispielsweise nehmen Familien im Verlauf von sich überschlagenden Krankheitsereignissen oder anderen Umständen, die keine Kraft und Energie für die Beratung lassen, Beratungstermine nicht mehr wahr oder melden sich schlicht nicht. Hilfreich für die Familien ist es dann, wenn der Berater den Kontakt zu diesen Familien sucht und ihnen mitteilt, dass sie die Beratung bei Bedarf erneut aufnehmen können. Weitere Schwierigkeiten im Zusammenhang mit dem Abschluss der Beratung ergeben sich daraus, dass sich Familien mehr Beratungstermine wünschen, als der Berater realisieren kann. Aus der Erfahrung zeigt sich, dass eine Klärung des Rahmens im Vorfeld günstig ist, um Schwierigkeiten beim Abschluss der Gespräche vorzubeugen. So sollte die Rolle des Beraters als vorübergehende Unterstützung genauso betont werden wie die Anzahl der Beratungen, der Abschluss der Gespräche durch ein bilanzierendes Familiengespräch und die Möglichkeit der erneuten Inanspruchnahme der Beratung.

Vermittlung der Kinder an weiterführende Angebote

Eine wichtige Frage zum Abschluss der Beratung betrifft eine eventuelle Vermittlung der Kinder an weiterführende Angebote. Hierbei geht es um einen möglichen Bedarf an psychotherapeutischen oder psychosozialen Angeboten. Im Folgenden wird darauf sowie auf das LARES Früherkennungstool der Stiftung FamilienBande näher eingegangen. Außerdem wird ein Überblick über internationale Interventionen für Geschwisterkinder geboten.

Psychotherapeutische Angebote:
Manchmal wird in den Beratungsgesprächen ersichtlich, dass ein Bedarf für eine kinder- oder familientherapeutische bzw. psychiatrische Behandlung besteht, so wenn beispielsweise eine psychische Störung oder stark dysfunktionale Fami-

lienstrukturen vorliegen. Weisen die Beobachtungen und Schlussfolgerungen aus den Gesprächen auf eine behandlungsbedürftige psychische Störung hin, sollte der Familie bei der Suche nach einem Kinder- und Jugendpsychotherapeuten oder -psychiater geholfen werden.

An dieser Stelle ist es nötig, sich mit der *Definition und Behandlungsindikation psychischer Störungen* auszukennen. Psychische Störungen können allgemein als eine Abweichung von einer normalen Entwicklung verstanden werden. Remschmidt (1988) hat in der Kinder- und Jugendpsychologie folgende Definition etabliert: »Als kinder- und jugendpsychiatrische Erkrankung bezeichnen wir einen Zustand unwillkürlich gestörter Lebensfunktionen, der durch Beginn, Verlauf und ggf. auch Ende eine zeitliche Dimension aufweist und ein Kind oder einen Jugendlichen entscheidend daran hindert, an den alterstypischen Lebensvollzügen aktiv teilzunehmen und diese zu bewältigen« (S. 146).

Knölker, Mattejat und Schulte-Markwort (2000) schlagen vier Kriterien vor, an welchen sich Berater bei der Entscheidung, ob eine psychische Störung vorliegt, orientieren können:
- akute Gefährdung;
- objektive Beeinträchtigungen bzw. Einschränkungen in den altersentsprechenden Lebensvollzügen;
- objektive Beeinträchtigung der Entwicklungsmöglichkeiten und
- subjektiver Leidensdruck und subjektives Behandlungsbedürfnis.

Diese Kriterien sind nicht ausreichend, um eine Differentialdiagnose zu stellen, hier sollte auf diagnostische Leitlinien und Klassifikationsschemata wie den ICD oder DSM zurückgegriffen werden (Knölker et al., 2000).

Anhand von Studien können häufige *Störungen in Bezug auf Geschwisterkinder* ermittelt werden. Geschwister chronisch kranker oder behinderter Kinder haben aufgrund der besonderen Situation ein erhöhtes Risiko, psychische Störungen zu entwickeln (vgl. Giallo et al., 2012; Sahler et al., 1994). Oft ziehen sich die Kinder zurück und entwickeln internalisierende Probleme wie Ängste oder affektive Störungen (vgl. Hollidge, 2001; Cadman, Boyle u. Offord, 1988). In einer Analyse von 33 Studien fand Lamorey (1999), dass ungefähr 60 bis 70 % der Studien mehr internalisierende und auch externalisierende Verhaltensprobleme bei Geschwisterkindern von behinderten Kindern als bei Geschwistern normal entwickelter Kinder berichten (vgl. auch Vermaes et al., 2012). In einer aktuellen Metaanalyse fanden Alderfer et al. (2010) heraus, dass Geschwister von krebskranken Kindern erhöhte posttraumatische Stresssymptome und auffällig viele negative Emotionen wie Traurigkeit, Hilfslosigkeit, Wut und Schuld aufweisen.

Weiterführende psychosoziale Angebote:
Die Novartis Stiftung FamilienBande (2009–2014) hat eine deutschlandweite Übersicht über unterschiedliche Hilfsangebote für Geschwisterkinder chronisch kranker oder behinderter Kinder zusammengestellt, welche nach Standort oder Thematik durchsucht werden kann. Die Übersicht kann auf der Homepage der FamilienBande aufgerufen werden: (http://stiftung-familienbande.de/angebote-fuer-geschwister.html).

Neben Elternberatungen zum Thema der besonderen Situation von Geschwisterkindern sowie der Psychoedukation (kindgerechte Aufklärung über die Krankheit des Geschwisters) besteht das psychosoziale Angebot für Geschwister vor allem in speziellen Geschwistergruppen. Je nach Träger reicht dieses Angebot von Einzelseminaren über regelmäßige Treffen bis hin zu Ferienfahrten. Auch Schulklassenaufklärung oder Gruppen speziell für trauernde Geschwister werden angeboten. Außerdem existieren Angebote für die gesamte Familie, einschließlich Eltern und erkranktem Kind, welche zum Teil von krankheitsspezifischen Reha-Einrichtungen, aber auch von Vereinen angeboten werden.

Ziel vieler Angebote ist die Steigerung der persönlichen Ressourcen des Geschwisterkindes. Durch kunst-, musik- oder erlebnispädagogische Methoden sollen Problemlösekompetenz, Emotionsregulation, Selbst- und Fremdwahrnehmung sowie die Aktivierung sozialer Unterstützung gestärkt werden, damit das Geschwisterkind über neue Handlungsansätze in Belastungssituationen verfügt. Größtenteils geschieht dies vor dem Hintergrund des Austauschs mit Gleichgesinnten. Die Geschwisterkinder sollen aus dem häufig vorhandenen Gefühl des Alleinseins herausgeholt werden und erleben, dass ihre sich ähnelnden Sorgen und Probleme in dieser Lebenslage völlig normal sind. Ein Austausch über den Umgang mit der Erkrankung des Geschwisters und die familiäere Situation sowie gegenseitige Unterstützung werden angestrebt (Schellenberg, 2006).

Das LARES Früherkennungstool der Stiftung FamilienBande:
Die Stiftung FamilienBande hat zudem ein frei zugängliches und mit ausführlicher Anleitung versehenes Screening-Instrument entwickelt, mit welchem die Belastung eines Geschwisterkindes eingeschätzt werden kann[9].

---

9 Der LARES Früherkennungsbogen entspricht nicht den Diagnostischen Leitlinien nach ICD oder DSM. Entsprechende Instrumente brauchen zur Auswertung und Interpretation eine in Testdiagnostik ausgebildete Person, es sind beispielsweise der CSHCN Screener (»Children with Special Health Care Needs«; Bethell, 2002), oder der in der therapeutischen Arbeit erprobte Screener »Strength and Difficulties Questionnaire« (SDQ), der die psychische Gesundheit eines Kindes erfasst (Arens, Trautwein u. Hasselborn, 2011). Die Familienbögen (FB) bieten darüber hinaus eine Einschätzung der Funktionsweise einer Familie (Cierpka u. Frevert, 1994).

Mit dem LARES Früherkennungsbogen soll möglichst frühzeitig erkannt werden, ob für ein Geschwisterkind eines chronisch kranken oder behinderten Kindes ein hohes Risiko besteht, dass es belastet ist und Hilfe benötigt. Der Bogen ist zudem auf die Erfassung des konkreten Versorgungsbedarfs sowie die direkte Vernetzung mit speziellen Unterstützungsangeboten der Onlinedatenbank der Stiftung FamilienBande (2009–2014) ausgerichtet.

Des Weiteren ist der LARES Früherkennungsbogen erkrankungsübergreifend (anwendbar auf eine Vielzahl chronischer Erkrankungen), versorgungsübergreifend (klinische Betreuung, Nachsorge, Rehabilitation) sowie personenübergreifend (Einbezug von Geschwisterkindern sowie Eltern) konzipiert und damit als Rahmen einer gestuften Früherkennung in der Regelversorgung einsetzbar.

Das Screening-Instrument ist als Download auf der Website der Stiftung FamilienBande (2009–2014) frei verfügbar. Es wurde im Auftrag der Stiftung FamilienBande vom Institut für Gesundheitsförderung und Versorgungsforschung (IGV Bochum) zusammen mit dem Institut für Sozialmedizin in der Pädiatrie (Augsburg) entwickelt und 2011 in einer bundesweiten Studie an mehr als 140 Geschwisterkindern und ihren Eltern validiert.

Der LARES Früherkennungsbogen beinhaltet jeweils ein Befragungsinstrument für Kinder zwischen acht und elf Jahren, für Jugendliche zwischen zwölf und 18 Jahren sowie einen Elternfragebogen. Neben der Erhebung von Fakten zu kritischen Lebensereignissen des Kindes im familiären Kontext dient der Elternfragebogen dem Abgleich mit der elterlichen Sicht auf die Belastungen und Leiden des Geschwisterkindes.

Das Screening-Instrument leitet aus der Erfassung von Belastung und Leiden von Geschwisterkindern eine allgemeine Risikogruppe (dreistufig) ab und kann somit aufzeigen, ob eine Prävention, Frühintervention oder Therapie/Rehabilitation zu empfehlen sei. Gleichzeitig wird die bereichsspezifische Belastung erfasst, welche die inhaltliche Richtung der Versorgung aufzeigt. Unterschieden werden die Bereiche Geschwisterbeziehung, soziale Integration, familiäre Belastung, Schulkompetenz und Krankheitswissen. Damit ist neben Hinweisen für Beratungsgespräche eine Orientierung gegeben, ob die Hilfe beispielsweise in Richtung Freizeitangebote bzw. Rehabilitationsangebote für Geschwister, Aufklärungsgespräche mit Lehrern und Mitschülern, Psychoedukation oder systemische Familienberatung gehen sollte.

Überblick über internationale Interventionen für Geschwisterkinder: International gibt es bisher nur wenige veröffentlichte Interventionsprogramme, die spezifisch zur psychosozialen Unterstützung von Geschwistern chronisch kranker Kinder entwickelt wurden. Die meisten Interventionen für Geschwister beziehen psychoedukative Ansätze mit ein (siehe Hartling et al., 2014; Spath, 2007). Fast ebenso häufig werden Freizeitcamps und Gruppenausflüge mit Geschwistern chronisch kranker Kinder (z. B. Williams et al., 2003) durchgeführt oder Selbsthilfegruppen (z. B. Salavati et al., 2014) organisiert. Geschwister-Interventionen verfolgen häufig das Ziel, den Kindern ein besseres Verständnis über die Krankheit ihres Geschwisters zu geben und die Kommunikation mit anderen betroffenen Kindern zu unterstützen, um Ängste und die Gefahr der Isolation zu reduzieren sowie die eigenen Bewältigungsstrategien zu stärken (Spath, 2007). Die Evaluationsergebnisse mancher Angebote zeigen, dass die emotionale Gesundheit, das Gefühl, Unterstützung zu erfahren, sowie das Selbstwerterleben der Kinder durch die Interventionen gestärkt werden konnten (Hartling et al., 2014), wenn auch methodische Mängel in den Studien bestehen und mit beachtet werden müssen.

Neben den genannten psychosozialen Interventionen für Geschwister chronisch kranker Kinder existieren auch Programme, die explizit die Eltern bzw. die gesamte Familie mit einbeziehen. So setzt sich etwa das SibLink Programm aus den USA (Lobato u. Kao, 2002) zum Ziel, durch ein Gruppenangebot mit Geschwistern und Eltern krebskranker Kinder das Krankheitsverständnis, die psychosoziale Anpassung und die soziale Eingebundenheit der Kinder zu erhöhen.

In einer Übersichtsarbeit, die die Wirksamkeit familienbasierter psychosozialer Interventionen bei Familien mit einem an Krebs erkrankten Kind zusammenfassend darstellt, konnten die förderlichen Auswirkungen solcher Programme bestätigt werden (Meyler, Guerin, Kiernan u. Breatnach, 2010). Auch wenn damit neben der Notwendigkeit auch die Wirksamkeit der bestehenden familienbasierten Interventionsprogramme bestätigt werden konnte, sollen weitere Entwicklungspotenziale nicht ungenannt bleiben. Trotz der Einigkeit darüber, dass chronische Krankheiten im Kindes- und Jugendalter die gesamte Familie betreffen und dass bei der Untersuchung der psychosozialen Gesundheit des gesunden Geschwisters alle anderen Familienmitglieder und das soziale Umfeld mit berücksichtigt werden müssen, wird in Interventionen noch zu wenig auf die Wahrnehmung und die Gefühlswelt von Eltern und Geschwistern eingegangen. Die Annahme liegt nahe, dass durch erlebnisorientierte Programminhalte wie Geschwister- und Familienfreizeiten das Wohlbefinden kurzfristig verbessert werden kann, jedoch auf lange Sicht die Ursachen der psychosozialen Gefährdung (z. B. geringe familiäre Kohärenz) zu wenig angegangen werden. Einige Interventionen implementieren bereits gesprächsbasierte Ansätze in ihr Programm, die bislang jedoch noch nicht manualisiert sind, so dass potenzielle Anwender über die Art und Weise, wie solche Familien-, Eltern- oder Geschwistergespräche geführt werden sollen, nicht aufgeklärt werden.

Fazit

Geschwister von chronisch kranken oder behinderten Kindern haben ein erhöhtes Risiko, psychische Gesundheitsprobleme zu entwickeln. Dieses Risiko gilt insbesondere für den Bereich der internalisierenden Symptombildungen wie Angst, Depression und sozialer Rückzug. Egal wie sehr sich eine Familie auch bemüht: Betroffene Geschwister können – unabhängig von ihrer Altersstufe – nicht von den vielfältigen aus der Erkrankung oder Behinderung ihres Geschwisters resultierenden familiären Belastungen abgeschirmt werden. Sie benötigen altersgerechte Informationen zur kognitiven Orientierung, Hilfestellungen von Seiten der Erwachsenen durch offene Kommunikation und Ermutigung, Fragen zu stellen. Im Hinblick auf die Entwicklung ihrer Kompetenz zur Problembewältigung (Coping-Fähigkeit) sollte sowohl den betroffenen Eltern als auch gesunden Geschwisterkindern vermittelt werden, dass ein offener Umgang mit der bedrohlichen Wirklichkeit weniger belastend sein kann als der Umgang mit diffusen Phantasien und Ängsten, vor allem wenn Geschwister damit allein gelassen werden. Geschwister sind Teil der Familie und somit auch Teil der familiären Krankheitsbewältigung. Deswegen müssen sie wie selbstverständlich in den Adaptionsprozess integriert werden.

Eine systematische Einbeziehung von Geschwistern in psychosoziale Versorgungskonzepte für chronisch kranke oder behinderte Kinder fehlt jedoch bislang in der medizinischen und psychosozialen Versorgung betroffener Familien. Es zeigt sich jedoch neben einer zunehmenden Thematisierung in der Öffentlichkeit ein stärker werdendes psychosoziales Engagement und eine erhöhte Forschungstätigkeit auf diesem Gebiet. Vor allem ist zu betonen, dass in den vergangenen Jahren an vielen Orten in Deutschland vermehrt spezifische Angebote für Geschwisterkinder entstanden. Bis auf wenige bedeutsame Ausnahmen sind diese Angebote jedoch kaum theoretisch fundiert und hinsichtlich ihrer Indikation und Wirkung überprüft. Zusätzlich sind die konzeptionellen Grundlagen der Angebote, das heißt die konkrete Beantwortung der Fragen, wie genau was wann mit wem in welchem Setting psychosozial bearbeitet werden soll, mehrheitlich nicht vorhanden oder aber für den in der praktischen Versorgung tätigen Mitarbeiter nicht zugänglich.

Der hier vorgestellte, kindzentrierte und familienorientierte Beratungsansatz, der auf aktuellen Ergebnissen der Forschung und langjähriger praktischer Erfahrung beruht, beantwortet den zuletzt genannten Missstand und zeigt konkrete Wege auf, wie das Geschwisterkind und seine Familie in der Bewältigung der Situation fokussiert unterstützt werden können. Die Bewältigung der Krankheitssituation im familiären Kontext zu fördern, heißt in diesem Fall, das Erleben, die Verarbeitungsweisen und Bedürfnisse der einzelnen Familienmitglieder vor dem Hintergrund der Erkrankung herauszustellen und zueinander in Beziehung zu setzen. Denn nur wenn alle Perspektiven ausreichend – in diesem Fall besonders die Perspektiven der Geschwisterkinder – in Bezug auf die Gesamtsituation der Familie Berücksichtigung finden, kann mittels eines gezielten Vorgehens die Familie in der Problembewältigung und Stärkung ihrer Ressourcen unterstützt werden. So wird über die Fokussierung der Geschwisterkinder im Kontext der Familie ein Beitrag zur Stabilität des gesamten Systems geleistet. Diese Stabilisierung wirkt sich wiederum auf die individuelle Bewältigung der Lebenssituation aller Familienmitglieder aus.

Das Ziel sowie Setting der Beratung sollte in Abstimmung mit der Familie individuell angepasst werden. Am Ende des Prozesses kommt es darauf an, wie sich eine Familie (in der Rückschau) selbst erlebt, welche Bedeutung sie der familiären Situation und Krankheitsgeschichte beimisst und ob es ihr gelingt, bestimmte Problemaspekte neu zu bewerten und funktionale Bewältigungsstrategien zu entwickeln. Insgesamt geht es für die Familie um die Integration der Situation bzw. Erkrankung in ein familiäres Selbstkonzept bzw. in die familiäre Lebensgeschichte. Die Geschwisterkinder tragen von Beginn an ihren Teil zur gelungenen Integration bei.

Abschließend lässt sich sagen, dass es noch ein langer Weg ist, bis bestehende Angebote für Geschwisterkinder in die medizinische und psychosoziale Versorgungspraxis routinemäßig integriert sind. Die grundlegende Voraussetzung hierfür ist, dass eine zeitgemäße Familienmedizin Geschwister als Angehörige chronisch kranker oder behinderter Kinder identifiziert und als ebenso wichtigen Teil der familiären Krankheitsbewältigung anerkennt. Dies erfordert eine wesentliche Perspektivenerweiterung im medizinischen und psychosozialen Helfer-System. Neben dem kindlichen Patienten müssen auch dessen Eltern und Geschwister mit ihren Bedürfnissen und Nöten in die Behandlung frühzeitig einbezogen werden. Mit dem vorliegenden fokussierten Ansatz ist ein erster Schritt in diese Richtung mit überschaubarem zeitlichem Aufwand möglich.

Literatur

Abel, K. (2014). Ausprägung der Progredienzangst bei Eltern krebskranker Kinder. Technische Universität Dresden.
Alderfer, M. A., Long, K. A., Lown, E. A., Marsland, A. L., Ostrowski, N. L., Hock, J. M., Ewing, L. J. (2010). Psychosocial adjustment of siblings of children with cancer: A systematic review. Psycho Oncology, 19, 789–805.
Alderfer, M. A., Stanley, Noll, R. B. (2010). Emotional, behavioral and school difficulties for siblings of children with cancer: A comparison with matched classmates. Pediatric Blood & Cancer, 55, 837–837.
Altmeyer, S., Kröger, F. (2003). Theorie und Praxis der Systemischen Familienmedizin. Göttingen: Vandenhoeck & Ruprecht.
Antonovsky, A., Sourani, T. (1988). Family sense of coherence and family adaptation. Journal of Marriage and the Family, 50, 79–92.
Arens, K., Trautwein, U., Hasselborn, M. (2011). Erfassung des Selbstkonzepts im mittleren Kindesalter: Validierung einer deutschen Version des SDQ I. Zeitschrift Für Pädagogische Psychologie, 25 (2), 131–144.
Balint, M., Ornstein, P. H., Balint, E. (1973). Fokaltherapie. Ein Beispiel angewandter Psychoanalyse (1. Aufl.). Frankfurt a. M.: Suhrkamp.
Bank, S. P., Kahn, M. D. (1989). Geschwisterbindung. Paderborn: Jungfermannsche Verlagsbuchhandlung.
Barlow, J. H., Ellard, D. R. (2006). The psychosocial well-being of children with chronic disease, their parents and siblings: an overview of the research evidence base. Child Care Health and Development, 32, 19–31.
Barr, R. D., Sala, A. (2003). The hidden financial costs in the treatment for childhood cancer. Journal of Pediatric Hematology/Oncology, 25, 842–844.
Baßler, M., Schins, M. T. (1992). Warum gerade mein Bruder? Trauer um Geschwister. Erfahrungen Berichte Hilfe. Reinbek bei Hamburg: Rowohlt.
Behrendt, B., Schaub, A. (2005). Handbuch Psychoedukation und Selbstmanagement. Verhaltenstherapeutische Ansätze für die klinische Praxis. Tübingen: DGVT-Verlag.
Bethell, C. D. (2002). Identifying children with special health care needs: Development and evaluation of a short screening instrument. Ambulatory Pediatrics, 2, 38–48.
Bien, W., Marbach, J. H. (2008). Familiale Beziehungen, Familienalltag und soziale Netzwerke. Ergebnisse der drei Wellen des Familiensurvey (1. Aufl.). Wiesbaden: Verlag für Sozialwissenschaften.
Bleidick, U., Hagemeister, U. (1998). Einführung in die Behindertenpädagogik (6. Aufl.). Stuttgart: Kohlhammer.
Bodenmann, G. (1997). Stress und Coping als Prozess. In C. Tesch-Römer, C. Salewski, G. Schwarz (Hrsg.), Psychologie der Bewältigung (S. 74–92). Weinheim: Beltz.

Bodenmann, G. (2003). Die Bedeutung von Stress für die Partnerschaft. In I. Grau, H. W. Bierhoff (Hrsg.), Sozialpsychologie der Partnerschaft. Heidelberg: Springer-Verlag.
Bodenmann, G. (2008). Dyadisches Coping Inventar. Göttingen: Hogrefe.
Boeger, A. (2009). Psychologische Therapie- und Beratungskonzepte: Theorie und Praxis. Stuttgart: Kohlhammer.
Brody, G. H. (1998). Sibling relationship quality: Its causes and consequences. Annual Review of Psychology, 49, 1–24.
Bronfenbrenner, U. (1989). Die Ökologie der menschlichen Entwicklung: Natürliche und geplante Experimente. Frankfurt a. M.: Fischer.
Brucks, U., Wahl, W. B. (2003). Über-, Unter-, Fehlversorgung? Bedarfslücken und Strukturprobleme in der ambulanten Gesundheitsversorgung von Migrantinnen und Migranten. In T. Borde, M. David (Hrsg.), Gut versorgt? Migrantinnen und Migranten im Gesundheits- und Sozialwesen (S. 15–34). Frankfurt a. M.: Mabuse.
Brzoska, P., Razum, O. (2009). Krankheitsbewältigung bei Menschen mit Migrationshintergrund im Kontext von Kultur und Religion. Zeitschrift Für Medizinische Psychologie, 18, 151–161.
Buhrmester, D., Furman, W. (1990). Perceptions of sibling relationships during middle childhood and adolescence. Child Development, 61, 1387–1398.
Buist, K. L., Deković, M., Prinzie, P. (2013). Sibling relationship quality and psychopathology of children and adolescents: A meta-analysis. Clinical Psychology Review, 33, 97–106.
Bundesministerium der Justiz und für Verbraucherschutz. (2015a). Bürgerliches Gesetzbuch (BGB). § 2 Abs. 1 SGB IX. Zugriff am 30.09.2015 unter http://www.gesetze-im-internet.de/sgb_9/__2.html
Bundesministerium der Justiz und für Verbraucherschutz. (2015b). Sozialgesetzbuch. (§ 62 Abs. 1 Satz 2, SGB V. Zugriff am 30.09.2015 unter http://www.gesetze-im-internet.de/sgb_5/__62.html
Bundesministerium der Justiz und für Verbraucherschutz. (2015c). Bürgerliches Gesetzbuch (BGB). § 1589. Zugriff am 30.09.2015 unter http://www.gesetze-im-internet.de/bgb/__1589.html
Bundesministerium für Familie, Senioren, Frauen und Jugend. (2011). Lebenswelten und -wirklichkeiten von Alleinerziehenden. Zugriff am 6.08.2015 unter http://www.bmfsfj.de/BMFSFJ/Service/publikationen,did=173728.html
Bundesministerium für Familie, Senioren, Frauen und Jugend. (2012). Alleinerziehende in Deutschland – Lebenssituationen und Lebenswirklichkeiten von Müttern und Kindern. Berlin.
Bundesministerium für Familie, Senioren, Frauen und Jugend (2014). Kinder und Jugendhilfe. Achtes Buch Sozialgesetzbuch (5. Aufl.). Zugriff am 25.09.2015 unter http://www.bmfsfj.de/RedaktionBMFSFJ/Broschuerenstelle/Pdf-Anlagen/Kinder-_20und_20Jugendhilfegesetz_20-_20SGB_20VIII,property=pdf,bereich=bmfsfj,sprache=de,rwb=true.pdf
Bundesministerium für Gesundheit. (2015). Zugriff am 20.03.2015 unter http://www.bmg.bund.de/themen/pflege/pflegebeduerftigkeit/pflegestufen.html
Cadman, D., Boyle, M., Offord, D. R. (1988). The Ontario-Child-Health-Study – Social-Adjustment and Mental-Health of Siblings of Children with Chronic Health-Problems. Journal of Developmental and Behavioral Pediatrics, 9 (3), 117–121.
Caplan, G. (1964). Principles of preventive psychiatry. New York: Basic Books.
Caplan, G. (1974). Support systems and community mental health. Lectures on concept development. New York: Behavioral Publication.
Cicirelli, V. G. (1982). Sibling influence throughout the lifespan. In M. E. Lamb, B. Sutton-Smith (Eds.), Sibling relationships: Their nature and significance across the lifespan (pp. 267–284). Hillsdale, N J: Erlbaum.
Cierpka, M., Frevert, G. (1994). Die Familienbögen. Ein Inventar zur Einschätzung von Familienfunktionen. Handanweisung. Göttingen: Hogrefe.
Cierpka, M., Krebeck, S., Retzlaff, R. (2001). Arzt, Patient und Familie. Stuttgart: Klett-Cotta.

Cobb, C. (1982). Social support and health through the life course. In H. McCubbin, J. M. Patterson, E. Cauble (Eds.), Family stress, coping, and social support. Springfield: Charles Thomas.
Combrinck-Graham, L. (1985). A developmental model for family systems. Family Process, 24, 139–150.
Cook, J. A. (1984). Influence of gender on the problems of parents of fatally ill children. Journal of Psychosocial Oncology, 2, 71–91.
D'Amelio, R., Retz, W., Rösler, M. (2009). Psychoedukation bei ADHS im Erwachsenenalter. ADHS Report, 34 (10), 4–7.
DeJong, P., Berg, I. K. (2014). Lösungen (er)finden : das Werkstattbuch der lösungsorientierten Kurztherapie (7. Aufl.). Dortmund: Verlag Modernes Lernen. De Shazer, S., Dolan, Y. M. (2008). Mehr als ein Wunder. Lösungsorientierte Kurzzeittherapie heute (1. Aufl.). Heidelberg: Carl-Auer Verlag.
Di Gallo, A., Bürgin, D. (2006). Begleitung schwer kranker und sterbender Kinder – Empfehlungen für die Praxis. [Supporting severely ill and dying children. Suggestions for practical interventions.]. Bundesgesundheitsblatt, Gesundheitsforschung, Gesundheitsschutz, 49, 1142–1148.
Döpfner, M., Plück, J., Bölte, S., Lenz, K., Melchers, P., Heim, K. (1998). Elternfragebogen über das Verhalten von Kindern und Jugendlichen. Deutsche Bearbeitung der Child Behavior Checklist (CBCL/4-18). Köln: KJFD, Arbeitsgruppe Kinder-, Jugend- und Familiendiagnostik.
Doran, G. T. (1981). There's a S.M.A.R.T. way to write management's goals and objectives. Management Review, 70 (11), 35–36.
Egger, J. W. (2005). Das biopsychosoziale Krankheitsmodell. Psychologische Medizin, 16, 3–12.
Erim, V., Senf, W. (2002). Psychotherapie mit Migranten: Interkulturelle Aspekte in der Psychotherapie. Psychotherapeut, 47 (6), 336–346.
Eysn, S., Auner, S. (2014). »Begleitung von Kindern am Trauerweg« – Was kommt nach dem Tod? In L. Wehner (Hrsg.), Empathische Trauerarbeit. Vielfalt der professionellen Trauerarbeit in der Praxis (S. 109–129). Heidelberg: Springer-Verlag.
Fischer, G., Riedesser, P. (1999). Lehrbuch der Psychotraumatologie (2. Aufl.). München: Ernst Reinhardt Verlag.
Fischinger, E. (2014). Das Undenkbare denken lernen – Kinderwissen und Kinderweisheit im Umgang mit dem Tod. In S. Kränzle, U. Schmid, C. Seeger (Hrsg.), Palliative Care. Handbuch für Pflege und Begleitung (5. Aufl, S. 437–452). Heidelberg: Springer-Verlag.
Folkman, S., Greer, S. (2000). Promoting psychological well-being in the face of serious illness: When theory, research and practice inform each other. Psychooncology, 9, 11–19.
Frick, J. (2010). Bund fürs Leben. Gehirn und Geist, 5, 24–29.
Frick, J. (2014). Geschwister – ein Bund für das Leben. In K. Gaschler, A. Buchheim (Hrsg.), Kinder brauchen Nähe. Sichere Bindungen aufbauen und erhalten (S. 124–132). Stuttgart/Heidelberg: Schattauer/Spektrum der Wissenschaft.
Furman, E. (1974). A child's parent dies. Studys in childhood bereavement. London: Yale University Press.
Furman, W., Buhrmester, D. (1985). Children's perceptions of the qualities of sibling relationships. Child Development, 56, 448.
Giallo, R., Gavidia-Payne, S. (2006). Child, parent and family factors as predictors of adjustment for siblings of children with a disability. Journal of Intellectual Disability Research, 50, 937–948.
GPOH (o. J.). Psychosoziale Arbeitsgemeinschaft in der Gesellschaft für Pädiatrische Onkologie und Hämatologie (PSAPOH). Zugriff am 30.09.2015 unter http://www.kinderkrebsinfo.de/gpoh/psapoh/index_ger.html
Grootenhuis, M. A., Last, B. F. (1997). Adjustment and coping by parents of children with cancer: a review of the literature. Support Care Cancer, 5, 466–484.
Günther, M. (2012). Psychotherapeutische Erstinterviews mit Kindern. Winnicotts Squiggletechnik in der Praxis. Stuttgart: Klett-Cotta.

Haagen, M., Möller, B. (2013). Sterben und Tod im Familienleben. Göttingen: Hogrefe.
Haberthür, N. (2005). Kinder im Schatten. Geschwister behinderter Kinder. Oberhofen am Thunersee: Zytglogge.
Hagestad, G. (2006). Transfers between grandparents and grandchildren: The importance of taking a three-generation perspective. Zeitschrift Für Familienforschung, 18 (3), 315–332.
Hartling, L., Milne, A., Tjosvold, L., Wrightson, D., Gallivan, J., Newton, A. S. (2014). A systematic review of interventions to support siblings of children with chronic illness or disability. Journal of Paediatrics and Child Health, 50 (10), 26–38. http://doi.org/10.1111/j.1440-1754.2010.01771.x
Hayes, S. C., Strosahl, K., Wilson, K. G. (1999). Acceptance and commitment therapy: An exterimental approach to behavior change. New York: Guilford Press.
Hemcke, C. (2010). Väter und Trauer nach Fehl- und Todgeburt. Entwicklung eines Leitfadens zum Umgang mit den Vätern mittels einer Online-Umfrage. Universität Witten/Herdecke.
Herrmann, J. (2012). Unterstützungsleistungen und Bewältigungsverhalten von Großeltern bei der Krebserkrankung eines Kindes. Martin-Luther Universität Halle-Wittenberg.
Hertlein, K., Viers, D. (2011). Therapie-Tools Paar- und Familientherapie. Weinheim: Beltz.
Hobfoll, S. E., Lerman, M. (1988). Personal relationships, personal attributes, and stress resistance: Mothers' reactions to their child's illness. American Journal of Community Psychology, 16, 565–589.
Hollidge, C. (2001). Psychological adjustment of sibling so achild with diabetes. Health & Social Work, 26 (1), 15–25.
Hölling, H., Schlack, R., Dippelhofer, A., Kurth, B.-M. (2008). Personal, familial and social resources and health-related quality of life in children and adolescents with chronic conditions. Bundesgesundheitsblatt, Gesundheitsforschung, Gesundheitsschutz, 51, 606–620.
Horn, A. (2005). Interkulturelle Aspekte in der Begleitung von Kindern und Jugendlichen mit lebensbedrohlichen Erkrankungen. Systhema, 19 (2), 172–183.
Hoß, K., Maier, R. F. (2013). Medizinische Grundlagen. In M. Pinquart (Hrsg.), Wenn Kinder und Jugendliche körperlich chronisch krank sind: Psychische und soziale Entwicklung, Prävention, Intervention (S. 1–16). Heidelberg: Springer-Verlag.
Houtzager, B. A., Grootenhuis, M. A., Hoekstra-Weebers, J. E. H. M., Last, B. F. (2005). One month after diagnosis: quality of life, coping and previous functioning in siblings of children with cancer. Child: Care, Health and Development, 31, 75–87.
Jackson, E. L. (1999). Review : The effects on siblings in families with a child with Chronic Fatigue Syndrome. Journal of Child Health Care, 3, 27–32.
Jenkins, J., Rasbash, J., Leckie, G., Gass, K., Dunn, J. (2012). The role of maternal factors in sibling relationship quality: A multilevel study of multiple dyads per family. Journal of Child Psychology and Psychiatry, 53, 622–629.
Jimenez, S. (2014). Geschwister von Kindern mit Behinderung oder schwerer chronischer Erkrankung in der Familie. Ansätze der sozialen Arbeit und Heilpädagogik (1. Aufl.). Hamburg: Diplomica Verlag GmbH.
Kallenbach, K. (2002). Vater eines behinderten Kindes. In Familienhandbuch des Staatsinstituts für Frühpädagogik. München: Bayrisches Staatsministerium für Arbeit und Sozialordnung, Familie und Frauen. Zugriff am 15.07.2015 http://www.familienhandbuch.de/behinderung/behinderte-kinder/vater-eines-behinderten-kindes
Kaller, T., Petersen, I., Petermann, F., Fischer, L., Grabhorn, E., Schulz, K.-H. (2014). Family strain and its relation to psychosocial dysfunction in children and adolescents after liver transplantation. Pediatric Transplantation, 18, 851–859.
Kamtsiuris, P., Atzpodien, K., Ellert, U., Schlack, R., Schlaud, M. (2007). Prevalence of somatic diseases in German children and adolescents. Results of the German Health Interview and Examination Survey for Children and Adolescents (KiGGS). Bundesgesundheitsblatt, Gesundheitsforschung, Gesundheitsschutz, 50, 686–700.

Kasten, H. (1993). Die Geschwisterbeziehung. Band 1. Göttingen: Hogrefe.
Kasten, H. (2004). Der aktuelle Stand der Geschwisterforschung. Zugriff am 04.08.2015 unter https://www.familienhandbuch.de/cms/Familienforschung-Geschwister.pdf
KIGGS (o. J.). Studie zur Gesundheit von Kindern und Jugendlichen in Deutschland. Zugriff am 30.09.2015 unter http://www.kiggs-studie.de/Klagsbrun, F. (1993). Der Geschwisterkomplex. Ein Leben lang Liebe, Haß, Rivalität und Versöhnung. Frankfurt a. M.: Eichborn.
Klassen, A. F., Gulati, S., Granek, L., Rosenberg-Yunger, Z. R. S., Watt, L., Sung, L., Shaw, N. T. (2012). Understanding the health impact of caregiving: a qualitative study of immigrant parents and single parents of children with cancer. Quality of Life Research : An International Journal of Quality of Life Aspects of Treatment, Care and Rehabilitation, 21, 1595–1605.
Klosinski, G. (2000). Verschwistert mit Leib und Seele: Geschwisterbeziehungen gestern – heute – morgen. Tübingen: Attempto Verlag.
Knipper, M., Bilgin, Y. (2010). Migration und andere Hintergründe. Deutsches Ärzteblatt, (3), 76–79.
Knölker, U., Mattejat, F., Schulte-Markwort, M. (2000). Kinder- und Jugendpsychiatrie und -psychotherapie systematisch (2. Aufl.). Bremen: UNI-Med.
Kofler, K. (2009). Betrachtung der systemischen Neutralität in der Psychotherapeutischen Arbeit mit Multiproblemfamilien. Systemische Notizen, 1, 18–31.
Kollmann, B., Kruse, M. (1990). Krebskranke Jugendliche und ihre Familien. Problematik und Möglichkeiten einer psychologischen Begleitung. Essen: Verlag Die Blaue Eule.
Kowal, A., Kramer, L. (1997). Children's understanding of parental differential treatment. Child Development, 68, 113–126.
Krause, M. P. (1997). Elterliche Bewältigung und Entwicklung des behinderten Kindes. In F. Petermann (Hrsg.), Studien zur Jugend- und Familienforschung (Bd. 17). Frankfurt a. M.: Peter Lang.
Kröger, F., Hendrischke, A., McDaniel, S. (2000). Familie, System und Gesundheit. Systemische Konzepte für ein soziales Gesundheitswesen (1. Aufl.). Heidelberg: Carl-Auer Verlag.
Kübler-Ross, E. (1975). Interviews mit Sterbenden. Gütersloh: Gütersloher Verlagshaus Mohn.
Küchenhoff, J. (2005). Psychodynamische Kurz- und Fokaltherapie. Theorie und Praxis. Stuttgart: Schattauer.
Kunkel, P.-C. (2007). Kinder- und Jugendhilfe. Leistungen richtig beantragen (1. Aufl.). Baden-Baden: Nomos.
Kupfer, A. (2014). Soziale Unterstützung und psychosoziale Beratung. Eine qualitative Analyse zum Zusammenhang informeller und professioneller Hilfeprozesse. Technische Universität Dresden.
Kutter, P., Müller, T. (2008). Psychoanalyse. Eine Einführung in die Psychologie unbewusster Prozesse. Stuttgart: Klett-Cotta.
Labay, L. E., Walco, G. A. (2004). Brief report: Empathy and psychological adjustment in siblings of children with cancer. Journal of Pediatric Psychology, 29, 309–314.
Lamorey, S. (1999). Parentification of siblings of children with disability or chronic disease. In N. D. Chase (Ed.), Burdened children: Theory, research and treatment of parentification (pp. 75–91). Thousand Oaks, CA: Sage.
Lampert, T., Saß, A. C., Häfelinger, M., Ziese, T. (2005). Beiträge zur Gesundheitsberichterstattung des Bundes. Armut, soziale Ungleichheit und Gesundheit. Berlin. Zugriff am 20.08.2015 unter http://www.rki.de/DE/Content/Gesundheitsmonitoring/Gesundheits berichterstattung/GBEDownloadsB/Armut.pdf?__blob=publicationFile
Leist, M. (1993). Kinder begegnen dem Tod. Ein beratendes Sachbuch für Eltern und Erzieher (3. Aufl.). Gütersloh: Gütersloher Verlagshaus Mohn.
Lindemann, E. (1944). Symptomatology and management of acute grief. The American Journal of Psychiatry, 101, 141–148.
Lindert, J., Priebe, S., Perka, S., Napo, F., Schouler-Ocak, M., Heinz, A. (2008). Versorgung psychisch kranker Patienten mit Migrationshintergrund. Psychotherapie, Psychosomatik, Medizinische Psychologie, 58, 123–129. http://doi.org/10.1055/s

Littlewood, J. (1992). Aspects of grief. Bereavement in adult life. London: Routledge.
Lobato, D. J., Kao, B. T. (2002). Integrated sibling-parent group intervention to improve sibling knowledge and adjustment to chronic illness and disability. Journal of Pediatric Psychology, 27 (8), 711–6. Retrieved from http://www.ncbi.nlm.nih.gov/pubmed/12403861
Lohaus, A. (2013). Kindliche Krankheitskonzepte. In M. Pinquart (Hrsg.), Wenn Kinder und Jugendliche körperlich chronisch krank sind: Psychische und soziale Entwicklung, Prävention, Intervention (S. 17–32). Heidelberg: Springer-Verlag.
Lohaus, A., Vierhaus, M. (2013). Entwicklungspsychologie des Kindes- und Jugendalters für Bachelor. Lesen, Hören, Lernen im Web (2. Aufl.). Heidelberg: Springer-Verlag.
Ludewig, K., Pflieger, K., Wilken, U., Jakobskötter, G. (1983). Entwicklung eines Verfahrens zur Darstellung von Familienbeziehungen: Das Familienbrett. Familiendynamik 1, 8, 235–251.
Ludewig, R., Wullschleger, R. (2013). Wachstum nach Trauma? »Eine schwarze Perle in der bunten Perlenkette«. In H. Molter, R. Schindler, A. von Schlippe (Hrsg.), Vom Gegenwind zum Aufwind. Der Aufbruch des systemischen Gedankens (1. Aufl.). Göttingen: Vandenhoeck & Ruprecht.
Mahler, M. S., Pine, F., Bergman, A. (1980). Die psychische Geburt des Menschen. Symbiose und Individuation. Frankfurt a. M.: Fischer.
Mangold, B. (1997). Zusammenarbeit von Helfern und Familien mit einem krebskranken Kind. In W. König (Hrsg.), Krebs – Ein Handbuch für Betroffene, Angehörige und Betreuer. Heidelberg: Springer-Verlag.
Mattejat, F. (1985). Familie und psychische Störungen. Eine Übersicht zu den empirischen Grundlagen des familientherapeutischen Ansatzes. Stuttgart: Ferdinand Enke Verlag.
McDaniel, S. H., Campbell, T. L., Hepworth, J., Lorenz, A. (2004). Family-oriented primary care (2nd ed.). New York: Springer Publishing Company.
McHale, S. M., Crouter, A. C. (1996). The familiy contexts of children's sibling relationships. In G. H. Brody (Ed.), Sibling relationships: Their causes and consequences (pp. 173–196). Norwood, NJ: Ablex.
McKeever, P. (1983). Siblings of chronically ill children: a literature review with implications for reasearch and practice. American Journal of Orthopsychiatry, 53, 209–2018.
Meyler, E., Guerin, S., Kiernan, G., Breatnach, F. (2010). Review of family-based psychosocial interventions for childhood cancer. Journal of Pediatric Psychology, 35 (10), 1116–1132. http://doi.org/10.1093/jpepsy/jsq032
Miedema, B., Easley, J., Fortin, P., Hamilton, R., Mathews, M. (2008). The economic impact on families when a child is diagnosed with cancer. Current Oncology, 15, 173–178.
Minuchin, S. (1974). Families and family therapy. London: Tavistock Publications.
Möller, B. (2006). Wir möchten alles vergessen. Schwierigkeiten und Perspektiven kinder- und jugendpsychiatrischer Behandlungen von traumatisierten Flüchtlingskindern und ihren Familien aus dem Kosovo. Universität Kassel.
Möller, B. (2008). Interkulturelle Aspekte der Kinder- und Jugendpsychiatrie anhand von psychodynamischen Fallbeispielen. In F. A. Muthny, I. Bermejo (Hrsg.), Interkulturelle Medizin, Laientheorien, Psychodynamik und Migrationsfolgen (S. 39–56). Köln: Deutscher Ärzte-Verlag.
Möller, B., Paulus, S., Adam, H., Lucas, T. (2005). Möglichkeiten und Grenzen der Behandlung von traumatisierten Flüchtlingskindern und ihren Familien im Spannungsfeld von Kulturwechsel, Psychotherapie und Ausländerrecht. Psychosozial, 102, 19–40.
Münder, J., Meysen, T., Trenczek, T. (2009). Frankfurter Kommentar zum SGB VIII. Kinder- und Jugendhilfe (6. Aufl.). Baden-Baden: Nomos.
NAKOS (2015). Nationale Kontakt- und Informationsstelle zur Anregung und Unterstützung von Selbsthilfegruppen. Zugriff am 30.09.2015 unter http://www.nakos.de/Nestmann, F. (2007). Soziale Unterstützung. In A. Weber, G. Hörmann (Hrsg.), Psychosoziale Gesundheit im Beruf. Mensch, Arbeitswelt, Gesundheit (1. Aufl.). Stuttgart: Gentner.

Newman, J. (1996). The more the merrier? Effects of family size and sibling spacing on sibling relationships. Child: Care, Health and Development, 22, 285–302.
Noeker, M., Petermann, F. (1995). Körperlich chronisch kranke Kinder. Psychosoziale Belastung und Krankheitsbewältigung. In F. Petermann (Hrsg.), Lehrbuch Klinische Kinderpsychologie (S. 517–555). Göttingen: Hogrefe.
Noeker, M., Petermann, F. (2008). Resilienz: Funktionale Adaptation an widrige Umgebungsbedingungen. Zeitschrift Für Psychiatrie, Psychologie und Psychotherapie, 56, 255–263.
Northouse, L. L., Kershaw, T., Mood, D., Schafenacker, A. (2005). Effects of a family intervention on the quality of life of women with recurrent breast cancer and their family caregivers. Psycho-Oncology, 14 (6), 478–491.
Olson, D. H., McCubbin, H. I. (1982). Cirkumplex model of marital and family systems. Application to family stress and crisis intervention. In H. I. McCubbin, A. E. Cauble, J. M. Patterson (Eds.), Family stress, coping, and social support (pp. 48–68). Springfield: Charles Thomas.
Pai, A. L. H., Greenley, R. N., Lewandowski, A., Drotar, D., Youngstrom, E., Peterson, C. C. (2007). A meta-analytic review of the influence of pediatric cancer on parent and family functioning. Journal of Family Psychology, 21, 407–415.
Perry, A., Sarlo-McGarvey, N., Factor, D. C. (1992). Stress and family functioning in parents of girls with Rett syndrome. Journal of Autism and Developmental Disorders, 22, 235–248.
Perzlmaier, C., Sonnenberg, B. (2013). Patenschaften praxisnah. Herausforderungen und Umsetzung von Kinder- und Familienpatenschaften. Basel: Beltz Juventa.
Petermann, F., Noeker, M., Bode, U. (1987). Psychologie chronischer Krankheiten im Kindes- und Jugendalter. Mit 15 Tabellen und 7 Abbildungen. München: Psychologie Verlags Union.
Piaget, J. (1969). Das Erwachen der Intelligenz beim Kinde. Stuttgart: Klett.
Pike, A., Coldwell, J., Dunn, J. F. (2005). Sibling relationships in early/middle childhood: links with individual adjustment. Journal of Family Psychology, 19, 523–532.
Pinhard, I., Schutter, S. (2012). AID:A – Befunde zur Lebenssituation alleinerziehender Mütter. Zugriff am 20.05.2015 unter http://www.dji.de/index.php?id=42874#10
Ravens-Sieberer, U., Wille, N., Bettge, S., Erhart, M. (2007). Psychische Gesundheit von Kindern und Jugendlichen in Deutschland. Bundesgesundheitsblatt – Gesundheitsforschung – Gesundheitsschutz, 50 (5/6), 871–878.
Razum, O., Zeeb, H., Meesmann, U., Schenk, L., Bredehorst, M., Brzoska, P., Deercks, T., Glodny, S., Menkhaus, B., Salman, R., Saß, A.-C., Ulrich, R., Neuhauser, H., Brucks, U. (2008). Migration und Gesundheit. Schwerpunktbericht der Gesundheitsberichterstattung. Berlin: Robert Koch Institut.
Reilly, T. P., Hasazi, J. E., Bond, L. A. (1983). Children's conceptions of death and personal mortality. Journal of Pediatric Psychology, 8, 21–31.
Remschmidt, H. (1988). Der Krankheitsbegriff in der Kinder- und Jugendpsychiatrie. In H. Remschmidt, M. H. Schmidt (Hrsg.), Kinder- und Jugendpsychiatrie in Klinik und Praxis (Bd. 1, S. 142–151). Stuttgart: Thieme.
Retzlaff, R. (2010). Familien-Stärken. Behinderung, Resilienz und systemische Therapie. Stuttgart: Klett-Cotta.
Riesch, S., Jackson, N. M., Chanchong, W. (2003). Communication approaches to parent–child conflict: young adolescence to young adult. Journal of Pediatric Nursing, 18, 244–256.
Rogers, C. (1972). Die nicht-direktive Beratung. München: Kindler.
Röhrle, B. (1994). Soziale Netzwerke und soziale Unterstützung. Weinheim: Psychologie Verlags Union.
Rolland, J. S. (2000). Krankheit und Behinderung in der Familie. Modell für ein integratives Behandlungskonzept. In F. Kröger, A. Hendrischke, S. H. McDaniel (Hrsg.), Familie, System und Gesundheit. Systemische Konzepte für ein soziales Gesundheitswesen (1. Aufl., S. 62–104). Heidelberg: Carl-Auer Verlag.

Rolland, J. S. (2005). Cancer and the family: an integrative model. Cancer, 104, 2584–2595.
Romer, G., Bergelt, C., Möller, B. (2014). Kinder krebskranker Eltern. Manual zur kindzentrierten Familienberatung nach dem COSIP-Konzept. Göttingen: Hogrefe.
Romer, G., Haagen, M. (2007). Kinder körperlich kranker Eltern. Göttingen: Hogrefe.
Rosenbrock, R., Kümpers, S. (2006). Zur Entwicklung von Konzepten und Methoden der Prävention. Psychotherapeut, 51 (6), 412–420. http://doi.org/10.1007/s00278-006-0511-0
Rossiter, L., Sharpe, D. (2001). The siblings of individuals with mental retardation: A quantitative integration of the literature. Journal of Child and Family Studies, 10, 65–84.
Salavati, B., Seeman, M. V., Agha, M., Atenafu, E., Chung, J., Nathan, P. C., Barrera, M. (2014). Which siblings of children with cancer benefit most from support groups? Children's Health Care, 43 (3), 221–233. http://doi.org/10.1080/02739615.2013.837820
Sanders, R. (2011). Siblings in practice. In J. Caspi (Ed.), Sibling development: Implications for mental health practitioners (pp. 17–40). New York: Springer Publishing Company.
Schanberg, L. E., Anthony, K. K., Gil, K. M., Lefebvre, J. C., Kredich, D. W., Macharoni, L. M. (2001). Family pain history predicts child health status in children with chronic rheumatic disease. Pediatrics, 108, E47.
Scheidt-Nave, C., Ellert, U., Thyen, U., Schlaud, M. (2007). Prävalenz und Charakteristika von Kindern und Jugendlichen mit speziellem Versorgungsbedarf im Kinder- und Jugendgesundheitssurvey (KiGGS) in Deutschland. Bundesgesundheitsblatt – Gesundheitsforschung – Gesundheitsschutz, 50 (5/6), 750–756.
Schellenberg, T. (2006). Die Situation von Geschwistern krebskranker Kinder und das Geschwisterprojekt der Elternhilfe für krebskranke Kinder Leipzig e. V. HTWK Leipzig.
Schlippe, A. von, Schweitzer, J. (2014). Lehrbuch der systemischen Therapie und Beratung I und II (1. Aufl.). Göttingen: Vandenhoeck & Ruprecht.
Schmid, R., Spießl, H., Cording, C. (2005). Die Situation von Geschwistern psychisch Kranker. Fortschritte der Neurologie – Psychiatrie, 73 (12), 736–749.
Schmidt, S., Thyen, U. (2008). Was sind chronisch kranke Kinder? Bundesgesundheitsblatt – Gesundheitsforschung – Gesundheitsschutz, 51 (6), 585–591.
Schmidt-Denter, U. (2005). Soziale Beziehungen im Lebenslauf. Lehrbuch der sozialen Entwicklung (4. Aufl.). Basel: Beltz.
Schneewind, K. A. (2010). Familienpsychologie (3. Aufl.). Stuttgart: Kohlhammer.
Schröder, K. E. E., Schwarzer, R. (1997). Bewältigungsressourcen. In C. Tesch-Römer, G. Schwarz (Hrsg.), Psychologie der Bewältigung. Weinheim: Beltz.
Schuster, E. M. von. (2004). Grenzen der Psychotherapie : Milieuabhängigkeit der Intervention (S. 1–15). Zugriff am 25.05.2015 unter http://www.familienberatung.it/doc/grenzen_der_psychotherapie.pdf
Schwarzer, R., Jerusalem, M. (2002). Das Konzept der Selbstwirksamkeit. In M. Jerusalem, D. Hopf (Hrsg.), Selbstwirksamkeit und Motivationsprozesse in Bildungsinstitutionen (S. 28–53). Weinheim: Beltz.
SGB (2015). Sozialgesetzbuch. Achtes Buch. Kinder- und Jugendhilfe. Zugriff am 30.09.2015 unter http://www.sozialgesetzbuch-sgb.de/sgbviii/1.html
Seiffge-Krenke, I. (2001). Geschwisterbeziehungen zwischen Individuation und Verbundenheit. Versuch einer Konzeptualisierung. Praxis der Kinderpsychologie und Kinderpsychiatrie, 50, 421–439.
Seiffge-Krenke, I. (2013). Stressbewältigung und Krankheitsmanagement bei chronischer Krankheit in Kindheit und Adoleszenz. In M. Pinquart (Hrsg.), Wenn Kinder und Jugendliche körperlich chronisch krank sind. Psychische und soziale Entwicklung, Prävention, Intervention (S. 33–45). Heidelberg: Springer-Verlag.
Seiffge-Krenke, I., Boeger, A., Schmidt, C., Kollmar, F., Floß, A., Roth, M. (1996). Chronisch kranke Jugendliche und ihre Familien. Belastung, Bewältigung und psychosoziale Folgen. Stuttgart: Kohlhammer.

Selvini Palazzoli, M., Boscolo, L., Cecchin, G., Prata, G. (1981). Hypothetisieren, Zirkularität, Neutralität: Drei Richtlinien für den Leiter der Sitzung. Familiendynamik, 6 (2), 23–39.
Senf, W., Broda, M., Wilms, B. (2013). Techniken der Psychotherapie. Ein methodenübergreifendes Kompendium. Stuttgart: Thieme.
Sesterhenn, H. (1991). Chronische Krankheit im Kindesalter im Kontext der Familie. Heidelberg: HVA.
Sharpe, D., Rossiter, L. (2002). Siblings of children with a chronic illness: A meta-analysis. Journal of Pediatric Psychology, 27, 699–710.
Slaughter, V., Jaakkola, R., Carey, S. (2005). Constructing a coherent theory: Children's biological understanding of life and death. In M. Siegal, C. C. Peterson (Eds.), Children's understanding of biology and health (pp. 71–96). New York: Cambridge University Press.
Sohni, H. (2011). Geschwisterdynamik. Gießen: Psychosozial-Verlag.
Solomon, G. E., Cassimatis, N. L. (1999). On facts and conceptual systems: Young children's integration of their understandings of germs and contagion. Developmental Psychology, 35, 113–126.
Spath, M. L. (2007). Children facing a family member's acute illness: A review of intervention studies. International Journal of Nursing Studies, 44, 834–844. http://doi.org/10.1016/j.ijnurstu.2006.05.008
Speece, M. W., Brent, S. B. (1992). The acquisition of a mature understanding of three components of the concept of death. Death Studies, 16, 211–229.
Statistisches Bundesamt. (2011). Wie leben Kinder in Deutschland? Begleitmaterial zur Pressekonferenz am 3. August 2011 in Berlin. Wiesbaden.
Statistisches Bundesamt. (2013). Bevölkerung mit Migrationshintergrund. Ergebnisse des Mikrozensus. Fachserie 1, Reihe 2.2. Wiesbaden.
Stavemann, H. H. (2002). Sokratische Gesprächsführung in Therapie und Beratung (1. Aufl.). Weinheim: Psychologie Verlags Union.
Stierlin, H., Rücker-Embden, I., Wetzel, N., Wirsching, M. (1980). Das erste Familiengespräch. Theorie Praxis Beispiel (2. Aufl.). Stuttgart: Klett-Cotta.
Stiftung FamilienBande (2009–2014). Gemeinsam für Geschwister. Zugriff am 30.09.2015 unter http://www.stiftung-familienbande.de/Stiftung FamilienBande (2011). LARES Früherkennungstool/LARES Anleitung komplett. Zugriff am 22.06.2015 unter http://stiftung familienbande.de/fileadmin/media/files/Lares-Frueherkennungstool/LARES_Anleitung_komplett.pdf
Story, L. B., Bradbury, T. N. (2004). Understanding marriage and stress: Essential questions and challenges. Clinical Psychology Review, 23, 1139–1162.
Suter, M. (2010). Für meine kleine Tochter lebt ihr Bruder noch. Zeit Online. Hamburg. Zugriff am 04.06.2015 unter http://www.zeit.de/2010/07/Rettung-Suter-07
Svetina, M., Nastran, K. (2012). Family relationships and post-traumatic growth in breast cancer patients. Psychiatria Danubia, 24, 298–306.
Tangney, J. P., Dearing, R. L. (2002). Shame and guilt. New York: Guilford Press.
Tedeschi, R. G., Calhoun, L. G. (2004). Posttraumatic growth: Conceptual foundations and empirical evidence. Psychological Inquiry, 15, 1–18.
Textor, M. (1984). Familienpathologie und Familientherapie. In M. Textor (Hrsg.), Die Familie. Beiträge aus verschiedenen Forschungsbereichen (S. 181–196). Frankfurt a. M.: Haag + Herchen.
Theiling, S., Szczepanski, R., Lob-Corzilius, T. (2012). Der Luftikurs für Kinder mit Asthma. Ein fröhliches Lern- und Lesebuch für Kinder und ihre Eltern. Lengerich: Pabst.
Theiling, S., von Schlippe, A., Lob-Corzilius, T. (2000). Systemische Familienmedizin in der Pädiatrie. In F. Kröger, A. Hendrischke, S. McDaniel (Hrsg.), Familie, System und Gesundheit. Systemische Konzepte für ein soziales Gesundheitswesen (S. 130–164). Heidelberg: Carl-Auer Verlag.
Tilghman-Osborne, C., Cole, D. A., Felton, J. W. (2010). Definition and measurement of guilt: Implications for clinical research and practice. Clinical Psychology Review, 30, 536–546.

Toman, W. (1987). Familienkonstellationen. Ihr Einfluss auf die Menschen (4. Aufl.). München: Beck.
Tuckman, B. W. (1965). Developmental sequences in small groups. Psychological Bulletin, 63, 348–399.
Underwood, P. (2005). Sozialer Rückhalt: Versprechen und Wirklichkeit. In V. Hill Rice (Hrsg.), Stress und Coping. Lehrbuch für Pflegepraxis und -wissenschaft (1. Aufl.). Bern: Hans Huber.
van Groeningen, F. (Regisseur) (2012). The Broken Circle. Filmdrama. Belgien und Niederlande: Menuet Producties, Topkapi Films.
van Oers, H. A., Marchal, J. P., Grootenhuis, M. A., Van Trotsenburg, A. S. P., Maurice-Stam, H., Haverman, L. (2014). Distress in mothers and fathers of children with Down syndrome. Amsterdam: Poster presented at 2nd international paediatric psychology conference in Europe (25.–26. September 2014 in Amsterdam).
Vermaes, I. P. R., Janssens, J. M. A. M., Bosman, A. M. T., Gerris, J. R. M. (2005). Parents' psychological adjustment in families of children with spina bifida: a meta-analysis. BMC Pediatrics, 5, 32.
Vermaes, I. P. R., van Susante, A. M. J., van Bakel, H. J. A. (2012). Psychological functioning of siblings in families of children with chronic health conditions: a meta-analysis. Journal of Pediatric Psychology, 37, 166–184.
Visser, A., Huizinga, G.A., van der Graaf, W.T., Hoekstra, H.J., Hoekstra-Weebers, J.E. (2004). The impact of parental cancer on children and the family: a review of the literature. Cancer 30, 683–94.
Visser, A., Huizinga, G. A., Hoekstra, H. J., van der Graaf, W. T. A., Hoekstra-Weebers, J. E. H. M. (2006). Parental cancer: Characteristics of parents as predictors for child functioning. Cancer, 106, 1178–1187.
Warschburger, P. (2008). Psychische Probleme chronisch kranker Kinder und Jugendlicher. In G. Esser (Hrsg.), Lehrbuch der Klinischen Psychologie und Psychotherapie des Kindes- und Jugendalters (3. Aufl., S. 494–505). Stuttgart: Thieme.
Webb, N. B. (2002). Helping bereaved children. A handbook for practitioners (2nd ed.). New York: Guilford Press.
Wehmeier, P. M., Barth, N. (2011). Psychische Störungen bei chronischen Erkrankungen und Behinderungen. In H. Remschmidt, S. von Aster (Hrsg.), Kinder- und Jugendpsychiatrie: Eine praktische Einführung (6. Aufl.). Stuttgart: Thieme.
Wesselmann, E. (2005). Kranksein in der Fremde. MigrantInnen in der Gesundheitsversorgung. In A. Sellschopp, M. Fegg, E. Frick, U. Gruber, D. Pouget-Schors, H. Theml, A. Vodermaier, T. Vollmer (Hrsg.), Manual Psychoonkologie. Empfehlungen zur Diagnostik, Therapie und Nachsorge (2. Aufl., S. 40–44). München u. a.: Zuckerschwerdt.
Wiegand-Grefe, S., Halverscheid, S., Plass, A. (2011). Kinder und ihre psychisch kranken Eltern Familienorientierte Prävention – Der CHIMPs-Beratungsansatz. Göttingen: Hogrefe.
Williams, P. D. (1997). Siblings and pediatric chronic illness: A review of the literature. International Journal of Nursing Studies, 34, 312–323.
Williams, P. D., Piamjariyakul, U., Graff, J. C., Stanton, A., Guthrie, A. C., Hafeman, C., Williams, A. R. (2010). Developmental disabilities: Effects on well siblings. Issues in Comprehensive Pediatric Nursing, 33, 39–55.
Williams, P. D., Williams, A. R., Graff, J. C., Hanson, S., Stanton, A., Hafeman, C., Liebergen, A., Leuenberg, K., Selter, R. K., Ridder, L., Curry, H., Barnard, M., Sanders, S. (2003). A community-based intervention for siblings and parents of children with chronic illness or disability: The ISEE study. The Journal of Pediatrics, 143 (3), 386–93. http://doi.org/10.1067/S0022-3476(03)00391-3
Wirsching, B. (1984). Aspekte der Familientherapie bei chronischen Krankheiten im Kindes- und Jugendalter. In J. Scheer, E. Brähler (Hrsg.), Ärztliche Maßnahmen aus psychologischer Sicht. Beiträge zur Medizinischen Psychologie (S. 139–145). Berlin: Springer.

Wirsching, M. (1988). Krebs im Kontext. Patient, Familie und Behandlungssystem. Stuttgart: Klett-Cotta.
Worden, J. W. (1996). Children and grief: When a parent dies. New York: Guilford Press.
Yeganeh, B., Good, D. (2012). Micro-actions. Leadership excellence, 29 (3), 15.
Yilmaz, A. T. (2006). Grundlagen der kultursensitiven Krisenintervention. In E. Wohlfert, M. Zaumseil (Hrsg.), Transkulturelle Psychiatrie – Interkulturelle Psychotherapie (S. 279–284). Heidelberg: Springer.
Zander, M. (2011). Handbuch der Resilienzförderung (1. Aufl.). Wiesbaden: VS Verlag für Sozialwissenschaften.

Anhang

Die sich anschließenden Arbeitsmaterialien sind auch als Download-Material publiziert. Sie finden es im Internet in der »Mediathek« zu diesem Buch unter www.v-r.de.

Anhang 1

Falldokumentation

Familienmitglieder
Elternteil:
Elternteil:
Beziehungsstatus, neue Lebenspartner/Stiefelternteil:
Erkranktes Kind:
Geschwisterkind(er)/Geburtsdatum:

Datum	Teilnehmer (Familie)	Dauer (min)	Kontakt	Besonderheiten	Berater/Therapeut
1.					
2.					
3.					
4.					
5.					
6.					
7.					
8.					
9.					
10.					
11.					
12.					
13.					
14.					
15.					
16.					
17.					
18.					
19.					
20.					
21.					
22.					

Anhang 2

Leitfaden für das Erstgespräch mit den Eltern

Name der Familie:
Erkranktes Kind/Geburtsdatum:
Geschwisterkind(er)/Geburtsdatum:
Datum des Gesprächs:
Gesprächsteilnehmer:
Berater:

1. Klärung des Rahmens/Settings, Dauer des Gesprächs, geplante, noch folgende Gespräche Kontextklärung der (Wieder-)Vorstellung?
   (z. B. »Wie sind Sie auf die Beratungsstelle aufmerksam geworden? Wissen Ihre Kinder/Ihr Partner, dass Sie hier sind?«)

2. Geäußerte Anliegen
   2.1 Hauptanliegen
       (»Welches Hauptanliegen hat Sie in die Beratung geführt?«)
   2.2 Erwartungen, Wünsche und weitere Anliegen
       (»Was erhoffen Sie sich von dem Gespräch? Was soll in diesem Gespräch passieren, dass Sie sagen, es war gut? Beschäftigt Sie momentan noch etwas anderes, dass Ihnen wichtig ist?«)

3. Geschichte der Erkrankung des Kindes
   3.1 Beginn der Erkrankung/Erstdiagnose gestellt am:
       Behandlung und Versorgung
       (»Welche Behandlung/Krankenhausaufenthalte gab/gibt es?«
       »Gibt es einen Behandler, bei dem die Fäden zusammenlaufen?«
       »Welchen Versorgungsaufwand leisten Sie als Familie?«)
   3.2 Bisherige Erfahrungen mit dem medizinischen System
       (»Wie sind Ihre Erfahrungen mit Ärzten und Schwestern?«)
   3.3 Prognose
       (»Wie ist der Stand der Prognose? Wer hat die Prognose gestellt?«)

4. Elterliches Coping
   4.1 Reaktion auf Diagnosestellung
       (»Wie haben Sie auf die Diagnose reagiert?«)

4.2 Reaktion auf Behandlungsfortschritte/Rückschritte
(»Wie gehen Sie heute mit der Erkrankung um?«)
4.3 Bisherige Verarbeitung/Bewältigung
(»Wie/über was tauschen Sie sich untereinander bezüglich Erkrankung und Prognose aus? Wie/über was tauschen Sie sich mit vertrauten Personen Ihres erwachsenen sozialen Umfeldes bezüglich Erkrankung und Prognose aus?«)

5. Elterliche Paarbeziehung/elterliches Erziehungsverhalten
   5.1 Eindruck der Qualität der Paarbeziehung
   (»Wie geht es Ihnen als Paar? Wie pflegen Sie ihre Beziehung?«)
   5.2 Aktuelles Erleben der Elternschaft
   (»Wie fühlen Sie sich momentan in Ihrer Elternrolle?«)

6. Familiäre Kohäsion/Mehrgenerationenperspektive
   6.1 Kommunikation über die Erkrankung und emotionale Belastung innerhalb der Familie
   (»Wie wird in der Familie über die Erkrankung und die damit einhergehenden Gefühle gesprochen?«)
   6.2 Flexibilität im Umgang mit divergenten Bedürfnissen
   (»Werden Bedürfnisse artikuliert und gemeinsam besprochen?«)
   6.3 Unbelastete Bereiche des gemeinsamen Familienlebens
   (»Wann und wo geht es explizit nicht um die Erkrankung?«)
   6.4 Familiärer Zukunftsentwurf
   (»Wo sehen Sie sich und ihre Familie in fünf Jahren?«)
   6.5 Familiengeschichte/Genogramm-Anamnese
   (»Welche familiären Vorerfahrungen haben Sie mit Erkrankungen?«)

7. Familiäre Alltagsorganisation/familiäre Unterstützung
   7.1 Rollenveränderungen in der Familie seit Diagnosestellung
   (»Wie organisieren Sie den Versorgungsaufwand? Wer übernimmt welche Aufgaben? Wie belastet fühlen Sie sich dadurch?«)
   7.2 Rolle des Geschwisterkindes
   (»Übernimmt das Geschwisterkind zusätzliche Aufgaben?«)
   7.3 Soziale Unterstützung
   (»Welche Personen Ihres sozialen Umfeldes leisten welche Unterstützung?«)
   7.4 Problematische Reaktionen des sozialen Umfeldes
   (»An welcher Stelle fühlen Sie sich von Ihrem sozialen Umfeld beson-

ders verstanden? Welche Bereiche im Kontakt mit dem sozialen Umfeld würden Sie als problematisch beschreiben?«)

8. Kindliche Bewältigung im Kontext der Entwicklung/Geschwisterbeziehung
    8.1 Entwicklungsphase des Geschwisterkindes zu Beginn der Erkrankung und aktuell:
    8.2 Mögliche, nicht altersangemessen bewältigte Entwicklungsaufgaben:
    8.3 Beziehung der Geschwister untereinander
    (»Wie gestaltet sich die Beziehung der Geschwister? Leben die Geschwister die Facetten der Geschwisterbeziehung (Nähe/Intimität vs. Konkurrenz/Neid) aus?«)

9. Geschwisterkind: Informationen zur Erkrankung
    9.1 Bisherige Information des Geschwisterkindes über die Erkrankung
    (»Wie wurde/wird das Geschwisterkind über die Erkrankung, seine Behandlung und den Verlauf informiert?«)
    9.2 Reaktionen und eigene Fragen des Geschwisterkindes zur Erkrankung
    (»Wie reagierte das Geschwisterkind auf die Diagnosestellung, wie reagiert es heute auf medizinische Informationen? Fragt es aktiv nach?«)
    9.3 Einbezug des Geschwisterkindes in familiäre Entscheidungen bzgl. der Erkrankung und der familiären Organisation der Pflege
    (»Wie wird das Geschwisterkind in Entscheidungsprozesse einbezogen?«)

10. Geschwisterkind: Umgang mit verminderter elterlicher Aufmerksamkeit/ Rücksichtnahme auf das erkrankte Kind
    10.1 Umgang des Geschwisterkindes mit verminderter elterlicher Aufmerksamkeit, Verantwortungsübernahme und Rücksichtnahme
    (»Wie geht das Geschwisterkind mit der veränderten familiären Situation und den damit verbundenen Anforderungen um?«)
    10.2 Umgang der Eltern mit den Bedürfnissen des Geschwisterkindes
    (»Gibt es Zeiten, in denen Sie nur für das Geschwisterkind da sind?«)

11. Geschwisterkind: Äußerung schwieriger Gefühle
    11.1 Äußerung von Sorge und Angst gegenüber den Eltern
    (»Spricht das Kind Sorgen und Ängste bezüglich der Erkrankung an?«)
    11.2 Äußerung eigener Bedürfnisse innerhalb der Familie
    (»Spricht das Kind Wünsche nach mehr Beachtung, Freiraum oder stärkerer Eingebundenheit an?«)

11.3 Äußerung von ambivalenten Gefühlen gegenüber Eltern und erkranktem Kind
(»Welche positiven wie negativen Gefühle des Geschwisterkindes nehmen Sie wahr?«)

12. Geschwisterkind: Soziales Umfeld und persönliche Ressourcen
    12.1 Kontakt zu Peers – von der Erkrankung nicht berührter Raum
    (»Wie gestaltet das Geschwisterkind den Kontakt zu Freunden? Wissen Freunde/schulisches Umfeld des Geschwisterkindes über die Erkrankung und die familiäre Situation Bescheid?«)
    12.2 Kontakt zu erwachsenen Bezugspersonen außerhalb der Kernfamilie
    (»Gibt es erwachsene Personen, zu denen das Geschwisterkind eine sehr vertraute Beziehung pflegt, zum Beispiel Tanten oder Nachbarn?«)
    12.3 Umgang mit Reaktionen des sozialen Umfeldes
    (»Wissen Sie von Reaktionen des sozialen Umfeldes, die für das Geschwisterkind problematisch waren/sind?«)
    12.4 Stärken des Geschwisterkindes
    (»Was zeichnet das Geschwisterkind aus? Was sind seine Besonderheiten?«)

13. Absprachen
    13.1 Weiteres Vorgehen
    13.2 Hinsichtlich der Vorbereitung des Kindes auf das Erstgespräch
    (Vorstellung in Einzelgesprächen gewünscht? Vorbereitung des Kindes:
    – Es hat bereits ein Elterngespräch stattgefunden.
    – Berater ist nicht für die medizinische Behandlung da, sondern kümmert sich um die Sorgen der Familie, die Kinder werden allein in der Beratung sein.)

Anhang 3

Leitfaden für das Erstgespräch mit dem Geschwisterkind

Name der Familie:
Elternerstgespräch erfolgt am:
Befragtes Geschwisterkind: (Name, Geburtsdatum)
Datum des Gesprächs:
Gesprächsteilnehmer:
Berater:

1. Kontaktaufnahme/Klärung des Rahmens
   1.1 Rolle des Beraters, Anlass der Beratung
       (Aufgabe und Schweigepflicht des Beraters, Sicht des Geschwisterkindes auf die familiäre Situation)
   1.2 Eigene Meinung des Kindes zur Beratung

2. Geschichte der Erkrankung des Kindes
   2.1 Entwicklung eines zusammenhängenden Narrativs zur Erkrankung
       (z. B.: »Wie hat die Erkrankung begonnen? Was ist danach in der Familie passiert?«)
   2.2 Ätiologie der Erkrankung
       (z. B.: »Was denkst du, wie/warum ist dein Bruder/deine Schwester krank geworden?«)

3. Umgang mit familiärem Fokus auf erkranktem Kind
   3.1 Wahrnehmung von Verantwortungsübernahme, Rücksichtnahme und verminderter elterlicher Aufmerksamkeit
       (z. B.: »Was hat sich in eurer Familie geändert? Wie ist das für dich, wenn sich deine Eltern ganz viel um deinen Bruder/deine Schwester kümmern müssen? Kümmerst du dich auch um deinen Bruder/deine Schwester oder übernimmst du seit der Erkrankung andere Aufgaben?«)
   3.2 Wertschätzung und Ausgleich für das Geschwisterkind
       (z. B.: »Was sagen deine Eltern dazu, dass du dich bemühst? Was macht ihr, wenn du mit deinen Eltern gemeinsam Zeit verbringst?«)

4. Kommunikation von Ängsten und Sorgen
   4.1 Kommunikation über Ängste und Sorgen mit den Eltern/in der Familie
   (z. B.: »Suchst du Trost bei deinen Eltern, wenn es dir nicht gut geht? Redest du mit ihnen, wenn du Sorgen oder Angst hast?«)

5. Geschwisterbeziehung
   5.1 Verantwortlichkeit gegenüber dem Geschwister
   (z. B.: »Denkst du, dass du jetzt für deinen Bruder/deine Schwester da sein musst?«)
   5.2 Ambivalente Gefühle
   (z. B.: »Geht dir dein Bruder/deine Schwester auch mal auf die Nerven oder bist du neidisch?«)

6. Bewältigungsstrategien und soziale Unterstützung
   6.1 Umgang mit schwierigen Situationen
   (z. B.: »Was machst du, wenn du traurig bist/es dir nicht gut geht? Was machen deine Mama/dein Papa, wenn sie traurig sind?«)
   6.2 Soziale Unterstützung durch erwachsene Dritte
   (z. B.: »Gibt es eine erwachsene Person außer deinen Eltern, mit der du über die Situation zu Hause redest?«)
   6.3 Weitere soziale Kontakte zu Peers
   (z. B.: »Wissen deine Freunde oder Mitschüler von der Erkrankung?«)

7. Ressourcen/Zukunftsperspektiven
   7.1 Persönliche Stärken
   (z. B.: »Was liegt dir besonders? Was kannst du besonders gut?«)
   7.2 Zukunftsperspektiven
   (z. B.: »Wenn du drei Wünsche frei hättest, was würdest du dir wünschen?«)

8. Absprachen
   8.1 Weiteres Vorgehen
   (z. B.: »Was hältst du davon, nochmal zu einem Gespräch zu kommen/ mit deinen Eltern gemeinsam zu einem Gespräch zu kommen?«)

Anhang 4

Zuordnung des Beratungsfokus für die Gespräche mit Eltern und Geschwisterkind(ern)

	Bitte schätzen Sie auf der Grundlage der Diagnostischen Erstgespräche die nachfolgenden Aussagen zur Familie (F), den Eltern (E) und dem Geschwisterkind (GK) ein.	Überhaupt nicht/niemals	Kaum/selten	Teilweise/manchmal	Überwiegend/meistens	Ganz genau/immer	Kann ich nicht beurteilen	Nicht anwendbar
F 1	**Offene Kommunikation über die Erkrankung fördern**							
	1. Eltern und Kinder sprechen offen über die Erkrankung							
	2. Das Geschwisterkind ist altersangemessen über die Erkrankung informiert.							
	3. Das Geschwisterkind versteht, warum die Eltern emotional und zeitlich stärker bei dem erkrankten Kind involviert sind.							
F 2	**Förderung funktionaler familiärer Strukturen und Rollen**							
	1. Die Familie empfindet sowohl starken familiären Zusammenhalt als auch Legitimität bezüglich individueller Bedürfnisse und Autonomiebestrebungen Einzelner.							
	2. Die Familie kann einen strukturierten, aber flexiblen Alltag gestalten.							
	3. Das Geschwisterkind übernimmt altersunangemessene Aufgaben und Verantwortung innerhalb der Familie							
F 3	**Hilfen aus dem sozialen Umfeld/sozialstaatliche Hilfen**							
	1. Die Familie kann Hilfen aus dem sozialen Umfeld akquirieren und in den Alltag integrieren.							
	2. Die Familie hat Anspruch auf sozialstaatliche Hilfen.							
F 4	**Familien in besonderen Lebenssituationen**							
	1. Aufgrund der besonderen Lebenssituation verfügt die Familie über unzureichende Bewältigungsressourcen.							

E 1	Unterstützung der elterlichen Erziehungskompetenz						
	1. Die Mutter fühlt sich im Umgang mit ihren Kindern kompetent.						
	2. Der Vater fühlt sich im Umgang mit seinen Kindern kompetent.						
	3. Die Mutter ist in ausreichendem Maße für das Geschwisterkind emotional verfügbar.						
	4. Der Vater ist in ausreichendem Maße für das Geschwisterkind emotional verfügbar.						
E 2	Unterstützung des elterlichen Copings und der Eltern als Paar						
	1. Die Eltern empfinden die Paarbeziehung als unterstützend in der aktuellen Lebenssituation.						
E 3	Geschwisterbezogener Umgang mit akuten Krankheitsphasen						
	1. Die Eltern verfügen über Notfallpläne.						
K 1	Unterstützung der kindlichen Ausdrucksmöglichkeit						
	1. Das Geschwisterkind erkennt und artikuliert eigene Bedürfnisse.						
	2. Das Geschwisterkind kann ambivalente Gefühle gegenüber den Eltern und erkranktem Kind integrieren.						
	3. Das Geschwisterkind verfügt über aktive Bewältigungsstrategien.						
K 2	Umgang mit dem Tod und Unterstützung der Trauerbewältigung						
	1. Das Geschwisterkind setzt sich mit dem möglichen Tod des erkrankten Kindes auseinander.						

Anhang 5

Setting-Wahl

Professionelle Einschätzung anhand folgender Kriterien:	F	GK	E
Belastung (Bei wem liegt die Hauptbelastung?)			
Bedarf (Wer braucht professionelle Hilfe?)			
Ressourcen (Wer hat Ressourcen zur Bewältigung?)			
Motivation (Wer will an Gesprächen teilnehmen?)			
Fähigkeit (Wer kann an Gesprächen teilnehmen?)			
Helfende Beziehung (Wer profitiert von der helfenden Beziehung?)			
Dialogfähigkeit (Mit wem ist ein relevanter Dialog möglich?)			
Interventionsziele (Auf wen fokussieren die Interventionsziele?)			
Setting-Empfehlung festlegen			

Setting-Wunsch der Eltern → Setting abstimmen

F = Familie, GK = Geschwisterkind, E = Eltern

Anhang 6

Einschätzung der Familie nach Beratungsende

Bitte schätzen Sie ein, inwieweit die folgenden Aussagen zum Ende der Beratung für die Familie/die Eltern/das Geschwisterkind zutreffen.	Überhaupt nicht/niemals	Kaum/selten	Teilweise/manchmal	Überwiegend/meistens	Ganz genau/immer	Kann ich nicht beurteilen	Nicht anwendbar
1. In der Familie wird offen über die Erkrankung gesprochen.							
2. Die Familie verfügt über funktionale familiäre Strukturen.							
3. Die Familie kann Hilfen aus dem sozialen Umfeld akquirieren und in den Alltag integrieren.							
4. Die Eltern fühlen sich im Umgang mit ihren Kindern kompetent.							
5. Die Eltern sind in ausreichendem Maß emotional für ihre Kinder verfügbar.							
6. Die Eltern können auf die Gefühle ihrer Kinder angemessen eingehen.							
7. Die Eltern haben Vorlagen für konkretes Handeln in Notsituationen.							
8. Die Eltern empfinden die Paarbeziehung als unterstützend.							
9. Das Geschwisterkind ist altersangemessen über die Erkrankung informiert.							
10. Das Geschwisterkind versteht, warum die Eltern emotional und zeitlich stärker bei dem erkrankten Kind involviert sind.							
11. Das Geschwisterkind erkennt und artikuliert eigene Bedürfnisse.							
12. Das Geschwisterkind kann ambivalente Gefühle gegenüber den Eltern und erkranktem Kind integrieren.							
13. Das Geschwisterkind verfügt über aktive Bewältigungsstrategien.							
14. Das Kind setzt sich mit dem möglichen Tod des erkrankten Geschwisters auseinander.							
15. Die Gespräche haben dazu beigetragen, dass ...							

Das Download-Material finden Sie im Internet in der »Mediathek« zu diesem Buch unter www.v-r.de.

Kinder-/Familientherapie und -beratung

Eva Brockmann / Albert Lenz
Schüler mit psychisch kranken Eltern
Auswirkungen und Unterstützungsmöglichkeiten im schulischen Kontext
Mit einem Vorwort von Frank Nestmann.
2016. Ca. 176 Seiten, mit einig. Tab., kartoniert
ISBN 978-3-525-40225-2

Wie können Lehrer, die Schüler mit psychisch erkrankten Eltern haben, diese professionell unterstützen?

Silke Wiegand-Grefe / Fritz Mattejat / Albert Lenz (Hg.)
Kinder mit psychisch kranken Eltern
Klinik und Forschung
2011. 496 Seiten, mit 34 Abb. und 55 Tab., kart.
ISBN 978-3-525-40210-8

Die Gefährdung von Kindern psychisch kranker Eltern ist in den Aufmerksamkeitsfokus von Klinik und Forschung gerückt. Das Buch fasst den aktuellen Wissensstand zusammen.

Inge Seiffge-Krenke / Norbert F. Schneider
Familie – nein danke?!
Familienglück zwischen neuen Freiheiten und alten Pflichten
2012. 235 Seiten, mit 15 Abb. und 3 Tab., kart.
ISBN 978-3-525-40182-8

»Insgesamt ein sehr gelungenes Buch und ich kann es für die Praxis der Beratung mit Familien wärmstens empfehlen.«
systhema (Birgit Osemann)

Martin Baierl / Kurt Frey (Hg.)
Praxishandbuch Traumapädagogik
Lebensfreude, Sicherheit und Geborgenheit für Kinder und Jugendliche
2. Auflage 2015. 294 Seiten, mit 23 Abb. und 1 Tab., kartoniert. ISBN 978-3-525-40245-0

Lebensfreude ist Grundhaltung, Transportmittel und pädagogisches Ziel in der Traumapädagogik. Wie traumatisierte Kinder und Jugendliche das Leben wieder lieben lernen, zeigt dieses Buch aus der stationären Jugendhilfe-Praxis.

Jörn Borke / Eva-Maria Schiller / Angelika Schöllhorn / Joscha Kärtner
Kultur – Entwicklung – Beratung
Kultursensitive Therapie und Beratung für Familien mit Säuglingen und Kleinkindern
Mit einem Vorwort von Ute Ziegenhain.
2015. 245 Seiten, mit 7 Abb. und 4 Tab., kartoniert. ISBN 978-3-525-40252-8

Das Buch stellt die Grundzüge einer kultursensitiven beraterischen Arbeit mit Eltern von Säuglingen und Kleinkindern dar. Es beschreibt eine angemessene Beratungshaltung und kulturell angepasste Interventionen.

Saied Pirmoradi
Interkulturelle Familientherapie und -beratung
Eine systemische Perspektive
Mit einem Vorwort von Jochen Schweitzer.
2012. 248 Seiten, mit 9 Abb. und 1 Tab., kart.
ISBN 978-3-525-40174-3

»Mein Resümee: ein sehr differenziertes, behutsames, genaues und freundliches Buch, das sich mit Respekt und Klugheit einem sehr komplexen Thema widmet.«
Familiendynamik (Susanne Altmeyer)

eBooks sind erhältlich! Mehr auf www.v-r.de

Verlagsgruppe Vandenhoeck & Ruprecht | V&R unipress

Kinder-/Familientherapie und -beratung

Johannes Huber / Heinz Walter (Hg.)
Der Blick auf Vater und Mutter
Wie Kinder ihre Eltern erleben
2016. 311 Seiten, mit 7 Abb. und 5 Tab., kart.
ISBN 978-3-525-40253-5

Sowohl in Theorie und Forschung als auch in der erzieherischen Alltagspraxis herrscht die Blickrichtung der Erwachsenen auf das Kind vor. In radikaler Umkehr dessen interessiert sich dieser Band für die Kinderperspektive.

Ornella Garbani Ballnik
Schweigende Kinder
Formen des Mutismus in der pädagogischen und therapeutischen Praxis
2009. 293 Seiten, mit 4 Abb. und 3 Tab., kart.
ISBN 978-3-525-40201-6

»Dieses Buch gibt eine ausführliche Einführung in den selektiven Mutismus und andere Formen des Schweigens, [...]« *Soziale Arbeit*

Ulrich Gehrmann
Ressource Jugendhilfe
Systemische Sozialpädagogik in stationären Jugendwohngruppen
Unter Mitarbeit von Barbara Gehrmann, Nicole Kalipke, Anne Pusch, Fried Kirsch und Katrin Kemper.
2015. 216 Seiten, mit 21 Abb., inkl. Download-Material, kartoniert. ISBN 978-3-525-40466-9

Wie kann ein pädagogisches Betreuungskonzept aussehen, das der großen Anzahl von Jugendlichen, die außerhalb ihrer Herkunftsfamilie in Wohngruppen leben, fachlich fundiert und menschlich zugewandt begegnet?

Reinert Hanswille (Hg.)
Handbuch systemische Kinder- und Jugendlichenpsychotherapie
Mit einem Vorwort von Jochen Schweitzer.
2015. 590 Seiten, mit 44 Abb. und 9 Tab. und digitalem Zusatzmaterial, gebunden
ISBN 978-3-525-40195-8

»Das Handbuch, das noch viel mehr bietet, als in einer Rezension aufscheinen kann, ist eine Bereicherung für jeden therapeutisch tätigen oder therapeutisch interessierten Menschen!« schule.at *(Franz Sedlak)*

Alexander Korittko / Karl Heinz Pleyer
Traumatischer Stress in der Familie
Systemtherapeutische Lösungswege
Mit Geleitworten von Wilhelm Rotthaus und Gerald Hüther. 4., überarb. Auflage 2014.
334 Seiten, mit 8 Abb., Paperback
ISBN 978-3-525-40198-9

Traumatisierte Familien benötigen dringend Hilfe. Neue Lösungswege eröffnet die systemische Therapie in Verbindung mit der Traumatherapie.

Franziska Röseberg / Monika Müller (Hg.)
Handbuch Kindertrauer
Die Begleitung von Kindern, Jugendlichen und ihren Familien
2014. 547 Seiten, mit 27 Abb. und 9 Tab., gebunden. ISBN 978-3-525-40227-6

»Der intensive Praxisbezug, die Fülle an konkreten Fallbeispielen und auch die große Offenheit für das umfangreiche Spektrum in der Begleitung von Kindern und Jugendlichen in der Trauer und deren Bezugspersonen, machen dieses Buch für eine echte Ressource in der konkreten Arbeit.«
Palliativmedizin (Norbert Muksch)

Verlagsgruppe Vandenhoeck & Ruprecht | V&R unipress

eBooks sind erhältlich! Mehr auf www.v-r.de